JE ME SOUVIENS

JE ME SOUVIENS

Histoire, culture et littérature du Québec francophone

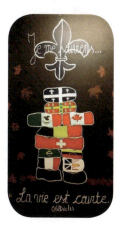

ELIZABETH BLOOD
J. VINCENT H. MORRISSETTE

Georgetown University Press | Washington, D.C.

Library of Congress Cataloging-in-Publication Data

Blood, Elizabeth, author.
    Je me souviens : histoire, culture et littérature du Québec francophone/Elizabeth Blood, J. Vincent H. Morrissette.
        pages cm
    Includes bibliographical references and index.
    Summary: This third- and fourth-year culture and literature reader invites students who have completed intermediate-level coursework in French language to improve their language skills while learning about the history, culture, and literature of the francophone province of Québec. The interdisciplinary approach motivates students to think critically and to develop French language skills by connecting various cultural products—including art, film, music, food, architecture, popular culture, industries, and written texts—to the historical and political trends of the various eras of Québec's history, from the period of the earliest French explorers to the present day. The material will appeal to those upper-level students who plan to use their French skills for professional purposes in fields as diverse as business, journalism, diplomacy, engineering, and medicine, just as it will satisfy the needs of those pursuing cultural and literary understanding of the region. The book reinforces intermediate-level proficiency while developing advanced-level proficiency according to the ACTFL guidelines.
    ISBN 978-1-62616-089-7 (alk. paper)
1. French language—Textbooks for foreign speakers—English. 2. Québec (Province)—History. 3. Québec (Province)—Civilization. 4. French-Canadian literature—Québec (Province)—History and criticism.   I. Morrissette, J. Vincent H., author II. Title.
    PC2129.E5B565 2015
    448.2'421—dc23
                                    2014024873

21 20 19 18 17 16 15 14   9 8 7 6 5 4 3 2
First printing

Text design by click! Publishing Services
Cover design by Beth Schlenoff

À nos parentés québécoises
d'autrefois et d'aujourd'hui

Le Québec, qu'on le prenne de tous bords, tous côtés, c'est une difficulté intellectuelle, une entité qu'on ne retrouve pas dans les livres des définitions.

—Jacques Ferron, *Du fond de mon arrière-cuisine*

TABLE DES MATIÈRES

INTRODUCTION FOR INSTRUCTORS

Je me souviens, a culture and literature reader, invites students who have completed intermediate-level coursework in French to improve their language skills while learning about the North American French history, culture, and literature of the province of Québec. The interdisciplinary approach motivates students to think critically and to develop French language skills by connecting various cultural products and practices—including literature, art, film, music, public and private institutions, traditions, popular culture and media—to historical and political trends of the various eras of Québec's history, from the period of the earliest French explorers to the present day.

Organized thematically, *Je me souviens* is a content-based text that focuses specifically on understanding cultural perspectives in French-speaking Québec. Each chapter examines a theme central to Québécois identity, including origins, beliefs, freedoms, nostalgia, equality, and plurality. Each theme cuts across chronological and disciplinary borders, allowing for a truly interdisciplinary course. However, each theme lends itself to the examination of a particular moment in the history of French-speaking Québec, so students are able to understand the historical foundations of the many facets of modern Québécois identity.

Je me souviens is a multifaceted text that allows teachers to accomplish several goals at once. The text is written specifically for Anglophone students who are in the process of learning to master the French language, and the authentic readings in French, along with guided comprehension, analysis, discussion, and writing activities, assist students in moving toward a higher level of proficiency. The focus on Québec allows students to appreciate the complex history and culture of the largest French-speaking population in North America and to better understand the diversity of the Francophone world. The interdisciplinary approach, with its varied content-rich cultural texts and resources, also helps to train students to make connections between related disciplines and concepts (business, environmental sciences, geography, sociology, political science, history, art, cultural studies, religion, and literature), producing a useful and exciting liberal arts course for students and professors alike. Many of today's college students who choose to pursue upper-level coursework in French intend to use their French skills for professional purposes, to develop careers in fields as diverse as business, journalism, diplomacy, engineering, or medicine. Many also hope to use their French for travel or cultural enrichment. Professors teaching at the transitional level targeted by *Je me souviens*, the bridge-level between intermediate language and upper-level literature and culture seminars, may want to entice students into continuing their studies in French, to prime them for internships or study abroad, for language programs offered by Québécois universities, or to prepare them for specialized literary or cultural studies seminars.

In *Je me souviens*, students are encouraged to focus on communicating their ideas effectively, and the text provides them with activities designed to practice intermediate-level language functions and to expand towards advanced-level ability. Using the *Je me souviens* text, students will be repeatedly exposed to the language functions required for the intermediate proficiency level and gradually introduced to functions at the advanced ACTFL proficiency level. The readings and activities channel student energy into asking questions, gathering information, narrating events, summarizing ideas, and comparing and contrasting, all of which form the core of intermediate proficiency as defined by the ACTFL scale. Students are also gradually provided stimuli for explaining, elaborating, presenting arguments, supporting opinions, and hypothesizing in conversational and written contexts, functions that are needed for students to move through the advanced levels on the ACTFL scale. Further, the text guides students into producing paragraph-length connected discourse, another characteristic of advanced proficiency.

Proficiency Level Markers (based on ACTFL guidelines)

Intermediate Level Students

- handle most uncomplicated communicative tasks and social situations
- can initiate, sustain, and close a general conversation with a number of strategies, though errors are often evident
- accomplish basic conversational tasks such as introducing oneself, talking about personal history or leisure activities, getting directions, dining, asking and answering questions
- produce writing that is generally limited to practical needs, such as taking notes in some detail on familiar topics, writing simple letters, brief synopses, summaries, and answers to personal questions
- show emerging evidence of connected discourse in speaking and writing, particularly for simple narration and/or description
- derive substantial meaning from some connected printed texts typically understood by advanced level readers although there often will be gaps in understanding due to a limited knowledge of the vocabulary and structures of the written language
- understand some connected audio texts featuring description and narration although there will be occasional gaps in understanding due to a limited knowledge of the vocabulary and structures of the spoken language

Advanced Level Students

- speak in a variety of contexts, including everyday situations at school and work
- converse using diverse language strategies to deal with complications or unforeseen events
- manifest conversational abilities in explaining, elaborating, complaining, and using circumlocution
- write on a variety of routine or concrete topics, such as social or informal business correspondence, descriptions, summaries, and narratives related to personal experiences
- speak and write with paragraph-length connected discourse
- understand the main idea and supporting details of authentic narrative and descriptive printed texts
- comprehend audio texts that derive not only from situational and subject-matter knowledge, but also from an increasing overall facility with the language itself

Je me souviens combines printed visual and written materials—authentic visual and written texts, realia, photos, song lyrics, and art—with prompts for students to explore the many free audio and audiovisual materials online that offer authentic listening and cultural experiences. This combination enhances the interdisciplinarity of the text and stimulates diverse types of student learners. The text also includes original material in French written by the textbook authors in order to provide students with historical background information, vocabulary, explanations of cultural traditions and language differences, and structured activities. The activities are designed to engage students in high-interest speaking and writing situations. Conversational situations include answering simple questions, description, discussion questions, role-playing, oral presentations, games, and debates. Writing situations include note-taking, list-making, outlining, summaries, poems, descriptive essays, narratives, position papers, and short essays.

The *Instructor's Resource Manual* includes an overview and description of chapter structure, sample syllabi, teaching suggestions, and resources for each chapter (en français), answer keys for in-text discrete activities, sample test questions and assignments, and a list of additional resources for instructors; it is available free of charge in the Teacher Resources section of the Georgetown University Press website (http://press .georgetown.edu/georgetown/instructors_manuals). If you are new to teaching about Québec, the online resources and teaching suggestions listed in the manual will help you to expand your background knowledge of various texts and topics. Instructors are encouraged to pick and choose among the activities offered in *Je me souviens* to find material that best suits their needs and the level of their students.

Je me souviens is designed to be used in a post-intermediate one-semester course. With its combination of reading, listening, speaking, and writing activities and literary and cultural readings, this text prepares students equally well for upper-level coursework in French and Francophone literatures, cultural studies, advanced language studies, or professional studies. Similarly, it offers a strong foundation for intensive immersion experiences, such as study in Québec, study abroad, or internships in French-speaking companies in North America, Québec, or other regions of Canada. With its interdisciplinary approach, the text offers a varied and interactive experience sure to entice students to better understand the Francophone heritage in the largest French-speaking region of North America.

Introduction
for Instructors

ACKNOWLEDGMENTS

The authors would like to thank our friends and families for their support during our writing of this text. We would like to thank Marie Morrissette by name for having read our manuscript so attentively and for having proposed such informed suggestions for its improvement. We would also like to thank our students, who continue to inspire us to teach French and Francophone cultures to the best of our ability.

We owe a debt of gratitude to David G. Nicholls and the editorial team at George-town University Press for their belief in our project. We express our sincere thanks for the careful reading and helpful suggestions of the reviewers of this manuscript as well.

In addition, we would like to acknowledge the support and encouragement of the following groups who have helped us to develop our ideas on the teaching of Québécois culture to Anglophone students throughout our careers and who have, more recently, helped us to bring this project to fruition:

La Délégation du Québec à Boston
La Délégation du Québec à New York
La Délégation du Québec à Los Angeles
The American Council on Québec Studies
L'Association internationale des études québécoises
The American Association of Teachers of French
The American Council on the Teaching of Foreign Languages
The Massachusetts Foreign Language Association
The California Language Teachers Association
Salem State University
Fairfield University
Sacred Heart University

Credits

PHOTOS

© Jacques Grenier; and Conclusion, Qu'avez-vous appris? © Office de Tourisme de Québec.

MAPS

All maps were created by Chris Robinson for Georgetown University Press.

TEXTS

All texts are either in the public domain, quotations, or original material written by the authors, except for the following: Chapitre 1, Activité 8 © Cécile Gagnon; Chapitre 1, Activité 11 © Cécile Gagnon; Chapitre 1, Activité 14 © Suzanne Morrissette; Chapitre 2, Activité 13 © David Murphy et Cie, Magog; Chapitre 4, Activité 11 © Fonds Gabrielle Roy, Montréal; Chapitre 4, Activité 14 © Lucie Therrien; Chapitre 5, Activité 10 © Gaëtane Leclerc; Chapitre 5, Activité 11 © Nicolas Letarte; Chapitre 5, Activité 12 © Les Éditions Gamma, a division of Unidisc Inc.; Chapitre 6, Activité 7 © vlb éditeur; Chapitre 6, Activité 8 © Boréal, 2009 (for Canada only) and © Editions Grasset & Fasquelle, 2009 (all countries other than Canada); Chapitre 6, Activité 9 © Groupe Librex, Montréal; Chapitre 6, Activité 13 permission de Jenny Salgado, © Éditions J Kyll, Les Éditions de l'Ermite et Les Éditions Tacca 2010; and Chapitre 6, Activité 14 © Disques du 7ième ciel.

Acknowledgments

PRÉFACE POUR LES ÉTUDIANTS

Bonjour et bienvenue!

Dans ce manuel, nous explorerons « La Belle Province » de Québec au Canada. C'est la terre de nos ancêtres qui sont descendus aux États-Unis, il y a presque un siècle, à la recherche de travail. Ces ancêtres nous ont transmis l'amour de leur pays natal : sa beauté naturelle, son peuple chaleureux, sa culture charmante et sa langue. Nous souhaitons partager nos connaissances avec vous et vous encourager à explorer vous-mêmes ce bel endroit. Ainsi, au cours des chapitres qui suivent, nous parcourrons un peu l'histoire du Québec et découvrirons toute la richesse de son héritage culturel : ses personnages célèbres, ses textes littéraires, ses chansons, ses films, ses artistes, ses traditions et tout ce qui constitue l'originalité des Québécois. Cependant, avant de commencer notre voyage culturel, nous souhaiterions tout d'abord nous présenter dans cette préface. Puis, dans le chapitre préliminaire, nous aimerions savoir ce que vous connaissez déjà du Québec. Nous voudrions piquer votre curiosité en vous présentant quelques particularités de La Belle Province. Nous promettons que vous saurez expliquer toutes ces particularités à la fin de notre voyage. Bon, ben, allons-y!

Qui sommes-nous?

Je m'appelle Elizabeth Blood. Je suis née dans l'état de New York, où mon père est aussi né. Pourtant, sa mère, ma grand-mère paternelle, est née au Québec. Elle s'appelait Bernadette Plouffe et elle est venue aux États-Unis avec sa famille quand elle était jeune fille. Son père, mon arrière-grand-père, était fermier, mais l'économie et l'agriculture au Québec n'allaient pas très fort à cette époque. Il était venu dans l'État de New York afin de travailler dans la ferme d'un Américain. Après quelques années, la famille Plouffe est retournée au Québec et s'est installé à Montréal, le Québec leur manquait un peu trop. Mais Blood n'est pas un nom français, c'est un nom anglais. Apparemment, pendant son séjour au New York, Bernadette s'était éprise d'un Américain anglophone du nom de William Blood et est restée aux États-Unis. Cependant elle rendait souvent visite à ses parents au Québec, et mon père, jeune célibataire à l'époque, passait ses étés dans la maison de campagne de la famille à Saint-Félix-de-Valois, un petit village à l'est de Montréal. Moi, j'ai grandi aux États-Unis, mais j'ai toujours des cousins à Montréal et de beaux souvenirs de voyages au Canada avec mes parents quand j'étais jeune fille. J'essaie de visiter le Québec au moins une fois par an. Ce n'est pas trop loin de chez moi, on peut y aller en voiture !

Elizabeth Blood

Je m'appelle Joseph Vincent Morrissette. Dans ma famille, comme dans beaucoup de familles québécoises, les garçons sont traditionnellement prénommés Joseph et les filles Marie au moment du baptême. Cela donne de jolis prénoms comme Marie Louise

J. Vincent H. Morrissette

(ma grand-mère maternelle) et Marie Cécile (ma mère), mais aussi Marie Antoinette (une tante) qui était une terreur dans la famille. Pour éviter toute confusion, les prénoms Marie et Joseph ne font pas partie du prénom au quotidien. Ainsi, depuis ma naissance, on m'appelle simplement Vincent. J'ai été élevé par les Sœurs Grises de Québec depuis l'âge de trois ans jusqu'à l'âge de 12 ans. Ensuite, j'ai fait les six années du cours classique français chez les Pères de la Salette en Nouvelle-Angleterre. J'ai fait la connaissance de ma famille au Québec lors des grandes vacances que je passais là-haut, pendant mon adolescence. Aujourd'hui je me rends chez eux au moins une fois par an. Ce n'est pas très loin de chez moi, au Connecticut, et je les retrouve toujours aussi accueillants et généreux. Quelques-uns ont contribué à ce manuel en le lisant attentivement, en pointant des maladresses de langue ou des erreurs de fait, en composant un article que vous lirez au premier chapitre ou en suggérant des idées pour l'amélioration de notre texte.

Nous, qui avons préparé ce manuel que vous avez entre les mains, vous souhaitons bonne excursion dans le monde de nos ancêtres et de nos parents québécois!

CHAPITRE PRÉLIMINAIRE

Que savez-vous du Québec?

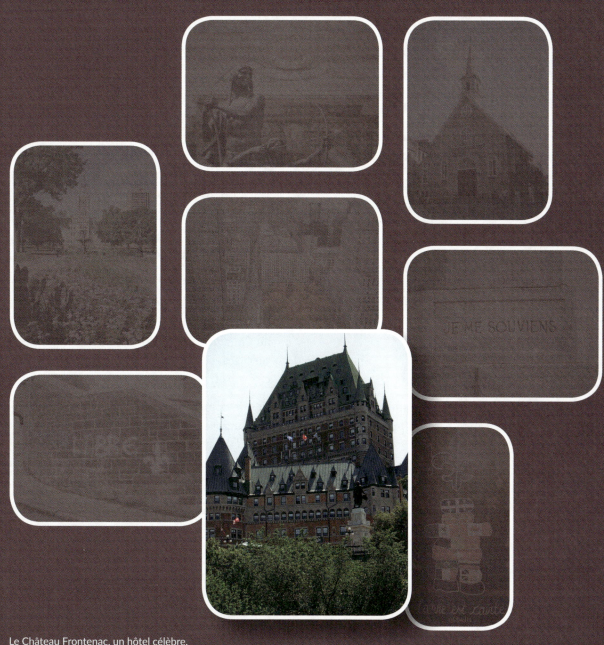

Le Château Frontenac, un hôtel célèbre,
se trouve au cœur du Vieux-Québec.

A. Le Québec et le Canada

En petits groupes, répondez aux questions suivantes et discutez-en parmi vous. Consultez la carte moderne du Canada (appendice B, carte B.1) si cela est nécessaire.

   1. Quelle est la capitale du Canada? Pouvez-vous nommer les dix provinces du Canada?

   2. Que savez-vous du système politique au Canada? Pourquoi l'image de la reine d'Angleterre figure-t-elle sur la monnaie et les billets canadiens?

   3. Avez-vous déjà voyagé au Québec? Que savez-vous de cette province? Racontez vos expériences et partagez vos connaissances avec vos camarades de cours.

   4. Existe-t-il des stéréotypes sur les Canadiens ou les Québécois? Si vous en connaissez, décrivez-les. Si non, comment peut-on expliquer qu'il existe des stéréotypes sur les Français ou les Italiens, mais pas sur les Québécois?

   5. Pourquoi parle-t-on français au Québec? Connaissez-vous d'autres régions francophones en Amérique du Nord?

B. Où parle-t-on français en Amérique du Nord?

Le Québec n'est pas le seul endroit où l'on parle français en Amérique du Nord. Faites correspondre chaque région suivante avec sa définition. Consultez les cartes dans l'appendice B, s'il le faut. Vous trouverez les réponses dans l'appendice A.

Régions		Descriptions	
1.	La Nouvelle-Écosse et le Nouveau-Brunswick	**A.**	Ce sont de grandes villes aux États-Unis où se trouvent des communautés francophones issues de l'immigration au 20ième siècle. On y trouve des Haïtiens, des Africains et d'autres groupes d'immigrants francophones.
2.	La Louisiane	**B.**	C'est une région à l'ouest du Québec qui est principalement anglophone, mais où l'on trouve aussi beaucoup de Francophones.
3.	L'Ontario	**C.**	Ce sont deux îles situées dans l'océan Atlantique, près de la côte de Terre-Neuve (*Newfoundland*) au Canada. Ces deux îles forment une collectivité territoriale de France dont les habitants sont citoyens français.
4.	Saint-Pierre-et-Miquelon	**D.**	Ces deux provinces se trouvent à l'est du Québec et se composent de Francophones et d'Anglophones. Avec l'île du Prince-Édouard et une partie de l'état du Maine, ces deux provinces formaient autrefois l'Acadie, un territoire colonial français conquis par les Anglais au 18ième siècle.

Régions	Descriptions
5. La Nouvelle-Angleterre	**E.** C'est une région du nord-est des États-Unis qui comprend les États du Maine, du New Hampshire, du Massachusetts, du Vermont, du Rhode Island et du Connecticut. La population de cette région est composée de nombreuses personnes d'ascendance canadienne française, car beaucoup de familles québécoises y ont immigré vers la fin du 19ième et au début 20ième siècles afin d'y trouver du travail. La majorité des descendants n'ont plus le français comme langue maternelle, mais on peut y trouver des communautés franco-américaines où le français est toujours une langue vivante.
6. Miami, New York et Boston	**F.** C'est une région au sud des États-Unis où le français se parle depuis l'époque coloniale. Des Français de France, des Acadiens, des Africains et d'autres groupes s'y trouvent et forment une société vivante inspirée de l'héritage francophone et du mélange des cultures.

C. Quelles différences!
Lisez les informations suivantes et identifiez les différences. Ensuite, discutez avec vos camarades des raisons pour lesquelles ces différences existent. Pouvez-vous faire des hypothèses sur la culture québécoise?

   1. En France, on voit cette enseigne sur la route.

Un panneau « stop » en France.

   Au Québec, on voit celle-ci.

Un panneau « arrêt » au Québec.

   2. Au Québec, on mâche de la gomme et on mange du maïs éclaté alors qu'en France on mâche du chewing-gum et on mange du popcorn.

3. En France, une femme qui enseigne est « un professeur » et une femme qui écrit est « une femme écrivain ». Au Québec, une femme qui enseigne est « une professeure » et une femme qui écrit est « une écrivaine ».

4. Voici une maison française à Paris. En France, il y a généralement une porte principale qui permet d'entrer dans la cour, ou bien qui donne accès aux escaliers ou aux ascenseurs qui conduisent aux appartements à l'intérieur du bâtiment.

Une maison typique à Paris.

Voici une maison québécoise à Montréal. Chaque appartement a sa propre porte qui donne sur la rue. Les escaliers extérieurs permettent aux gens de monter directement à leur appartement.

Une maison typique à Montréal.

5. En France, le sport le plus populaire est le foot. Au Québec, c'est le hockey sur glace.

6. Si on est fâché en France, on dira peut-être « merde! » ou « putain! ». Au Québec, on dira plutôt « tabarnac! » (*tabernacle*) ou « câlisse! » (*chalice*).

D. Le parler québécois
Cherchez sur internet « Lynda Lemay, la leçon de québécois » pour entendre la leçon de français québécois que cette célèbre auteure-compositrice-interprète a faite aux Français de France à la fin d'un de ses concerts à Paris en 2001. Dans ce monologue vous allez entendre des différences entre la prononciation, l'intonation et le vocabulaire du français de France et celui du Québec. Le parler québécois sera sans doute un défi (un challenge) pour vous au premier abord. Ne vous inquiétez pas! À la fin du cours vous arriverez à comprendre beaucoup plus, peut-être même tout! Pour l'instant, écoutez la leçon de québécois de Lynda Lemay et essayez de répondre aux questions suivantes.

Sur la plaque d'immatriculation au Québec, on trouve la devise nationale « Je me souviens ».

1. Que remarquez-vous à propos de sa prononciation de certains sons et de certains mots?
2. Quelle est la réaction des spectateurs français à la leçon de québécois?
3. Pouvez-vous identifier des mots ou expressions que Lynda Lemay a expliqués et donner leurs équivalents en français de France? Voilà une bonne façon de commencer votre apprentissage du québécois!

E. Les devises

Voici les devises nationales de plusieurs pays francophones. Comparez-les avec la devise du Québec. Pouvez-vous deviner certaines valeurs, ou encore la situation politique, de chaque société? À votre avis, de quoi les Québécois se souviennent-ils? N'ayez pas peur! Faites des hypothèses.

La France : « Liberté, égalité, fraternité »
Haïti : « L'union fait la force »
La Suisse : « Paix et neutralité »
Le Sénégal : « Un peuple, un but, une foi »
Le Québec : « Je me souviens »

ORIGINES

Une statue d'Amérindiens devant l'hôtel du Parlement à Québec où la devise
nationale est gravée au dessus de la porte
principale.

Nous commencerons notre voyage virtuel au Québec en examinant sa géographie et ses peuplades indigènes, les Amérindiens. Nous examinerons l'expérience de ces peuplades avant l'arrivée des Européens et au moment où ils rencontrent, pour la première fois, des explorateurs français qui arrivent de l'autre côté de l'océan Atlantique. Nous réfléchirons aussi à l'idée des origines et à comment le passé continue à influencer le Québec d'aujourd'hui.

LES QUÉBÉCOIS SONT AUSSI DES AMÉRICAINS!

Notez que l'Amérique est composée de deux continents, l'Amérique du Nord et l'Amérique du Sud. Alors, à vrai dire, un/e Américain/e est une personne qui habite aux Amériques, qu'elle soit du Canada, du Mexique ou bien de l'Argentine. Au Québec, on est sensible à cette identité hémisphérique et on a inventé un nouveau mot pour parler des Américains des États-Unis. On les appelle les *Étatsuniens* et les *Étatsuniennes*.

I. Introduction

ACTIVITÉ 1 : QUELLES SONT VOS ORIGINES?

En petits groupes, répondez aux questions suivantes et discutez de vos réponses parmi les membres de votre groupe. Ensuite, comparez vos réponses avec celles des autres groupes.

1. Quelles sont vos origines ethniques? D'où viennent vos ancêtres ou votre famille? Est-ce que ces origines font partie de votre identité ou est-ce que vous vous sentez très loin de ces origines?
2. Quels groupes ethniques sont indigènes (originaires) à la région où vous habitez? Connaissez-vous des gens aujourd'hui qui appartiennent à ces groupes ethniques et qui habitent toujours cette région?
3. Pour quelles raisons les gens originaires d'autres continents sont-ils venus en Amérique? Décrivez les aspects positifs et négatifs de l'expérience des immigrants.
4. Pensez à vos expériences personnelles. Vous êtes-vous jamais trouvé/e dans un pays étranger ou dans une situation où vous avez rencontré des gens très différents de vous, du point de vue culturel ou linguistique? Comment avez-vous réagi dans cette situation?
5. Comme les États-Unis, le Québec est une région où on trouve de la diversité. Décrivez les types de diversités suivants et expliquez comment elles se manifestent aux États-Unis : (a) la diversité culturelle, (b) la diversité linguistique, (c) la diversité géographique, (d) la diversité socio-économique, (e) la diversité religieuse.

RAPPEL : LES VERBES AU PRÉSENT ET LES ADJECTIFS QUALIFICATIFS

Révisez la formation des verbes réguliers ("-er", "-re", "-ir") et des verbes irréguliers au présent. Révisez également l'usage des adjectifs (n'oubliez pas de faire l'accord entre le sujet et son verbe, ainsi qu'entre l'adjectif et son nom.)

II. Contextes : Le Québec des origines jusqu'à 1600

ACTIVITÉ 2 : LA GÉOGRAPHIE DU QUÉBEC

Regardez la carte moderne du Québec (appendice B, carte B.2) et choisissez ou, si cela est nécessaire, devinez la réponse aux questions suivantes. Découvrez les bonnes réponses à la fin du manuel (appendice A).

1. Comment s'appelle le fleuve qui passe par Montréal, Trois-Rivières et Québec, et qui débouche dans l'océan Atlantique?
   a. le Saguenay
   b. le Saint-Laurent
   c. le Champlain
   d. le Saint-Maurice
2. Le Québec est la plus grande province du Canada. D'après vous, quelle est la superficie du Québec comparée à celle de la France?
   a. elle est égale à la superficie de la France
   b. elle mesure deux fois (2 x) la superficie de la France
   c. elle mesure trois fois (3 x) la superficie de la France
   d. elle mesure quatre fois (4 x) la superficie de la France
3. Quelle est la capitale provinciale du Québec?
   a. Montréal
   b. Ottawa
   c. Gaspé
   d. Québec
4. Le mot *Québec* est un mot amérindien, d'origine algonquienne. En regardant la carte moderne du Québec (appendice B), devinez le sens de ce mot. Que veut-il dire?
   a. le rétrécissement du fleuve
   b. le petit village
   c. le bout de l'extrémité
   d. le mont royal
5. Certains disent que le mot *Gaspé* vient du mot basque *geizpe* qui veut dire «lieu de refuge». On dit que les pêcheurs basques (c'est-à-dire de la région basque entre la France et l'Espagne) qui ont accompagné Jacques Cartier en Nouvelle-France et qui connaissaient la région, lui ont dit de s'arrêter à Gaspé. D'autres disent que le mot ressemble au mot amérindien micmac *gespeg*. En regardant la carte moderne du Québec (appendice B), devinez le sens de ce mot micmac. Que veut-il dire?
   a. le rétrécissement du fleuve
   b. le petit village
   c. le bout de l'extrémité
   d. le mont royal
6. Le Québec est l'une de 10 provinces qui forment, avec trois territoires, la fédération du Canada. Quelles provinces partagent une frontière avec le Québec?
   a. l'Ontario et le Nouveau-Brunswick
   b. la Nouvelle-Écosse et le Manitoba
   c. Terre-Neuve et l'Alberta
   d. la Colombie-Britannique et la Saskatchewan
7. Au Québec, on trouve plusieurs groupes amérindiens, ainsi qu'un peuple nommé *Inuit* habitant la région Nord-du-Québec. Trouvez cette région sur la carte moderne du Québec. À votre avis, quel moyen de transport utilise-t-on pour arriver à un de ces villages?
   a. une voiture
   b. un car
   c. un train
   d. un avion

D'AUTRES NOMS DE LIEU AU CANADA

Le mot *Kanata* est un mot amérindien. Quand les premiers Français sont arrivés dans cette région, les Amérindiens (probablement des Hurons ou des Iroquois) leur ont dit que le nom du lieu où ils vivaient s'appelait *Kanata*. Ce mot voulait dire «village», mais Jacques Cartier l'a utilisé pour parler de l'ensemble des territoires qu'il a explorés. Plus tard, on a appelé le pays tout entier le Canada. Le nom de la ville de Montréal, par contre, est composé de deux mots français *mont* et *royal* pour désigner la colline qui se trouve dans cette ville fondée sous le roi Henri IV de France. Les Autochtones appelaient cette ville *Hochelaga* avant l'arrivée des Français.

ACTIVITÉ 3 : LES RÉGIONS ET LES PREMIÈRES NATIONS

Regardez la carte des Premières Nations (appendice B, carte B.3) et répondez aux questions suivantes.

1. Combien de Nations y a-t-il au Québec?
2. Quel groupe habite l'extrême nord du Québec?
3. Quel autre groupe habite la région Nord-du-Québec?
4. Quel groupe habite la péninsule de Gaspé?
5. Comment s'appelle la ville où habitent les Naskapis?
6. Quel groupe habite la région Abitibi-Témiscamingue?
7. Les Montagnais représentent presque 19 % de la population autochtone, les plus nombreux après les Iroquois. Dans quelle région habitent-ils?
8. Quel groupe habite près de la ville de Québec?
9. Quel groupe habite près de Montréal?
10. Que pensez-vous de cette diversité autochtone? Est-ce que les cultures amérindiennes vous intéressent? Pourquoi vous intéressent-elles ou pourquoi ne vous intéressent-elles pas?

ACTIVITÉ 4 : LE CANADA AVANT L'ARRIVÉE DES EUROPÉENS

Recherchez la chanson «Mishapan Nitassinan» sur internet. Écoutez-la, de préférence les yeux fermés. C'est une chanson que Chloé Sainte-Marie a enregistrée en 2007. Ensuite, répondez aux questions qui suivent et discutez de vos réponses en petits groupes.

QUESTIONS SUR LA CHANSON « MISHAPAN NITASSINAN »

1. D'où proviennent les paroles de cette chanson? Reconnaissez-vous quelques-uns des noms qui y sont mentionnés?
2. Quelle impression cette chanson veut-elle transmettre?
3. Quel est le dernier vers de la chanson? Quel est le point de vue de la chanson?
4. Choisiriez-vous d'écouter cette chanson pour le simple plaisir de l'écouter? Pourquoi?

QUELLES SONT LES PREMIÈRES NATIONS?

Au Québec, on reconnaît 11 peuples indigènes qu'on appelle les Premières Nations. Il y a 10 groupes amérindiens (les Hurons, les Algonquiens, les Iroquois, les Micmacs, etc.) qui sont arrivés d'Asie par le détroit (à l'époque l'isthme) de Béring vers 35 000 ans avant notre ère. Il y a aussi les Inuits (ou Innus) – autrefois improprement nommés *Esquimaux* par les Européens – un peuple arrivé de Sibérie vers 2 400 avant notre ère et qui occupe l'Arctique canadien.

REPÈRES HISTORIQUES : LE QUÉBEC, DES ORIGINES JUSQU'EN 1600

Depuis 20 000 ans avant notre ère jusqu'au 15ième siècle, les Premières Nations habitent le territoire qui deviendra la province de Québec.

Au 15ième siècle des pêcheurs français traversent l'Atlantique à la recherche de morue et d'autres poissons abondants près des côtes de l'Amérique du Nord.

En 1492   Christophe Colomb «découvre» le Nouveau Monde.

En 1533   François Ier, roi de France, soumet au Pape Clément VII un texte officiel affirmant son intention d'établir la religion chrétienne au Canada. François Ier reçoit ainsi l'autorisation papale d'explorer les régions du Nouveau Monde à condition qu'un autre pays chrétien n'en ait pas encore pris possession.

En 1534   Jacques Cartier, envoyé par le roi François Ier en expédition à la recherche d'une route qui mènerait à l'Asie, arrive au Nouveau Monde. Il prend possession du territoire du golfe du Saint-Laurent au nom du roi de France en plantant une croix sur la péninsule à un endroit qu'on appelle aujourd'hui Gaspé. Cartier reviendra deux fois dans cette région, s'arrêtant à Stadaconé (aujourd'hui la ville de Québec) et à Hochelaga (aujourd'hui la ville de Montréal).

Dans la deuxième moitié du 16ième siècle, ne trouvant ni une route pour l'Asie ni de métaux précieux, le royaume français commence à se désintéresser de la Nouvelle-France. Cependant, des pêcheurs basques, normands et bretons à la recherche de poissons continuent de s'y rendre et d'y faire du troc avec les Amérindiens, échangeant des objets en métal contre des fourrures. Le commerce de fourrures commence donc à se développer et la France s'intéresse de nouveau à établir une colonie permanente au Canada.

En 1598   Les Français tentent d'établir une petite colonie dans la région qui est aujourd'hui la Nouvelle-Écosse, mais c'est un échec total. En 1600 une nouvelle tentative a lieu dans la région de Tadoussac, mais une fois encore le climat ne permet pas aux colons d'y survivre.

ACTIVITÉ 5 : L'HISTOIRE DES PREMIÈRES NATIONS

Lisez l'histoire des Premières Nations et ensuite répondez aux questions qui s'y rapportent.

Quand on parle des Premières Nations, on parle des Amérindiens et des Inuits qui étaient les premiers à habiter les terres qu'on appelle aujourd'hui le Québec. Les Autochtones désignent ceux qui parlent une des langues traditionnelles indigènes. Il y avait plus de 250 000 Autochtones dans cette partie du monde avant l'arrivée des Français. Aujourd'hui, il y a près de 84 000 Autochtones qui représentent seulement 1 pourcent de la population du Québec. Ce pourcentage est cependant en hausse. Tandis que la population québécoise vieillit (le taux de natalité est très bas pour la population d'origine européenne), la majorité des Autochtones ont moins de 25 ans.

L'histoire « officielle » du Québec commence le 24 juillet 1534 quand le navire (grand bateau) de Jacques Cartier, un capitaine français de Saint-Malo en Bretagne, arrive en Amérique du Nord. Il plante une croix à la pointe de Gaspé sur laquelle se trouvent trois fleurs de lys et la proclamation « Vive le roi de France ». Les Autochtones qui habitent cette terre n'ont pas conscience que cette croix symbolise, pour les Français, une prise de possession officielle de leur territoire. Pour ceux qui habitent cette région depuis 20 000 ans avant notre ère, la terre ne peut pas être possédée. Elle appartient à tous.

Toutefois, l'explorateur français Jacques Cartier réussit à la longue à établir un contact amical avec les Amérindiens et avec Donnacona, le chef des Iroquois qui habitaient la région. En 1535, grâce aux renseignements fournis par les deux fils de Donnacona, Jacques Cartier et ses marins se rendent jusqu'à Stadaconé. Ce village iroquoien deviendra la ville de Québec un siècle plus tard. Les premiers Français à s'installer en Nouvelle-France, appelés colons, étaient des pêcheurs et des chasseurs. Ils faisaient du commerce avec les Amérindiens qui se spécialisaient dans la chasse et la traite des pelleteries (fourrures). Les Amérindiens troquaient leurs pelleteries contre des marchandises européennes comme des couteaux, des chaudrons et des couvertures. Les coureurs des bois ou voyageurs français, c'est-à-dire les chasseurs, transportaient leurs peaux (fourrures) en canot depuis les postes de

**RAPPEL :
LES CHIFFRES
ET LES DATES**

Si vous avez du mal à énoncer les dates notées précédemment, révisez vos chiffres de 1 à 1 000. Essayez de lire à haute voix les dates dans les « Repères historiques » de chaque chapitre!

Une statue commémorant la rencontre entre Jacques Cartier et Donnacona sur les berges de la rivière Saint-Charles, à Québec.

traite jusqu'aux ports de Trois-Rivières et Montréal où se trouvaient les comptoirs de commerce.

Les Français considéraient leur contact avec les Amérindiens comme un pacte dont chaque parti tirait profit. Les Amérindiens étaient non seulement leurs partenaires commerciaux, mais aussi des amis leur enseignant à soigner le scorbut (une maladie causée par le manque de vitamine C) qui menaçait de décimer les premiers colons. Beaucoup de Français ont conçu des enfants avec des Amérindiennes. Certains sont même devenus Autochtones, « On fait plus facilement un Sauvage avec un Français que l'inverse », aurait rapporté la religieuse ursuline française Marie de l'Incarnation. Beaucoup de noms de lieux au Québec et de mots français sont d'origine amérindienne. Les Français ont appris des sports amérindiens : la crosse, le canot (mot utilisé au Québec pour parler du canoë nord-américain) et le kayak. Ils ont chaussé des raquettes de neige pour se promener en hiver. Les Québécois francophones disent même aujourd'hui que le rapport entre les Français et les Amérindiens en Amérique du Nord était plus amical que celui qu'entretenaient les Espagnols ou les Anglais avec les Autochtones, car les Espagnols et les Anglais voulaient seulement conquérir les Amérindiens et non pas vivre en harmonie avec eux.

Cette période d'échange n'a pas duré longtemps. À partir du 17ième siècle, les colons et les missionnaires français arrivent en Nouvelle-France. Les colons voulaient construire des bâtiments, cultiver la terre , établir des fermes et bâtir des villes comme en Europe. Les missionnaires voulaient évangéliser les Amérindiens afin de « sauver leur âme ». Ces missionnaires – pour la plupart des Jésuites (qui portaient des robes noires) et des Récollets franciscains (qui portaient des bures grises) – ont appris les langues et les cultures amérindiennes. Les écrits des Jésuites nous ont beaucoup documenté sur la vie des Autochtones avant l'acculturation européenne.

QUESTIONS SUR L'HISTOIRE DES PREMIÈRES NATIONS

1. Quel a été l'impact de l'arrivée des Français en Amérique du Nord pour les Autochtones?
2. Quels intérêts et quelles activités les premiers Français et les Autochtones partageaient-ils?

3. Qu'est-ce qui a changé au début du 17ième siècle?
4. D'après vous, quel lien y a-t-il entre la traite des fourrures et le Traité de la Grande Paix de Montréal?
5. Que savez-vous des Amérindiens des États-Unis? Y a-t-il des Amérindiens dans votre région?
6. En quoi rapport entre les Français et les Amérindiens était-il différent du rapport entre les Amérindiens et certaines autres nations européennes?

ACTIVITÉ 6 : LA GRANDE PAIX DE MONTRÉAL (1701)

Lisez l'introduction au Traité de la Grande Paix de Montréal qui suit, examinez-en un extrait en photo et puis répondez aux questions qui s'y rapportent.

> Plusieurs guerres ont eu lieu pendant la période coloniale. De 1641 à 1666 les « Guerres iroquoises » ont opposé les Français (et leurs alliés les Montagnais et les Hurons) contre les Iroquois qu'on appelait « Mohawks » à l'époque. En 1701, trente-neuf nations autochtones signent le traité de la Grande Paix de Montréal avec les autorités françaises. Selon les termes de ce traité le gouverneur de la Nouvelle-France interviendra au cas où il y aurait un différend entre deux nations; les nations, elles, soutiendront les Français au cas où il y aurait un différend entre les Français et les Anglais. Les cinq nations iroquoises ne signent pas l'accord mais s'engagent à demeurer neutres si un conflit entre la France et l'Angleterre a jamais lieu. Néanmoins, lors de la guerre de la Conquête, les Iroquois décideront de se ranger du côté des Anglais.

QUESTIONS SUR LA GRANDE PAIX DE MONTRÉAL (1701)

1. Pourquoi le Traité de la Grande Paix de Montréal est-il essentiel à la survie de la colonie?
2. Les autorités françaises signent leurs noms en lettres latines. Comment signent les Autochtones?
3. Reconnaissez-vous quelques-unes des signatures autochtones?

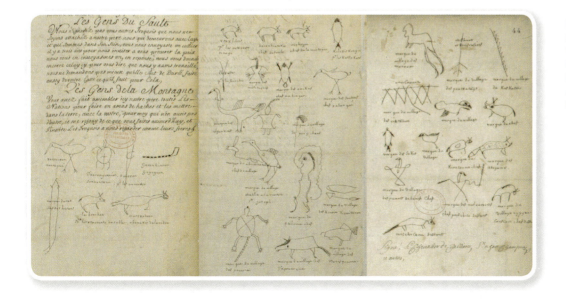

Les signatures des représentants de plusieurs Nations autochtones à la Grande Paix de Montréal (1701). FR ANOM C11A/19. La Grande Paix de Montréal. Archives nationales d'outre-mer (ANOM France).

4. Les Iroquois promettent de rester neutres si jamais il y a un conflit entre les Français et les Anglais. D'après vous, pourquoi ont-ils décidé de ne pas signer le traité? Quels seraient les avantages et les inconvénients de cette décision?

JACQUES CARTIER

ACTIVITÉ 7 : LES VOYAGES DE JACQUES CARTIER

Jacques Cartier a traversé l'Atlantique trois fois pour explorer les terres qui sont aujourd'hui la province de Québec. Utilisez un moteur de recherche franco-canadien et recherchez «les voyages de Jacques Cartier» afin de répondre aux questions suivantes. Vous trouverez les réponses à ces questions à la fin du manuel (appendice A).

QUESTIONS SUR LES VOYAGES DE JACQUES CARTIER

1. Quelle a été la ville de départ en France lors du premier voyage de Cartier en 1534?
2. Pendant son premier voyage, Cartier a planté une grande croix pour déclarer que le roi de France prenait possession de cette partie du Nouveau monde. Où a-t-il érigé cette croix?
3. Pendant ce voyage, Cartier a rencontré le chef iroquoien Donnacona. Comment s'appellent les deux fils de Donnacona qui sont retournés en France avec Cartier?
4. Quelles sont les dates du deuxième voyage de Cartier?
5. Pendant le deuxième voyage, Cartier a visité deux villages amérindiens qui sont aujourd'hui les deux villes principales du Québec. Comment s'appelaient ces deux villages?
6. Qui est retourné en France avec Cartier lors du deuxième voyage? Qu'est-il arrivé à ces voyageurs?
7. Quelles sont les dates du troisième voyage de Cartier et quel en était le but?
8. Où Cartier a-t-il passé l'hiver lors du troisième voyage?
9. Pourquoi est-ce que l'extrémité de la colline dans la ville de Québec s'appelle Cap Diamant? Quelle a été la déception de Cartier lors de son dernier retour en France?

III. Textes

« KUGALUK ET LES GÉANTS » (CONTE INUIT)

ACTIVITÉ 8

A. Avant de lire le texte, réfléchissez aux questions suivantes. Cherchez le sens des mots quand besoin est.
1. Décrivez le climat au nord du Québec, là où vivent les Inuits. Pourquoi aimeriez-vous ou n'aimeriez-vous pas vivre dans cette partie du monde?
2. Quels types de vêtements portent les Inuits afin de survivre étant donné ce climat?
3. Les Inuits sont des chasseurs. Quels types d'animaux trouve-t-on dans cette région?
4. Le conte de Kugaluk raconte l'histoire de la naissance du brouillard (fog). Est-ce qu'il y a des mythes ou des contes dans votre culture qui expliquent les conditions atmosphériques d'une manière non scientifique?

RAPPEL : LE PASSÉ SIMPLE

Le passé simple s'emploie surtout pour traiter de faits qui ont eu lieu dans le passé lointain et remplace le passé composé dans un récit. Au Québec on l'emploie toujours pour raconter une histoire quelconque, même une histoire fictive comme un conte de fée. Pouvez-vous identifier des verbes au passé simple dans le texte qui suit et indiquer l'infinitif du verbe?

B. Lisez l'extrait suivant de « Kugaluk et les géants » adapté et publié par Cécile Gagnon dans sa collection *Contes traditionnels du Québec*. Dans ce conte Kugaluk, un Inuit qui vient de Nunavik dans le nord du Québec, quitte la maison pour aller à la chasse, malgré l'existence d'un géant et de sa femme, la géante, qui attrapent et mangent les chasseurs. En faisant semblant d'être mort, Kugaluk réussit à ne pas être mangé par le géant tout de suite...

Il était tard lorsque le géant finit par arriver chez lui; il était très fatigué. Il entra dans la maison et dit à sa femme :

– J'ai trouvé un homme mort que nous mangerons demain.

Il déposa Kugaluk dans un coin de l'iglou, jeta sa hachette sur le sol et se coucha aussitôt pour dormir.

Du coin de l'œil, Kugaluk examina l'iglou. Il vit la lampe qui brûlait. Il pouvait distinguer les formes du géant et de sa femme, qui dormaient.

Sans bruit, il **tâta** le sol et sa main rencontra la hachette du géant. Il la prit et resta tranquille. Puis, il se souleva doucement et, sans bruit, trancha la **gorge** du géant endormi.

Il craignait que la femme ne s'éveillât mais elle ne bougea pas. Alors, Kugaluk se mit debout et se précipita dehors. Il se mit à courir à toute vitesse sur la neige. Il regarda derrière lui : personne ne le poursuivait.

Alors, il **ralentit** sa course tout en continuant de regarder derrière lui. Il se croyait sauvé mais voici qu'apparut au loin la géante. Elle avançait droit sur lui, son **ulu** à la main.

Kugaluk rassembla ses forces mais ses jambes ne voulaient plus courir. Il se sentit perdu. Malgré son affolement, il se rendit compte qu'il traversait un bras de mer couvert d'une épaisse **couche** de glace brillante. Une idée lui vint.

Il saisit la hachette et se mit à frapper le sol à coups répétés. Une rivière bouillonnante surgit aussitôt et **barra le chemin** à la géante qui accourait. Elle s'arrêta au bord de l'eau et cria :

– Comment as-tu traversé la rivière?

– Je l'ai bue, répondit Kugaluk en tremblant.

Alors la géante se mit à boire la rivière. Son estomac était à moitié plein et déjà elle se préparait à sauter par-dessus ce qui restait d'eau.

– Il faut tout boire! cria Kugaluk désespéré.

Car il pensait : « Que puis-je faire contre la géante avec une pauvre hachette? »

Soudain un bruit épouvantable se fit entendre et un épais brouillard s'étendit sur toute la **toundra**. C'était la géante qui avait explosé en **crevant**.

Kugaluk ne voyait rien; il ne savait plus dans quelle direction aller. Il réussit tant bien que mal à s'orienter et retourna chez lui sans rencontrer personne.

Lorsqu'on apprit, au village, comment Kugaluk avait réussi à **débarrasser** le pays du géant mangeur d'hommes et de sa femme, on fit une grande fête.

C'est depuis ce jour que le brouillard existe. Il s'étend parfois sur la toundra obligeant les chasseurs de **phoques** à rester sur place et à attendre le retour du ciel clair. Durant ces moments d'attente immobile ils n'ont plus peur de rencontrer les géants car chacun se rappelle l'exploit de Kugaluk.

(« Kugaluk et les géants », *Contes traditionnels du Québec*, Cécile Gagnon [Toulouse : Éditions Milan, 1998]. © Cécile Gagnon)

Vocabulaire	Définition/Synonyme en français	Équivalent en anglais
tâter	toucher légèrement ici et là	*to feel around*
trancher la gorge	couper avec une lame la partie du corps entre la tête et la poitrine	*to slit the throat*
ralentir	avancer plus lentement	*to slow down*
un ulu	espèce de couteau	*a kind of knife*
une couche	une surface, une nappe	*a layer*
barrer le chemin	empêcher de passer, bloquer le passage	*to block the way*
une toundra	territoire où il fait très froid et où il n'y a pas beaucoup de végétation	*a tundra*
crever (populaire)	mourir	*to die*
débarrasser	(ici) libérer, éliminer, faire disparaître pour toujours	*to get rid of*
un phoque	un mammifère noir ou marron qui vit près des côtes arctiques	*a seal*

C. En petits groupes, répondez aux questions suivantes sur l'histoire de Kugaluk. Comparez vos réponses avec celles des autres groupes.
1. Comment est-ce que Kugaluk arrive à s'enfuir de l'iglou des géants?
2. Que fait Kugaluk pour se sauver quand la femme géante s'approche?
3. Comment est Kugaluk : courageux, intelligent, chanceux…? Comment sont les géants?
4. Qu'est-ce que ce conte nous apprend à propos de la culture des Inuits? Quelles valeurs leur sont importantes?
5. Comparez ce conte à des contes européens (par exemple, « Le petit chaperon rouge » ou « Cendrillon ») Est-ce que ce conte a une morale?
6. Que pensez-vous de ce conte?

L'INUKSHUK

ACTIVITÉ 9
Chez les Inuits, on trouve des statues d'inukshuiit (le pluriel d'*inukshuk*). Ces statues sont très grandes; il y en a qui datent du 2ième siècle de notre ère et qui existent toujours dans l'Arctique. On peut apercevoir un inukshuk dans la toundra à plusieurs kilomètres. Les photos ci-après sont des reproductions d'inukshuiit qui se trouvent dans des jardins publics et privés à Québec. Regardez les photos et répondez aux questions qui s'y rapportent.

Un inukshuk devant une maison à Québec.

Un inukshuk dans le jardin de l'hôtel du Parlement à Québec.

1. À quoi ressemble l'inukshuk? Comment est-il construit? Êtes-vous surpris/e d'apprendre que le mot *innu/inuit* veut dire « une personne » et qu'*inukshuk* veut dire « celui qui ressemble à une personne »?

2. Il y a plusieurs théories en ce qui concerne le sens ou l'usage de l'inukshuk chez les Inuits. Laquelle des théories suivantes vous semble la plus probable : (a) l'inukshuk servait de point de repère (marque) pour s'orienter quand on traversait la toundra, (b) l'inukshuk indiquait aux voyageurs ou aux chasseurs le lieu d'une cache de nourriture pour qu'ils aient à manger lors d'un long voyage, (c) l'inukshuk était utilisé par les chasseurs pour faire peur aux caribous et les conduire à un cul-de-sac, d'où il était plus facile de les attraper.

3. Aujourd'hui, on peut trouver un inukshuk dans un jardin public (comme celui qui se trouve dans le jardin de l'Assemblée Nationale à Québec) ou dans un jardin privé (comme celui qui se trouve devant une maison sur la Grande Allée à Québec). A quoi peut servir une reproduction d'un inukshuk en ville?

L'ART INUIT

ACTIVITÉ 10

L'art inuit est très respecté au Québec aujourd'hui. Ce sont traditionnellement des sculptures qui représentent les thèmes de la vie quotidienne, de l'environnement et du folklore. Aujourd'hui les thèmes sont plus diversifiés et aussi plus personnels. Les matériaux utilisés sont la stéatite (pierre à savon), l'ivoire, et l'andouiller (*antler*). Utilisez un moteur de recherche franco-canadien et recherchez « art inuit Québec » sur internet. Regardez une dizaine de sculptures inuites, puis répondez aux questions qui suivent.

QUESTIONS SUR L'ART INUIT :

1. Quels animaux pouvez-vous identifier? Consultez un dictionnaire s'il le faut.

2. Quelles sont les activités des figures humaines?

3. Si vous avez trouvé des sculptures de sujets fantastiques ou folkloriques, décrivez-les. Quelle en est votre interprétation?

4. Est-ce que ces images vous aident à mieux comprendre la vie inuite? Pourquoi ou pourquoi pas?

ACTIVITÉ 11

Ce conte nous vient des Micmacs (ou Mi'kmaqs), un peuple algonquien que Jacques Cartier a rencontré lors de son premier voyage au Canada en 1534 et qui a développé une mythologie très riche. L'histoire de la femme en bois explique pourquoi on voit le soleil le jour et la lune la nuit.

A. Avant de lire l'histoire, répondez aux questions suivantes.

1. Imaginez la vie quotidienne d'une famille amérindienne avant l'arrivée des Européens. Décrivez l'environnement dans les montagnes près du Saint-Laurent. Quels types d'arbres et d'animaux y trouvait-on? Quelles étaient les activités quotidiennes des membres de la famille?

2. Connaissez-vous des histoires mythologiques ou folkloriques qui expliquent des phénomènes naturels tels que le soleil, la lune, le vent, la pluie, etc.? Que pensez-vous de ces histoires? Pourquoi existent-elles dans la mémoire collective?

3. Le thème de l'amour impossible est au centre de cette histoire. Connaissez-vous d'autres histoires d'un amour impossible? Pourquoi aime-t-on ce genre d'histoires en général?

B. Lisez l'extrait du conte « La femme en bois ».

Un vieil Indien vivait avec sa femme un peu à l'écart du village de sa tribu. Un jour, allant cueillir des **baies sauvages**, la femme trouva un enfant qu'elle ramena dans sa loge. Il grandit et chassa pour ses parents adoptifs qui le nommèrent Petit Fils.

Après deux fois dix printemps, Petit Fils décida qu'il voulait prendre femme. Il se construisit un wigwam solide, fit provision de viande de **gibier**, puis il partit à la recherche d'une épouse. Il arpenta tous les sentiers de la forêt, grimpa plusieurs montagnes, scruta les rochers du bord de la mer mais il ne trouva pas la femme qu'il désirait. Alors, il coupa un **tilleul** et se tailla une femme avec le bois doux et blanc. Il s'appliqua particulièrement à lui faire un beau visage rond. Il fut bien surpris quand la femme en bois lui dit :

– Porte-moi dans ton **wigwam**, couche-moi sur le lit de **sapinage** et recouvre-moi d'une peau d'ours. Je t'épouserai dans trois jours. Mais d'ici là ne me regarde pas, sinon tu ne me reverras plus jamais.

Petit Fils obéit à la femme en bois et pour ne pas être tenté de la regarder, il s'enfuit dans la forêt. Le lendemain il revint en se répétant : « Il ne faut pas que je la regarde sinon je ne la reverrai plus jamais ».

Malgré sa détermination, ses pieds l'entraînèrent vers une ouverture entre deux morceaux d'**écorce** de **bouleau** dans le mur du wigwam. Il ordonna à ses pieds de cesser leur manège mais ils n'écoutèrent pas et le conduisirent si près de l'ouverture qu'il ne put s'empêcher de jeter un coup d'œil à l'intérieur. Il vit une fille au visage rond et blanc qui était assise et qui cousait des mocassins. Elle était si belle et il eut si peur de la perdre qu'il courut sans bruit se cacher dans la forêt.

Le troisième jour, il revint au wigwam. Près de la source il vit des empreintes de **pas** qui s'éloignaient.

– Ma femme est partie! s'écria-t-il plein de chagrin.

Il courut au wigwam et le trouva vide. Alors il prît son **arc** et, dans son **carquois**, une **flèche** en bois de **cornouiller** rouge. Il tira la flèche du côté où se couche la lune et il se met aussitôt à courir dans la même direction…

Après trois jours de course dans la direction du coucher de la lune sans pouvoir rattraper sa femme qui passe chaque village un demi-jour avant lui, Petit Fils décide de grimper en haut d'un arbre dans l'espoir de voir sa femme. Il utilise une **queue d'écureuil** *magique qu'une vieille femme lui avait donnée et il grimpe si haut qu'il arrive au « Monde d'en Haut » où il rencontre un ours blanc…*

– Que viens-tu faire ici dans ce monde qui n'est pas le tien?

– Je viens chercher ma femme au visage rond et blanc comme la neige.

– Elle t'a prévenu que si tu la regardais une fois tu ne la reverrais plus jamais.

– Je veux la chercher malgré cela.

– **À ta guise**, répondit l'ours. Mais pour demeurer ici tu dois subir une **épreuve**. Il faut faire le tour du monde à cette boule de feu que voici.

– En courant?

– Oui. Mais un de mes frères courra avec toi. S'il arrive le premier avec la boule, il te mangera.

– Et si c'est moi?

– Mon frère court très vite, se contenta de dire l'ours blanc.

Déjà l'autre ours avait saisi la boule brûlante dans sa **gueule**. Le jeune homme n'essaya pas de la lui ôter. Il serra plus fort dans sa main sa queue d'écureuil et bondit sur le dos de son rival et se laissa emporter par lui.

Ils firent ainsi le tour du Monde d'en Haut sans que l'ours s'aperçût qu'il avait un cavalier. Mais lorsqu'ils approchèrent du but, le jeune homme **mordit** l'oreille de l'ours. Celui-ci, surpris, arrêta sa course et lâcha la boule dont s'empara aussitôt le jeune homme pour finir le premier.

– Bien joué! s'exclama l'ours blanc qui l'avait accueilli. Puisque tu es si **malin**, désormais, c'est toi qui promèneras le soleil autour du monde.

Et c'est ainsi que Petit Fils devint le porteur du soleil.

Mais si l'histoire s'arrête là, peut-on penser qu'il ne cessa de chercher sa jolie femme au visage rond et blanc comme la neige? Ou peut-être qu'il finit par la trouver dans le Monde d'en Haut puisqu'elle était devenue la Lune.

(« La femme en bois », *Contes traditionnels du Québec*, Cécile Gagnon [Toulouse : Éditions Milan, 1998. © Cécile Gagnon)

Vocabulaire	Définition/Synonymes en français	*Équivalent en anglais*
une baie sauvage	fruit de bois	*a wild berry*
le gibier	viande des animaux chassés et tués	*game (meat)*
un tilleul	type d'arbre	*a linden tree*
le wigwam	tente amérindienne, tipi	*the wigwam, teepee*
un sapinage	(ici) branches de sapin	*(here) pine branches*

Vocabulaire	Définition/Synonymes en français	Équivalent en anglais
une écorce	partie extérieure du tronc d'un arbre	*a bark of a tree*
un bouleau	type d'arbre dont l'écorce est blanche	*a birch tree*
un pas	impression laissée par les pieds	*a footstep*
un arc	arme de jet qui lance les flèches	*a bow*
un carquois	type de sac pour les flèches	*a quiver*
une flèche	un projectile pour un arc	*an arrow*
un cornouiller	type d'arbre	*a dogwood*
un écureuil	petit animal à queue touffue qui vit dans les arbres	*a squirrel*
une queue	extrémité du corps opposée à la tête de certains animaux	*a tail*
à ta guise	comme tu veux	*as you please*
une épreuve	expérience difficile, un défi, un essai	*a test, an obstacle*
une gueule	une bouche d'un animal	*a mouth (of an animal)*
mordre	faire des empreintes avec les dents	*to bite*
malin/maligne	rusé, intelligent	*sly, cunning*

C. En petits groupes, répondez aux questions suivantes. Puis, comparez vos réponses à celles des autres groupes.

1. Pourquoi Petit Fils sculpte-t-il une femme en bois?
2. Quelle promesse lui fait la femme en bois et à quelle condition?
3. Pourquoi Petit Fils désobéit-il à la femme en bois?
4. Où va-t-il pour chercher sa femme après sa disparition?
5. Petit Fils doit réussir une épreuve. Quelle est cette épreuve? Pourquoi Petit Fils réussit-il cette épreuve?
6. A la fin de l'histoire, Petit Fils est à la fois récompensé et puni. Quelle est sa récompense et quel est son châtiment?
7. Est-ce que ce conte a une morale? Pouvez-vous comparer ce conte à une histoire européenne ou américaine où le héros désobéit aux conditions imposées par un être magique? Pensez peut-être à « La Belle et la Bête ». Est-ce la même leçon?
8. Qu'est-ce que ce conte nous révèle à propos des valeurs culturelles des Micmacs? Sont-elles différentes de celles qu'on a vues dans la culture inuite?

ACTIVITÉ 12

Dans sa *Relation originale*, écrite pendant son premier voyage au Québec et publiée plus tard en France, Jacques Cartier décrit les Autochtones avec qui il prend contact dans ce « Nouveau Monde ». Dans cet extrait, il décrit des Iroquois qu'il rencontre près de Gaspé le 22 juillet 1534 et les compare aux Micmacs qu'il avait rencontrés à la Baie-des-Chaleurs. Ce sont des pêcheurs venus de Stadaconé (la future ville de Québec) qui faisaient une sorte de camping au bord du fleuve. Cartier, quant à lui, les prend pour des gens pauvres qui errent de rive en rive.

Jacques Cartier, explorateur français.

A. Avant de lire l'extrait, répondez aux questions suivantes.

   1. Pensez à un pays étranger le plus différent de chez vous que possible et un pays que vous ne connaissez pas très bien. Ensuite, imaginez que vous y allez en voyage. Que voulez-vous savoir à propos de cette terre et des gens qui y habitent?

   2. Souvent, quand on voyage, on comprend mal la culture des indigènes du pays qu'on visite, que ce soit un pays européen ou une île tropicale peu connue des touristes. Quels obstacles nous empêchent de bien comprendre les cultures différentes?

B. Lisez l'extrait de la *Relation originale* de Jacques Cartier publié en France en 1598, puis répondez aux questions qui s'y rapportent.

> Nous leur donnâmes des couteaux, des **patenôtres** de verre, des peignes, et autres objets de peu de valeur, pour lesquels ils faisaient plusieurs signes de joie, levant les mains au ciel, en chantant et dansant dans leurs **dites** barques. Cette **gent** se peut nommer sauvage, car c'est la plus pauvre gent qui puisse être au monde; car tous ensemble n'avaient que la valeur de cinq **sols**, leurs barques et leurs **rets** de pêche exceptés. Ils sont tout nus, sauf une petite **peau**, avec laquelle ils couvrent leur **nature**, et quelques vieilles peaux de bêtes qu'ils jettent sur eux en **écharpe**. Ils ne sont point de la même race, ni de la même langue que les premiers que nous avions trouvés. Ils ont la tête rasée en rond, tout à l'entour, sauf une **touffe sur le dessus de la tête**, qu'ils laissent longue, comme une queue de cheval, qu'ils lient et serrent sur leurs têtes en une **toque** avec des courroies de **cuir**. Ils n'ont autre logis que sous leurs dites barques, qu'ils tournent à l'**envers**, et se couchent sur la terre sous celles-ci. Ils mangent leur viande presque **crue**, après l'avoir un peu chauffée sur les charbons, et **pareillement** leurs poissons.
>
> (Jacques Cartier, *Voyage de Jacques Cartier au Canada :*
> *La Relation originale* [Paris : Librairie Tross, 1863])

Vocabulaire	Définition/Synonyme en français	*Équivalent en anglais*
un patenôtre	chapelet catholique, un rosaire	*rosary beads*
dit/dite	ce que les gens appellent	*so-called*

Vocabulaire	Définition/Synonyme en français	Équivalent en anglais
la gent	(ici) le peuple sauvage	(here) these people
un sol	ancienne pièce de monnaie	an ancient coin of French money
un rets	filet pour attraper poissons et autres animaux	a net to trap fish and other animals
une peau	organe qui recouvre le corps de l'être humain et des animaux	skin
la nature	(ici) le sexe	(here) the genital area
une écharpe	large bande d'étoffe qui se porte obliquement d'une épaule à la hanche opposée, autour de la ceinture ou du cou	scarf
une touffe (de cheveux) sur le dessus de la tête	(ici) un ensemble de cheveux formant une espèce de bouquet	(here) a Mohawk-type hairstyle
une toque	un chapeau sans bordure, rond et haut (ici) probablement un chapeau de fourrure comme les portaient les Cosaques	a hat (of a chef, of a French magistrate, fur hat of a Cosack)
une courroie de cuir	un long morceau fin de cuir	a leather strap
un envers	l'opposé de l'endroit d'un objet quelconque (une page, une étoffe, un bateau, etc.)	(here) upside down
cru/crue	qui n'est pas cuit/e	raw
pareillement	de même	the same way

C. Répondez aux questions suivantes sur l'extrait de la *Relation originale* :

   1. Qu'est-ce que Cartier offre aux Iroquois? Est-ce que ce sont des objets de grande valeur? Comment peut-on expliquer leur réaction?
   2. Pourquoi Cartier pense-t-il que ces gens sont pauvres?
   3. Que veut dire Cartier quand il décrit les barques des Iroquois comme des « dites barques »? Ce sont probablement quel type de barques?
   4. Comment Cartier décrit-il l'apparence physique des Iroquois? Quel est le ton de sa description?
   5. À la fin Cartier explique que les Iroquois mangent leurs viandes et poissons « presque crus ». Qu'est-ce que cette observation sous-entend (quel est le « sous-texte » de cette observation)?
   6. Pensez aux deux sens du mot *sauvage*. Lequel s'applique ici dans *Relation originale* de Cartier?

7. Comment est-ce que vous caractériseriez la ~~rencontre~~ *encounter* de Cartier et des Iroquois (violente, amicale, bizarre, etc.) du point de vue de Cartier? du point de vue des Iroquois? de notre point de vue postcolonial?

« PLUS RIEN » DES COWBOYS FRINGANTS ET DE SHAUIT (CHANSONS)

ACTIVITÉ 13

Pour mieux connaître la culture autochtone depuis l'arrivée des Européens, recherchez sur internet les paroles de la chanson « Plus rien » du groupe populaire les Cowboys Fringants (*The Frisky Cowboys*). Puis recherchez « Shauit : Plus rien » pour entendre une autre version de la chanson. Les paroles de la chanson sont du groupe québécois Les Cowboys Fringants (2004), mais c'est l'auteur-compositeur-interprète innu, Shauit, qui a composé la musique de cette même chanson qu'il a enregistrée en 2010. Lisez les paroles des Cowboys Fringants, écoutez l'interprétation qu'en donne Shauit. Répondez aux questions suivantes, puis discutez de vos réponses en petits groupes.

QUESTIONS SUR LES CHANSONS
1. D'après vous et d'après Shauit, qui est l'individu à qui il ne reste plus que quelques minutes à vivre sur cette terre?
2. Comment était la terre avant et après l'arrivée de « ces nouveaux dieux »?
3. Y a-t-il eu une réaction dans la société contre les initiatives de « ces nouveau dieux »? A-t-elle réussi ou pas? Si oui, pourquoi a-t-elle réussi? Si non, pourquoi a-t-elle échoué?
4. « Plus rien » est le titre de cette chanson. Pouvez-vous penser à deux autres mots dans la chanson même qui pourraient aussi servir de titre à cette chanson?

« LE QUÉBEC MÉTISSÉ »

ACTIVITÉ 14

Il n'y a pas que dans le partage de vocabulaire, de coutumes et de fourrures que l'Autochtone a enrichi la culture et la fortune des nouveaux arrivants français au Kanata. Plusieurs Français ont fondé avec une Autochtone une lignée généalogique. On appelle *métis* les gens de descendance française et autochtone. Dans l'article qui suit, Suzanne Morissette traite des origines de ces familles québécoises métissées. Suzanne Morissette est recherchiste en généalogie autochtone et membre fondatrice de l'Unité des Nations Autochtones du Kanata. Lisez son essai et ensuite répondez aux questions qui s'y rapportent.

Un métis est un enfant issu de l'union d'un homme et une femme d'origine ethnique différente. Depuis Samuel de Champlain jusqu'à la fin de la période de la colonisation (1608–1759), le métissage fut l'une des solutions de survie dans le nouveau monde. Ainsi le sang autochtone coule aujourd'hui dans les veines d'une grande majorité de Québécois dont les ancêtres s'établirent en Amérique du Nord **lors de** la colonisation. **À titre d'exemple**, dans les veines des Morissette de ma lignée coule le sang de Louise Manitouakíkoué (Algonquine), d'Edmée Lejeune (Mi'kmaq), de Radegonde Lambert (Mi'kmaq) et de Jean-Claude Landry (Mi'kmaq).

La proportion du métissage la plus importante fut entre un Blanc et une Indigène. Lors de la colonisation, la majorité des immigrants français fut de sexe masculin. Le gouvernement de l'époque **tenta** de **pallier** à la situation en **acheminant** au

Suzanne Morissette, Québécoise métisse, avec Dominique Rankin, ancien grand chef de la nation algonquine et homme de médecine traditionnelle.
© Suzanne Morissette et Dominique Rankin

Canada entre 1663 et 1673 entre huit cents et huit cent cinquante femmes **célibataires** en provenance de la France (appelées «Filles du roi»). Ces femmes **débarquèrent** d'abord à Tadoussac; celles qui n'y furent pas choisies pour contracter un mariage poursuivirent leur trajet en bateau jusqu'à Québec; celles qui ne furent pas choisies à Québec poursuivirent leur trajet jusqu'à Trois-Rivières; enfin celles qui ne furent choisies ni à Tadoussac ni à Québec ni à Trois-Rivières **aboutirent** à Ville-Marie (aujourd'hui Montréal). «Les Filles du roi» restèrent quelques jours à chaque escale. La demande pour une épouse étant considérable, la plupart de ces nouvelles immigrantes trouvèrent un mari en un rien de temps.

L'étendue du territoire eut une influence fondamentale sur le métissage. Pour les colons habitant au-delà des **peuplements** de Québec, Trois-Rivières et Ville-Marie, le problème du nombre restreint de femmes disponibles n'était pas résolu par l'arrivée des «filles à marier». La solution qui fut encouragée, afin de pouvoir coloniser ce nouveau pays et d'assurer la descendance, fut de permettre à un Blanc d'épouser une Indigène.

En fait les Blancs et les Autochtones avaient entretenu, et entretenaient toujours, des relations de commerce. **De par** cette proximité, ils développèrent des relations amicales. Cette proximité facilita le métissage. Or, à l'occasion des mariages mixtes, les femmes autochtones devaient se convertir au catholicisme. Et ainsi ces épouses et leurs enfants métis furent baptisés sous des noms d'origine française.

Certains de ces métis des régions éloignées ainsi que d'autres encore vinrent s'installer dans le Québec de l'époque. Au temps de la déportation des Acadiens par les Anglais en 1755, par exemple, plusieurs d'entre eux se réfugièrent au Québec. En s'unissant aux habitants des rives du Saint-Laurent, tous vinrent ainsi augmenter **le taux** de descendants métissés Blanc-Autochtone du Québec d'aujourd'hui.

Vers 1800, la situation démographique des Québécois se stabilisa. Il ne fut plus nécessaire de recourir au métissage pour peupler le Canada. **Dès lors**, il fut mal vu d'avoir des origines autochtones. Nombreux furent les Québécois pour qui leurs origines autochtones devinrent un secret de famille **honteux**. Voilà ce qui explique qu'aujourd'hui la plupart des Québécois **ignorent** leurs origines métisses autochtones. Pour ma part, j'ai découvert à ce jour (jusqu'à aujourd'hui) dix lignées autochtones dans ma généalogie Morissette. Je suis ravie de reconnaître et d'accepter mes origines autochtones. Et toi, est-ce que tu es fier/fière de tes ancêtres?

(«Le Québec métissé», © Suzanne Morissette, 2013)

Vocabulaire	Synonyme/Définition en français	Équivalent en anglais
lors de	à l'occasion de, à l'époque de	*at the time of*
à titre d'exemple	par exemple	*for instance, for example*
tenter	essayer, faire un effort	*to try*
pallier à	remédier à	*to remedy, to solve temporarily*
acheminer	envoyer	*to send*
un/une célibataire	une personne non mariée	*a single person*
débarquer	descendre d'une barque, d'un bateau	*to disembark*
aboutir	arriver à destination	*to end up*
un peuplement	un groupe de gens qui habitent un même lieu	*a settlement*
de par	à cause de	*because of, due to*
un taux	un niveau, une somme	*a level, a total*
vers	temps approximatif	*around, toward*
dès lors	à partir de ce moment	*from that point/time on*
honteux/honteuse	dont on a honte, qu'on veut cacher, dont on n'est pas fier/fière	*shameful*
ignorer	ne pas savoir	*not to know*

QUESTIONS SUR « LE QUÉBEC MÉTISSÉ »

1. Pourquoi est-ce que le métissage était bien vu entre 1608 et 1759 mais mal vu après 1800?

2. A votre avis, quels avantages présentaient ces mariages mixtes pour la colonisation, pour la France, pour la religion catholique et pour les Autochtones?

3. Qu'est-ce qui explique le taux élevé de métis dans la population québécoise d'aujourd'hui?

4. Comment le métissage au Canada au 17ième et au 18ième siècles diffère-t-il du métissage aux États-Unis à la même époque?

CE QU'IL FAUT POUR VIVRE (FILM)

ACTIVITÉ 15

Dans le film *Ce qu'il faut pour vivre* (2008) de Benoît Pilon, nous faisons la connaissance de Tivii, un chasseur inuit qui est atteint de tuberculose. Il quitte la Terre de Baffin dans le nord-est du Nunavut en 1952 pour se faire soigner dans un sanatorium à Québec. Pauvre Tivii! C'est le choc culturel et langagier. Ne comprenant ni le français ni le mode de vie des Québécois, Tivii se trouve complètement dépaysé. Un orphelin inuit, qui a été élevé par les Blancs, lui sert d'interprète. Tivii caresse le projet d'adopter le jeune Kaki afin de lui redonner un foyer ancré dans sa culture d'origine. *Ce qu'il faut pour vivre* a remporté le Grand Prix spécial du jury du Festival des Films du Monde de Montréal (2008) et les Jutra (l'équivalent de l'Oscar étatsunien) décernés par l'industrie du cinéma québécois pour le meilleur film, le meilleur scénario et le meilleur acteur en 2008. Ce film est disponible dans beaucoup de librairies et de bibliothèques.

Après avoir visionné le film, répondez aux questions qui s'y rapportent et discutez de vos réponses en classe.

QUESTIONS SUR LE FILM *CE QU'IL FAUT POUR VIVRE*

1. Comment est la vie de Tivii à Terre de Baffin? Décrivez sa famille et ses activités quotidiennes.
2. Quand Tivii arrive à Québec, il est complètement dépaysé. Pourquoi? Quels aspects de la vie sont différents au début?
3. Pourquoi Tivii ne veut-il pas rester au sanatorium et se faire guérir? À quoi rêve-t-il?
4. Comment est-ce que la vie de Tivii change après l'arrivée de Kaki? Comment est le rapport (*the relationship, the connection*) entre Tivii et Kaki? Qu'est-ce que Kaki fait pour Tivii? Qu'est-ce que Tivii enseigne à Kaki?
5. Quel est le rôle de l'église catholique dans la société québécoise en 1950? dans la vie des malades à l'hôpital? et dans la vie de Tivii?
6. Qu'est-ce qui arrive à la fin du film? Tivii a-t-il changé suite à cette expérience?

IV. Le français au Québec : L'influence autochtone

ACTIVITÉ 16 : EMPRUNTS AUX LANGUES AUTOCHTONES

Comme on l'a déjà vu avec plusieurs noms de lieux comme Québec, Gaspé et Canada, les Français ont adopté des mots autochtones qui ont enrichi leur langue. Pouvez-vous deviner les mots français suivants qui proviennent tous de mots autochtones? Vous trouverez les réponses à la fin du manuel (appendice A).

1. En langue inuite, c'est un bateau pour les hommes. En français, c'est un type de bateau qu'on utilise pour faire du sport : un k_____

2. En langue algonquienne, c'est un traîneau qu'on utilise pour se déplacer sur la neige ferme de l'Arctique. En français, c'est quelque chose que les enfants utilisent pour glisser le long d'une colline quand il a neigé : un t_____

M2006.48.67 © McCord Museum, Montreal

3. En langue inuite, c'est un manteau. Pour les Français, c'est un type de manteau qu'on porte quand on fait du ski : un a_____

ME987.154.1 © McCord Museum, Montreal

4. En langue algonquienne, ce mot veut dire « garder les pieds sains ». Pour les Français, c'est un type de chaussures en cuir que portent les hommes : des m_____

M2005.76.3.1-2 © McCord Museum, Montreal

V. Voyage virtuel : Le Nunavik

ACTIVITÉ 17 : VISITONS LE GRAND NORD

Vous êtes invité/e à un voyage au Nunavik! Comme vous avez appris dans ce chapitre, le Nunavik est une région au nord du Québec – souvent appelée le Grand Nord – où habitent les Inuits depuis des milliers d'années.

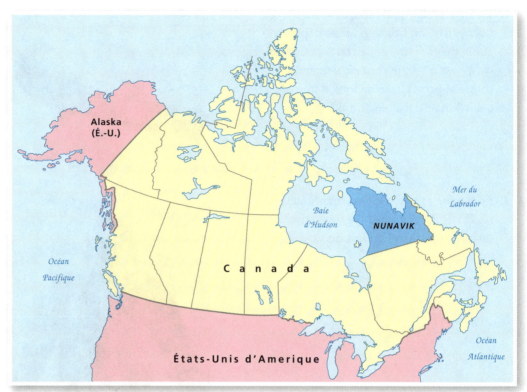

Carte de Nunavik

A. *Préparons-nous!* Que savez-vous de la vie au Grand Nord? Pensez à vos leçons de géographie ou bien à ce que vous savez de la vie dans l'état de l'Alaska. Avec un/e partenaire, dressez une liste de cinq ou six caractéristiques d'une région près du pôle Nord (pensez à la géographie, à la culture des gens, à la faune et la flore, aux activités des gens). À votre avis, lesquelles sont probablement vraies et lesquelles sont certainement des stéréotypes?

B. *Apprenons des mots importants!* Essayez de deviner le sens des mots suivants. Si vous n'y réussissez pas maintenant, vous y arriverez mieux quand vous aurez exploré les sites internet du Nunavik. Les réponses à ces questions se trouvent à la fin du manuel (appendice A).

   1. Qu'est-ce que c'est que «la toundra»?
- **a.** le paysage
- **b.** la rivière
- **c.** le ciel
- **d.** la végétation

   2. Qu'est-ce que c'est que «les caribous»?
- **a.** les poissons
- **b.** les oiseaux
- **c.** les animaux
- **d.** les Autochtones

   3. Les aurores «boréales» sont des lumières qu'on voit où?
- **a.** au sud
- **b.** à l'est
- **c.** à l'ouest
- **d.** au nord

4. Qu'est-ce que c'est qu'une «motoneige»?
   a. une machine qui déneige les autoroutes
   b. une machine qui fait de la neige pour les pistes de ski
   c. une machine qui permet de se déplacer sur la neige
   d. une machine qui tire l'énergie des tempêtes de neige
5. Quand on fait de «l'écotourisme», on fait quoi?
   a. on va à un hôtel de luxe dans un endroit de beauté naturelle
   b. on s'instruit sur l'environnement en voyageant dans une région
   c. on visite des fermes et des établissements qui vendent des produits régionaux
   d. on fait des économies en restant dans les chambres de maisons privées

Note : même si vous n'avez pas bien deviné, vous avez quand même appris de nouveaux mots!

C. *En route!* Recherchez «Nunavik tourisme» sur internet, utilisant un moteur de recherche franco-canadien. Ensuite, répondez aux questions suivantes.

1. Comment est le climat à Nunavik? Décrivez sa situation géographique.
2. Quels animaux voit-on dans cette région?
3. Qu'est-ce qu'on peut faire en tant que touriste au Nunavik? Quelles activités aimeriez-vous y faire?
4. Quels types de vêtements ou d'équipements adéquats faut-il apporter quand on voyage au Nunavik?
5. Quel moyen de transport utilise-t-on pour arriver au Nunavik?
6. Quels moyens de transports utilisent les habitants du Nunavik pour aller d'un village à un autre?
7. Comment s'appellent les gens qui habitent le Nunavik? Depuis quand habitent-ils ce territoire?
8. Il y a beaucoup de belles photos de Nunavik. Décrivez la photo que vous avez aimée le mieux.
9. Aimeriez-vous faire un voyage au Nunavik un jour? Pourquoi? Pourquoi pas?

VI. Synthèses

ACTIVITÉ 18 : À VOUS DE JOUER DES RÔLES

Réfléchissez à ce que vous avez appris à propos du Québec et des cultures autochtones. Avec un/e ou deux camarades de cours, choisissez un des sujets suivants et inventez un dialogue pour la situation. Imaginez que les Amérindiens parlent déjà français. Utilisez votre imagination! Jouez votre scène devant la classe.

1. La *Relation originale* de Jacques Cartier nous fait connaître la réaction des Français lors de leur première rencontre avec les Amérindiens. Mais quelle a été la réaction des Amérindiens quand ils ont vu le bateau des Français? Imaginez la conversation de plusieurs Amérindiens suite à leur première rencontre avec Jacques Cartier.
2. En 1534, Jacques Cartier a rencontré Donnacona, le chef des Iroquois. Il est retourné en France avec les deux fils de Donnacona, Taignoagny et Domagaya. Imaginez la conversation entre Cartier et les deux Amérindiens en traversant l'Atlantique.

Taignoagny et Domagaya ont probablement beaucoup de questions à propos de la société française du 16ième siècle!

3. Imaginez que vous faites un voyage au Nunavik où vous rencontrez une famille inuite. Vous voudriez mieux connaître la région et la culture inuite. Eux aussi veulent en savoir plus sur votre culture et la ville où vous habitez.

4. Vous êtes dans un club à Montréal où vous faites la connaissance du chanteur innu Shauit. Vous voulez écrire un article sur Shauit pour le journal de votre université. Imaginez une entrevue avec Shauit au cours de laquelle vous posez des questions à propos de sa vie, de sa musique et des cultures autochtones au Québec aujourd'hui.

ACTIVITÉ 18 : À VOUS LA PAROLE

Réfléchissez à ce que vous avez appris à propos de la diversité au Québec en ce qui concerne la géographie, le climat et les cultures autochtones. Choisissez un des sujets suivants et écrivez une rédaction d'une page minimum.

1. Les cultures autochtones sont très présentes au Québec, surtout dans les musées, dans les arts, dans le cinéma et dans la musique. Pourtant, les Autochtones composent seulement 1 pourcent de la population québécoise aujourd'hui. À votre avis, pourquoi les Autochtones sont-ils si importants dans la culture québécoise contemporaine?

2. Le Québec est une province très vaste et très diverse du point de vue géographique. Comment est-ce que la diversité géographique du Québec a influencé sa culture et son histoire?

3. Au 16ième siècle, les explorateurs français qui ont « découvert » cette région qu'on désigne aujourd'hui par Québec, ont tout de suite pris contact avec plusieurs groupes autochtones. À votre avis, est-ce que ces rencontres étaient plutôt bienfaisantes ou plutôt malfaisantes pour les Autochtones?

4. Choisissez un personnage, un produit culturel (art, musique, cinéma, littérature, journalisme, etc.) ou un évènement historique qui vous a frappé/e. Écrivez une bonne description du sujet, puis expliquez pourquoi ce sujet vous intéresse.

5. Quelles sont vos réflexions sur cette première époque de l'histoire du Canada? Et quelles sont vos impressions personnelles de cette première époque de l'histoire du Canada?

CROYANCES

L'église Notre-Dame-des-Victoires, construite à la fin du 17ième siècle, est située dans la Basse-Ville de Québec à l'endroit où se trouvait la seconde habitation de Samuel de Champlain.

Dans le premier chapitre, nous avons exploré les origines du Québec, un vaste territoire peuplé d'Autochtones qui habitent en Amérique du Nord depuis des milliers d'années. On a discuté des premiers arrivants de France, des pêcheurs et des explorateurs comme Jacques Cartier. C'est à partir de 1608 que les Français commencent à coloniser et à peupler cette terre pour de bon. A cette époque, l'église catholique avait une influence très profonde sur la société française et nombre de missionnaires (hommes et femmes) ont contribué au développement de la société en Nouvelle-France, le nom donné par les Français à cette terre. Les nouveaux arrivants restent attachés à leurs croyances religieuses, mais ils ont foi aussi dans les possibilités que cette nouvelle vie en Amérique du Nord peut leur offrir.

I. Introduction

ACTIVITÉ 1 : À QUOI ET EN QUOI CROYEZ-VOUS ?

En petits groupes, répondez aux questions suivantes et discutez de vos réponses entre vous. Ensuite, comparez vos réponses avec celles des autres groupes.

1. Terminez cette phrase en décrivant trois activités que vous croyez être essentielles à une bonne vie : « Dans la vie, je crois qu'il faut absolument... »
2. Vous identifiez-vous à une religion? D'où viennent ces croyances religieuses? Comment se manifestent-elles dans votre vie quotidienne?
3. Croyez-vous aux principes fondamentaux du gouvernement de votre pays? aux droits de l'homme? à l'égalité? à la liberté d'expression? etc. Expliquez pourquoi vous y croyez ou vous n'y croyez pas.
4. Comment réagissez-vous en présence d'une autre personne qui ne partage pas vos croyances? Êtes-vous ouvert/e? curieux/curieuse? sur la défensive? réservé/e? etc.
5. Êtes-vous superstitieux ou superstitieuse? Expliquez comment ou pourquoi pas.
6. Enfant, avez-vous cru au Père Noël? au lapin de Pâques? à la Fée des dents (*tooth fairy*)? au Bonhomme Sept Heures (*boogeyman*)? Pourquoi inventons-nous ces êtres fantaisistes?

II. Contextes : La Nouvelle-France de 1600 à 1750

LES PREMIERS COLONS

ACTIVITÉ 2 : D'OÙ VIENNENT LES COLONS FRANÇAIS ?

Regardez la carte de la France et trouvez les provinces d'où partaient les Français de France vers le Nouveau Monde : la Normandie, la Bretagne, le Maine, l'Anjou, la Touraine, le Poitou, l'Aunis, la Saintonge et l'Île-de-France (la région autour de Paris).

COMMENT UTILISER LE VERBE « CROIRE »

A. Opinions : croire que + sujet + verbe conjugué : Je crois qu'il va neiger ce soir
B. Idées : croire à + nom (idée)
   1. tenir pour certaine son existence : croire au Père Noël
   2. avoir foi/confiance en sa véracité : croire à ce qu'il dit
   3. avoir foi en son efficacité : croire à la médecine
C. Personnes/Dieu : croire en + pronom/nom
   1. avoir confiance en une personne croire en ses amis : croire en moi
   2. reconnaître l'existence de : croire en Dieu

Carte de France (régions)

Ensuite, répondez aux questions qui suivent sur les lieux de provenance des colons français et comparez vos réponses à celles d'un autre étudiant/d'une autre étudiante.

1. De quels points cardinaux (du nord, du sud, de l'est, de l'ouest) de la France provenaient la plupart des Français de France partis en direction du Nouveau Monde?
2. Quel est le climat dans cette partie de la France?
3. Quels produits agricoles viennent de cette partie de la France aujourd'hui?
4. À votre avis, quels aspects de la culture française seront transplantés en Nouvelle-France? Quels aspects de la culture vont changer?

ACTIVITÉ 3 : QUE FAISAIENT LES PREMIERS COLONS?

Imaginez la vie en Nouvelle-France lorsqu'on commence à y établir des colonies au 17ième siècle. Chaque personne qui arrive a un but (un objectif ou un intérêt) particulier. Faites correspondre chaque personne avec ses activités principales au Nouveau Monde. Vous trouverez les bonnes réponses à la fin du manuel (appendice A).

Le roi de France choisit deux hommes pour gouverner la colonie de la Nouvelle-France : le gouverneur qui s'occupe des affaires extérieures, comme l'armée et la politique, et l'intendant qui s'occupe des affaires intérieures, comme l'économie et le système de justice. Samuel de Champlain était le premier gouverneur et Jean Talon le premier intendant en Nouvelle-France.

Types de personnes	Activités
1. le missionnaire	**A.** Cette personne s'occupe de l'éducation des jeunes et prend soin des malades.
2. le pêcheur	**B.** Cette personne s'installe temporairement en Nouvelle-France pour sécher la morue (type de poisson) attrapée près de la côte, avant de retourner vendre ses poissons séchés en France.
3. le gouverneur	**C.** Cette personne vient avec deux buts principaux : évangéliser les Autochtones (les convertir au catholicisme) et s'occuper des besoins spirituels des colons catholiques.
4. le commerçant de fourrure	**D.** Cette personne travaille pour le roi et ses buts sont de protéger la colonie française et d'encourager le peuplement de la région.
5. le soldat	**E.** Cette personne s'occupe de la maison, élève les enfants, coud les vêtements, fait la cuisine et aide aussi à travailler la terre.
6. le voyageur ou le coureur des bois	**F.** Cette personne défriche la terre (enlève les arbres et les pierres et tourne le sol afin de le préparer à être semé) et récolte la terre afin de nourrir sa famille et de vendre sa récolte aux autres.
7. l'habitant (un fermier)	**G.** Cette personne se déplace continuellement dans la forêt pour tendre des pièges (*traps*) aux castors (animal qui a une belle fourrure) tout en créant et maintenant des liens avec les Autochtones pour, entre autres, faciliter la traite des fourrures.
8. la femme de l'habitant	**H.** Cette personne achète les fourrures des Autochtones ou des trappeurs français et les revend en Europe.
9. la religieuse	**I.** Cette personne vient en Nouvelle-France pour protéger les colons contre les attaques amérindiennes et anglaises.

ACTIVITÉ 4 : QUEL FRANÇAIS PARLER DANS LA COLONIE ?

Les Français qui se sont établis dans la région aujourd'hui dénommée le Québec provenaient de plusieurs anciennes provinces françaises. Jusque sous le règne de Louis XIV chaque province avait son parler particulier, de sorte que les Français d'une province ne pouvaient pas toujours se faire comprendre par les Français d'une autre province. Or, il fallait à tout prix que les immigrés au Nouveau Monde puissent se parler pour mener leur vie et leurs affaires. La langue commune adoptée fut celle de l'Île-de-France. La qualité du français des colons faisait souvent l'envie des visiteurs de la mère patrie. Lisez les témoignages suivants sur la langue française parlée dans la colonie royale, et ensuite répondez aux questions.

Un colon français, détail de la Fresque du Petit-Champlain dans la Basse-Ville de Québec.

1. En 1691, le missionnaire récollet Chrestien Le Clerc part pour le Canada. La veille de son départ, un autre missionnaire lui assure qu'il sera « surpris d'y trouver d'aussi honnêtes gens, et même un langage plus poli, une énonciation nette et pure, une prononciation sans accent. » Le père Le Clerc a « peine à concevoir qu'une peuplade formée de personnes de toutes les Provinces de France, de mœurs, de nation, de condition, d'interest, de genie si differens, et d'une manière de vie, coûtumes, éducation si contraires fut aussi accomplie qu'on me la representoit. » Le père Le Clerc continue en disant « mais il est vray que lorsque je fus sur les lieux, je connus qu'**on ne m'avoit rien flaté**. »

    (Lothar Wolf, « Les colons de Nouvelle-France » dans *Le français au Québec : 400 ans d'histoire et de vie* [Montréal : Fides/Publications du Québec, 2003], 25–27)

2. En 1720, le père jésuite François-Xavier de Charlevoix fait l'éloge de la société canadienne et de sa langue : « On politique sur le passé, on conjecture sur l'avenir; les Sciences et les Beaux-Arts ont leur tour, et la conversation ne tombe point. Les Canadiens, c'est-à-dire les **Créoles du Canada**, respirent en naissant un air de liberté qui les rend fort agréables dans leur commerce [les interactions] de la vie et nulle part ailleurs on ne parle plus purement notre Langue. On ne remarque même ici aucun accent. »

    (Jacques Lacoursière, *Une histoire du Québec* [Septentrion, 2002], 41)

COMMENT LIRE UN TEXTE EN FRANÇAIS CLASSIQUE

Vous noterez, sans doute, quelques différences entre le français moderne et le français classique qui date de l'époque de Louis XIV. Voici quelques différences d'orthographe : (a) on utilise *o* à l'imparfait (« on avoit »), (b) on utilise *y* à la place de *i* (« il est vray »), (c) on utilise le *s* là où aujourd'hui on trouve un accent circonflexe ^ (« interest » pas « intérêt »). Par ailleurs, quand on imprimait (*print*) un texte, on ne faisait pas de distinction entre le *v* et le *u*, ni entre le *s* et le *f*.

3. À la même époque, le naturaliste Pehr Kalm note dans son récit de voyage que «la plupart des habitants du Canada, hommes et femmes, peuvent lire un texte, mais aussi écrivent assez bien.».

(Wolf, *Le français au Québec : 400 ans d'histoire et de vie* [Montréal : Fides, 2000], 11)

4. Vers 1730, Pierre-Olivier Thoulier d'Olivet, membre de l'Académie française, ajoute «On peut envoyer un opéra au Canada et il sera chanté à Québec note pour note et sur le même ton qu'à Paris; mais on ne saurait envoyer une phrase de conversation à Bordeaux et à Montpellier et faire qu'elle soit prononcée syllabe pour syllabe comme à Paris».

(Lacoursière, *Une histoire du Québec*, 41)

5. En 1759, juste avant la Conquête, l'officier Jean-Baptiste d'Aleyrac, qui participe à la bataille des plaines d'Abraham remarque «Il n'y pas de **patois** dans ce pays. Tous les Canadiens parlent un français pareil au nôtre. **Hormis** quelques mots qui leur sont particuliers, empruntés d'ordinaire au langage de matelots, comme amarrer pour attacher, haler pour tirer non seulement une corde mais quelque autre chose. Ils en ont forgé quelques-uns comme une **tuque** ou une fourole pour dire un bonnet de laine rouge (dont ils se servent couramment). Ils disent une poche pour un sac...chômer pour manquer de rien; la relevée pour l'après-midi; chance pour bonheur; miette pour moment; paré pour être prêt à. L'expression la plus ordinaire est : de valeur pour signifier qu'une chose est pénible à faire ou trop fâcheuse».

(Lacoursière, *Une histoire du Québec*, 41–42)

Vocabulaire	Définition en français	*Équivalent en anglais*
on ne m'avoit rien flaté	on ne m'avait rien exagéré	*they didn't exaggerate*
un Créole du Canada	un descendant d'immigrants français	*a Canadian descendant of French immigrants*
un patois	un parler propre à une région donnée, à l'intérieur d'un dialecte	*a regional dialect*
hormis	sauf, excepté	*except*
une tuque	un bonnet d'hiver en laine avec ou sans pompon porté surtout par les garçons et les hommes	*a close-fitting and brimless wool winter cap*

QUESTIONS SUR LE FRANÇAIS PARLÉ DANS LA COLONIE

1. Qu'est-ce qui vous a intéressé(e) à propos de la langue des colons canadiens?
2. D'après les textes plus ou moins anciens que vous avez lus, auriez-vous compris le français des colons? Est-ce qu'un Français de France aurait compris le français des colons? Pourquoi ou pourquoi pas?
3. Selon l'officier Jean-Baptiste d'Aleyrac, d'où venaient les néologismes (nouveaux mots) du parler canadien?
4. Comment les Français cités ici ont-ils réagi au parler des colons? La réaction était-elle plutôt positive ou négative? Expliquez.

5. Pouvez-vous citer trois expressions dans la liste de d'Aleyrac que vous ne comprenez pas du tout? Cherchez les définitions de ces mots ou expressions dans le dictionnaire québécois en ligne.

LES CROYANCES AU QUÉBEC

ACTIVITÉ 5 : LES CROYANCES CATHOLIQUES ET AUTOCHTONES

Les croyances des Autochtones étaient parfois très différentes de celles des Français catholiques. Lisez les phrases suivantes et indiquez si vous pensez que la croyance est une croyance autochtone (A) ou catholique (C). Mettez un A ou un C devant chaque croyance. Vous trouverez les bonnes réponses à la fin du manuel (Appendice A).

_____ **1.** La terre appartient à tous (*everyone*).
_____ **2.** Le pape décide à qui appartient la terre.
_____ **3.** Il faut aller à la messe chaque dimanche.
_____ **4.** Tout est vivant. Tout est relié dans l'univers.
_____ **5.** Le tabac et la sauge (*sage*) sont des éléments purificateurs.
_____ **6.** À la mort les justes vont au paradis et les méchants vont en enfer.
_____ **7.** Le « Grand Esprit » de l'univers s'appelle Waconda.
_____ **8.** Le cercle est l'élément de base de l'univers.
_____ **9.** Les bons esprits surnaturels sont les anges, les mauvais esprits sont les démons.
_____ **10.** Il faut faire attention à ses rêves car ils sont réels.

LA PÉRIODE D'EXPANSION COLONIALE

ACTIVITÉ 6 : ET QU'EST-CE QUI SE PASSAIT EN FRANCE?

Entre 1600 et 1759, pendant la période d'expansion coloniale en Nouvelle-France, il y a en France beaucoup de conflits et de changements sous les règnes des monarques bourbons. La religion et le pouvoir politique et économique sont au centre des actions du gouvernement, alors que les auteurs s'affrontent sur des idées philosophiques et sociales qui changeront lentement la pensée en France envers le gouvernement. Ces changements auront des répercussions au Québec. Faites correspondre chaque événement avec le règne du monarque. Vous trouverez les bonnes réponses à la fin du manuel (appendice A).

LES MONARQUES EN FRANCE

A. De 1589 à 1610 : Le règne d'Henri IV. Ce monarque est célèbre parce qu'il s'est converti au catholicisme pour accéder au trône de France, croyant que « Paris vaut bien une messe ».

B. De 1610 à 1643 : Le règne de Louis XIII. Avec son ministre le Cardinal Richelieu, Louis XIII essaie de mettre fin aux conflits entre protestants et catholiques en France alors qu'il fait la guerre à l'Espagne.

C. De 1643 à 1715 : Le règne de Louis XIV. Ce monarque, dit *le Roi-Soleil*, centralise le pouvoir en France et devient monarque absolu contrôlant tout – politique, religion, littérature et vie sociale.

Portrait de Louis XIV, roi de France.

D. De 1715 à 1774 : Le règne de Louis XV. Le descendant de Louis XIV est par contre un roi faible qui ne s'intéresse pas trop à la politique et qui contribue à 'affaiblissement de la France.

ÉVÉNEMENTS IMPORTANTS EN FRANCE

_____ **1.** A la fin de la guerre de Sept Ans, le roi signe le Traité de Paris, cédant la plupart des colonies françaises, y compris la Nouvelle-France, aux Anglais. Jean-Jacques Rousseau publie son *Discours sur l'origine et les fondements de l'inégalité*. Diderot travaille sur *l'Encyclopédie*, une œuvre philosophique et scientifique majeure.

_____ **2.** Le roi signe l'Édit de Nantes, un document qui reconnaît la liberté de culte en France, mettant ainsi fin aux guerres de religion entre Catholiques et Protestants. Michel de Montaigne publie ses *Essais*. La philosophie humaniste éclate en France.

_____ **3.** C'est la guerre de Trente Ans en Europe. René Descartes écrit son *Discours de la méthode* déclarant « je pense donc je suis » et affirmant l'existence de Dieu. *Le Cid* de Pierre Corneille est joué à la Comédie française, mettant en scène un héros catholique.

_____ **4.** Le roi révoque l'Édit de Nantes, déclarant le catholicisme la religion officielle de la France. La cour française s'établit au château de Versailles. Le *Tartuffe* de Molière est interdit sur les scènes publiques à Paris (et le sera aussi à Québec, par ordre du roi, sous le gouverneur Frontenac).

ACTIVITÉ 7 : LA NOUVELLE-ANGLETERRE ET LA NOUVELLE-FRANCE

La Nouvelle-Angleterre et la Nouvelle-France se développent parallèlement jusqu'au milieu du 18ième siècle. Trouvez la carte du Québec moderne dans l'appendice A et recherchez une carte de la Nouvelle-Angleterre aujourd'hui. Examinez les deux cartes et puis répondez à ces questions :

1. Examinez les noms des États, des villes, des fleuves et des lacs de la Nouvelle-Angleterre (région du nord-est des États-Unis) d'aujourd'hui. Pouvez-vous y identifier des noms anglais, français et amérindiens?

2. Répétez cette activité en regardant les noms des lieux du Québec d'aujourd'hui. Voyez-vous des ressemblances ou des différences en ce qui concerne l'origine des noms de lieux?

3. Les colons au Québec étaient catholiques pour la plupart, alors que les colons anglais étaient protestants. À votre avis, comment est-ce que la religion a influencé la culture des colons?

4. D'après vos connaissances de l'histoire étatsunienne et de l'histoire québécoise durant l'époque coloniale (au 17ième et au début du 18ième siècles), quelles étaient les ressemblances et les différences les plus importantes entre les colons français et les colons anglais?

REPÈRES HISTORIQUES DE 1600 À 1750 : LA NOUVELLE-FRANCE

En 1603	Pierre Du Gua des Monts obtient du roi Henri IV de France le monopole du commerce des fourrures en Nouvelle-France.
En 1604	Fondation de l'Acadie, un territoire français situé à l'est du Québec (où se trouve aujourd'hui la Nouvelle-Écosse, le Nouveau-Brunswick et une partie de l'état du Maine).
En 1608	Samuel de Champlain fonde l'Habitation de Québec sur le site du village iroquoien de Stadaconé. — ville de Québec
En 1615	Quatre Récollets (Franciscains) arrivent à Québec pour subvenir aux besoins spirituels des colons.
En 1617	Arrivée de Louis Hébert, sa femme Marie Rollet et leurs trois enfants – les premiers colons français à s'établir à Québec.
En 1625	Cinq Jésuites arrivent en Nouvelle-France dans le but d'évangéliser les « Sauvages ».
En 1627	Le roi Louis XIII de France décrète que la Nouvelle-France est réservée aux seuls Catholiques.
En 1634	Champlain envoie Laviolette à Trois-Rivières pour y construire « l'habitation des Trois Rivières ».
En 1635	Les Jésuites fondent à Québec le premier collège régulier en Amérique du Nord; ce « collège » correspondrait aujourd'hui à une école primaire pour garçons.
En 1639	Les Ursulines arrivent à Québec pour fonder un « séminaire de filles », c'est-à-dire un collège pour filles, alors que les Hospitalières augustines fondent le premier hôpital en Nouvelle France, l'Hôtel-Dieu de Québec.
De 1641 à 1666	Les Guerres iroquoises : les Iroquois mènent des attaques incessantes contre les Français, les Hurons et les Montagnais.

LES ORDRES RELIGIEUX EN NOUVELLE-FRANCE

Les missionnaires (hommes et femmes) qui arrivent de France se distinguent par leur *ordre*. Un ordre est une communauté d'hommes de femmes qui s'engage à une vie évangélique suivant une mission spécifique, souvent basée sur la vocation de leur fondateur ou de leur fondatrice. Les ordres qui arrivent en Nouvelle-France sont les Récollets (de l'Ordre des Frères mineurs de François d'Assise), les Jésuites (de l'Ordre de la Compagnie de Jésus fondé à Paris par Ignace de Loyola), et les Sulpiciens. Les religieuses sont les Ursulines et les Augustines. On pouvait distinguer un ordre d'un autre par le vêtement. Les Jésuites, par exemple, étaient connus comme *les Robes Noires*.

Croyances

En 1642	Ville-Marie (aujourd'hui Montréal) est un peuplement (*settlement*) missionnaire fondé par des laïcs dévots sous la gouverne de Paul Chomedey de Maisonneuve; cette Société de Notre-Dame de Montréal a pour mission l'évangélisation des « Sauvages ».
En 1644	Jeanne Mance, infirmière laïque, établit l'Hôtel-Dieu à Ville-Marie, le premier hôpital à Montréal.
En 1657	Les Sulpiciens de Paris arrivent à Ville-Marie.
En 1658	Marguerite Bourgeoys inaugure la première école à Ville-Marie et fonde une communauté de religieuses enseignantes, la Congrégation de Notre-Dame.
De 1663 à 1673	Entre 770 et 850 « Filles du roi » arrivent de France, la plupart munies de dots royales, pour peupler la colonie.
En 1674	Monseigneur François de Laval, ecclésiastique ultra-conservateur, devient le premier évêque en Nouvelle-France.
En 1682	L'explorateur français René-Robert Cavelier de La Salle arrive à l'embouchure du fleuve Mississippi et y fonde la *Louisiane* au nom du roi Louis XIV.
En 1690	Louis de Buade, comte de Frontenac, est gouverneur de la Nouvelle-France lorsque la ville de Québec est assiégée par une flotte de 32 navires anglais.

Une religieuse prend soin d'un enfant, détail de la Fresque du Petit-Champlain dans la Basse-Ville de Québec.

En 1701	La Grande Paix de Montréal est signée entre les autorités françaises et les représentants de trente-neuf nations autochtones, signalant ainsi la paix entre les signataires amérindiens et les Français.
En 1711	Les Anglais tentent une deuxième fois de prendre la ville de Québec.
En 1713	Louis XIV signe le Traité d'Utrecht et cède à l'Angleterre les territoires de l'Acadie, Terre-Neuve et la Baie d'Hudson.
En 1737	Marguerite d'Youville fonde la communauté des Sœurs Grises, dénommées d'abord les Sœurs de la Charité de l'Hôpital-Général de Montréal.

LA NOUVELLE-FRANCE

ACTIVITÉ 8 : L'HISTOIRE DE LA NOUVELLE-FRANCE

Lisez l'histoire suivante de la Nouvelle-France et ensuite répondez aux questions qui s'y rapportent.

POURQUOI VENIR AU NOUVEAU MONDE?

Les Français ont de nombreuses raisons de traverser l'Atlantique pour arriver sur les terres qu'ils ont nommées *la Nouvelle-France*. Ils voyaient en Nouvelle-France des opportunités économiques, politiques et religieuses. Ils sont poussés par leur croyance en une vie meilleure pour eux et leur famille, aux opportunités d'expansion de leur pouvoir politique, à l'exhortation du Christ à répandre la bonne nouvelle aux non-croyants.

Comme on l'a déjà vu, c'est le commerce qui attire les premiers Français vers la région qu'on appelle aujourd'hui le Québec. Au début, ce sont des pêcheurs qui cherchent du poisson, surtout la morue (*cod*). Pour les Catholiques, il y a à l'époque environ 150 jours d'abstinence par an, jours durant lesquels ils ne peuvent pas manger de viande. La demande en poisson est donc importante. Pour la plupart, les pêcheurs ne s'installent cependant pas au pays. Ceux qui y restent et commencent à troquer avec les Amérindiens sont des trappeurs et marchands qui traquent un animal encore plus recherché que la morue : le castor.

LE CASTOR CANADIEN

Le castor (*beaver*) est l'animal emblématique du Canada, tout comme l'aigle symbolise les États-Unis. Le castor, un rongeur qui habite près des lacs et des fleuves en Amérique du Nord, a une grande queue plate et une épaisse fourrure isolante adaptée au climat canadien. Grâce aux exigences de la mode en Europe, la peau du castor était très recherchée au moment de l'établissement de la Nouvelle-France et est devenue le fondement économique de la colonie. Autrefois en voie d'extinction à cause de l'exploitation par des trappeurs pendant les 17ième et 18ième siècles, la population de castors est aujourd'hui en progression au Canada. En 1975, le castor a été adopté comme symbole de la souveraineté du Canada et aujourd'hui il figure sur les pièces de monnaie, dans les publicités, et sur les souvenirs touristiques.

Les fourrures, essentielles à l'économie de la Nouvelle-France, se vendent toujours au Québec aujourd'hui.

Carte de la Nouvelle-France (c. 1750)

En 1603, Pierre Du Gua de Monts, un Français, obtient du roi Henri IV de France le monopole du commerce des fourrures en Nouvelle-France. Le castor, dont la fourrure est de très bonne qualité, est abondant au Canada. Il est important et à l'économie et à la cuisine française. D'abord, la fourrure du castor est très importante dans la confection des chapeaux, des gants et des manteaux qui sont très à la mode en France. De plus, les théologiens de la Sorbonne et les experts de l'Hôtel-Dieu de Paris arrivent à la conclusion que le castor est un poisson en raison de sa queue et qu'il peut donc se manger les jours d'abstinence. C'est donc le commerce du castor qui incite l'établissement de colonies permanentes.

Pour le roi de France, il y a aussi des raisons politiques à coloniser la Nouvelle-France. Les Anglais, les Espagnols et les Portugais envoient également leurs colons au Nouveau Monde. Les Français, souvent en compétition avec leurs voisins européens, voient l'établissement d'une colonie permanente au Nouveau Monde comme une nécessité. Alors que les Espagnols et les Portugais colonisent l'Amérique centrale, l'Amérique du Sud et le sud-est et sud-ouest de l'Amérique du Nord, les Anglais établissent les treize colonies sur la côte est de l'Amérique du Nord qu'on appelle aujourd'hui les États-Unis. Les Français, eux aussi, cherchent à réclamer leur part du Nouveau Monde. Ils fondent des colonies non seulement dans la région qui est aujourd'hui le Québec, mais aussi dans le vaste territoire qui s'étend de la côte est du Canada jusqu'aux Grands Lacs à l'ouest et jusqu'en Louisiane au sud. Quand la guerre éclate en Europe entre l'Angleterre, l'Espagne et la France, les colonies du Nouveau Monde sont souvent mises en jeu.

Pour d'autres Français, c'est la religion qui les motive à venir en Nouvelle-France. Les ordres religieux, tels les Récollets et les Jésuites, aussi bien que des communautés religieuses comme les Ursulines et les Augustines, viennent au Nouveau Monde pour deux raisons. La première est de subvenir aux besoins spirituels, éducatifs et physiques des colons. La seconde est l'évangélisation des « Sauvages ». Pour les missionnaires, l'évangélisation – c'est à dire l'enseignement de la religion catholique qui mène à la conversion – est un but religieux, noble et humanitaire. Ils croient sincèrement sauver les âmes des Autochtones et leur faire ainsi du bien.

COMMENT PEUPLER UNE COLONIE?

Au début du 17ième siècle, la France décide donc d'établir des colonies en Nouvelle-France. Mais qui va y aller? Où vont-ils habiter? Comment vont-ils survivre dans ce climat, entourés d'Amérindiens et sujets aux attaques des Anglais? C'est Samuel de Champlain qui en 1608 fonde l'Habitation de Québec sur l'ancien emplacement de Stadaconé, un village iroquoien.

Cette habitation, sorte de fort qui comprend plusieurs bâtiments reliés, permet à la colonie française de se développer. La France encourage les gens à partir en Nouvelle-France en leur offrant des titres de noblesse, des terres, ainsi que la possibilité d'un changement de statut social, ce qui était quasiment impossible en France à cette époque. En 1617, Louis Hébert, le premier colon français à s'établir en Nouvelle-France, s'installe à Québec avec sa femme, Marie Rollet et leurs trois enfants. Hébert travaille pour un marchand de fourrures, mais il décide rapidement de se bâtir une maison et de défricher (*clear*) un terrain afin de le cultiver. D'autres colons arrivent et habitent l'Habitation de Champlain (à l'endroit où se trouve aujourd'hui la Place Royale à Québec) ou s'installent au Fort Saint-Louis (à l'endroit où se trouve aujourd'hui le Château Frontenac à

Québec). Les Français fondent sans tarder la colonie de Trois-Rivières (la ville principale entre Québec et Montréal) et la colonie de Ville-Marie (où se trouve aujourd'hui le vieux Montréal).

Les colons se rendent très vite compte qu'il n'y a pas assez de femmes en Nouvelle-France pour «peupler» le pays. Plein de jeunes hommes sont arrivés au début du 17ième siècle à la recherche de travail comme coureurs des bois, soldats, ou pour exercer un métier quelconque (*of some kind*). D'autres cherchent une terre à cultiver. Mais il n'y a pas assez de femmes pour eux tous. Le mariage entre Français et femmes autochtones est accepté, surtout parmi les coureurs des bois et les Français habitant parmi les Autochtones. D'autre part, le manque de femmes dans les villes est grave, car il met en danger le projet de peuplement dont Champlain est chargé. De 1663 à 1673, Louis XIV entreprend de régler ce problème. Pendant cette décennie, entre 770 et 850 «Filles du roi» arrivent à Québec (les historiens québécois ne sont pas d'accord sur le nombre exact de ces jeunes femmes). Envoyées de France, la plupart munies de dots royales, ce sont des orphelines ou des jeunes femmes de familles pauvres; il y a aussi quelques femmes nobles à la recherche d'aventure. La plupart se marient en moins d'une semaine après leur arrivée. En quelques années la population de la province royale française passe de 3 000 à près de 10 000 habitants. Le problème de la croissance démographique (*population growth*) est ainsi en partie résolu.

Le Traité de la Grande Paix de Montréal, signé en 1701, marque un tournant pour les colons. La paix entre les Amérindiens et les Français permet aux colons de se consacrer à leur tâche : la construction de leur pays. Cette nouvelle société canadienne se développe, formant peu à peu un peuple qui se distingue des Français de France en adaptant la culture française au Nouveau Monde. Les colons développent leur propre façon de parler (un français intégrant des mots autochtones et de nouveaux mots inventés selon le besoin), leur propre façon de s'habiller (adapté aux hivers froids et neigeux), leur propre cuisine (basée sur les aliments disponibles dans la région), leurs propres histoires et légendes, ainsi que leurs propres traditions culturelles.

QUESTIONS SUR L'HISTOIRE DE LA NOUVELLE-FRANCE

1. Quels étaient les objectifs des Français qui arrivaient en Nouvelle-France au 17ième siècle?
2. Quelles étaient les activités professionnelles des colons? Que faisaient-ils?
3. Identifiez deux problèmes que les colons français ont dû affronter en Nouvelle-France. Comment est-ce que ces problèmes ont été résolus?
4. Quels étaient les avantages d'habiter l'Habitation de Champlain? Quels en étaient les désavantages?
5. Dans la France du 17ième siècle, la séparation entre l'Église et l'État n'existait pas. Comment est-ce que ces deux pouvoirs ont influencé le développement de la Nouvelle-France?

ACTIVITÉ 9 : TROIS FEMMES DÉVOTES

Les femmes religieuses et les femmes laïques dévotes ont joué un rôle très important dans le développement de la colonie française au Québec. Lisez les petites biographies suivantes et répondez ensuite aux questions qui se rapportent à ces textes.

LE POUVOIR DU PAPE

L'église catholique en France et au Nouveau Monde dépend directement du Saint-Siège à Rome. Elle est donc désignée comme l'Église catholique romaine, l'Église catholique, ou simplement l'Église. À l'époque, le pape est l'arbitre suprême lors d'un conflit entre deux pays catholiques.

Une statue de Marie de l'Incarnation devant le Musée des Ursulines à Québec.

MARIE DE L'INCARNATION

Marie de l'Incarnation, née Marie Guyart à Tours en 1599, devient successivement mystique (dès l'âge de 7 ans), épouse, mère, veuve, femme d'affaires et religieuse ursuline. Elle quitte son enfant âgé de 8 ans pour devenir Ursuline. (Son fils deviendra moine bénédictin et réformateur de l'Ordre de Saint Benoît.)

C'est en lisant les *Relations des Jésuites* que sœur Marie de l'Incarnation se sent appelée à « franciser les Sauvages » du Canada. À 40 ans, avec l'approbation de la supérieure des Ursulines à Tours et en compagnie de deux autres sœurs ursulines, elle part – la première femme missionnaire – pour le Nouveau Monde. Elle y passe le reste de sa vie. Elle fonde une école pour filles françaises et autochtones; elle traduit un livre épais de l'histoire sacrée en algonquin; elle produit un gros dictionnaire algonquin en alphabet français et un autre en alphabet algonquin; elle écrit aussi un dictionnaire et un catéchisme en iroquois; elle compose des chants religieux dans les diverses langues autochtones; elle chorégraphie des danses ethniques pour le service liturgique. Elle est connue aujourd'hui surtout comme l'épistolière incomparable des premiers temps de la colonie. On calcule qu'elle a écrit en tout près de 13 000 lettres, dont un peu plus de 3 000 ont été retrouvées.

Croyances

On attribue très souvent à Marie de l'Incarnation cette citation : « On fait plus facilement un Sauvage avec un Français que l'inverse ». Il se peut que cette phrase laconique et lapidaire soit la simplification et la combinaison de deux citations de Marie de l'Incarnation : « Ce n'est donc pas à leur endroit [pour les Amérindiennes] que nous sommes le plus [pré]occupées. Mais c'est à l'endroit des filles Françaises ; car il est certain que si Dieu n'eût amené des Ursulines en ce pays, elles seraient aussi sauvages, et peut-être plus que les sauvages mêmes. » Dans une autre lettre qu'elle adresse à son fils, Marie de l'Incarnation réitère ainsi l'idée : « De plus les filles Françaises seraient de vraies brutes, sans l'éducation qu'elles reçoivent de nous [les Ursulines], et de laquelle elles ont encore plus de besoin que les Sauvages. »

MARGUERITE BOURGEOYS

Marguerite Bourgeoys est née en 1620 à Troyes, en Champagne. À vingt ans, elle a une expérience mystique qui la transforme. Entre 1640 et 1652, elle fait partie de la branche non-cloîtrée de la Congrégation de Notre-Dame à Troyes. Cette branche est composée de laïques qui enseignent hors du cloître. À l'invitation de Maisonneuve, Marguerite quitte sa famille et sa patrie pour Ville-Marie en 1653 et y ouvre la première école en 1658. Elle fonde la première communauté de religieuses non-cloîtrées dans l'histoire de l'Église catholique romaine, la Congrégation de Notre-Dame de Montréal, vouée à la fois à l'enseignement gratuit des filles de tous les milieux sociaux et ethniques et aux œuvres de charité. En 1668, elle apprête la Maison Saint-Gabriel pour accueillir (recevoir) les quelques Filles du roi qui n'ont trouvé mari ni à Tadoussac, ni à Québec, ni à Trois-Rivières, ni même à Montréal. (La Maison Saint-Gabriel est aujourd'hui un musée et un site historique dans le quartier Pointe-Saint-Charles à Montréal.) Les sœurs de la Congrégation

Portrait de Marguerite Bourgeoys.

Notre-Dame leur enseignent tout ce qu'il leur faut pour faire de chacune d'elles une bonne épouse et une bonne mère de famille catholique. Marguerite Bourgeoys meurt en 1700. Cette religieuse, qu'on appelle «la mère de la colonie», a été déclarée Sainte Marguerite Bourgeoys par le pape Jean-Paul II en 1982, la première sainte de l'Église du Canada.

MARGUERITE D'YOUVILLE

Comme Marie de l'Incarnation, Marguerite d'Youville est successivement mystique, épouse, mère, veuve, femme d'affaires et religieuse.

Elle est née Marie-Marguerite Lajemmerais à Varenne, au Québec, en 1701. À 21 ans, elle se marie et donne naissance à six enfants. Son mari meurt en 1730, laissant la famille endettée. Pour rembourser les dettes et assurer sa subsistance ainsi que celle de ses enfants, Marguerite ouvre un petit commerce. En même temps, elle se voue, avec trois compagnes, aux œuvres de charité. Le 31 décembre 1737, elles se consacrent secrètement à cette vocation de charité. C'est l'événement fondateur de la communauté des Sœurs de la Charité de Montréal, dite les Sœurs Grises.

En 1747 Marguerite prend en charge l'Hôpital général de Montréal. Les Sœurs Grises y accueillent – sans distinction d'ethnie – les vieillards, les infirmes, les handicapés mentaux. Cependant, sous l'administration de Marguerite d'Youville, on y accueille pour la première fois les femmes aussi bien que les hommes.

Bienheureuse Marguerite d'Youville, huile polychrome sur toile, 1959. Sr Flore Barrette, sgm (1897-1984). © Services des Archives et des Collections, Soeurs de la Charité de Montréal «Soeurs Grises.» NAC 2010.030.

Déclarée Sainte Marguerite d'Youville en 1990 par le Pape Jean Paul II, Marguerite d'Youville est donc la première sainte nationale née au Québec.

CROYEZ-VOUS AUX MIRACLES?

Il existe au Québec des sites de miracles, comme la basilique Sainte-Anne-de-Beaupré qui se trouve à 15 minutes en voiture au nord de la ville de Québec. Cet endroit est un site de pèlerinage (*pilgrimage*) pour les Catholiques. Les gens y viennent du monde entier, simplement pour prier, ou dans l'espoir d'y obtenir une guérison. Le premier miracle s'y est produit en 1658, lorsque Louis Guimont a été guéri d'une maladie de reins grave qu'il a attrapée alors qu'il travaillait à la construction de la chapelle à Beaupré. Suite à cette guérison miraculeuse, d'autres malades y ont été guéris. D'après Marie de l'Incarnation, les paralytiques marchent, les aveugles voient, et les malades sont guéris au sanctuaire deSainte-Anne-de-Beaupré.

RAPPEL : LE CONDITIONNEL PASSÉ

Le conditionnel passé est un temps de verbe employé pour décrire une action qui aurait été possible au passé si certaines conditions avaient existé. La traduction en anglais est souvent *would have*; par exemple, « J'aurais aidé les religieuses » se traduit par « I *would have helped* the nuns ». Le conditionnel passé est composé d'un verbe auxiliaire (être ou avoir) au conditionnel et du participe passé du verbe conjugué.

La basilique de Sainte-Anne-de-Beaupré, un lieu de pèlerinage depuis le 17ième siècle.

Marguerite d'Youville innove l'habit religieux. Les Sœurs Grises ne portent pas le vêtement traditionnel noir des communautés religieuses féminines, mais un costume gris-beige; elles ne portent pas non plus le voile traditionnel, mais une sorte de bonnet qui est plus pratique pour leurs travaux quotidiens.

Marguerite d'Youville met en œuvre une idée avant-gardiste : en échange du logement et de la nourriture offerts aux personnes souffrantes, toute personne valide (qui en est capable) doit faire un travail quelconque. Elle peut faire la lessive, préparer la nourriture, coudre des vêtements ou des tentes, faire des travaux d'aiguille (*needlework*), ou d'autres tâches domestiques.

Marguerite d'Youville meurt en 1771 et est déclarée Sainte Marguerite d'Youville en 1990 par le pape Jean-Paul II. Elle est donc la première sainte née sur le sol québécois.

QUESTIONS SUR TROIS FEMMES DÉVOTES

1. Marie de l'Incarnation, Marguerite Bourgeoys et Marguerite d'Youville ont certains traits caractéristiques et biographiques en commun. Dressez une liste de ces traits communs.

2. Quelle(s) différence(s) voyez-vous entre la vocation des religieuses et celle des religieux en Nouvelle-France? En quoi est-ce que ces différences reflètent l'attitude de la société de l'époque envers les femmes et les hommes?

3. Pour laquelle de ces œuvres de charité auriez-vous fait du bénévolat (*volunteer work*) ou auriez-vous contribué financièrement? Expliquez pourquoi celle-là vous attire.

4. Laquelle de ces trois religieuses auriez-vous préféré connaître? Qu'est-ce que vous lui auriez demandé? Qu'est-ce que vous lui auriez dit pour l'encourager lors des moments difficiles de sa vie?

5. Regardez attentivement les images des personnages religieux mentionnés dans ce chapitre. Que veulent exprimer ces images? Quel est leur objectif? Par quels moyens arrivent-elles à leur fin?

ACTIVITÉ 10 : QUELQUES PRATIQUES CATHOLIQUES DANS LA VIE DE TOUS LES JOURS

Les pratiques religieuses implantées au Canada dès les premiers temps de la colonie sont généralement fidèlement observées jusqu'à la Révolution tranquille des années 1960. Lisez la description qui suit et discutez de vos réactions avec vos camarades de cours.

1. Pratiques journalières :
   a. la journée commence par la prière du matin en famille; plus tard dans la journée, on prie à midi et à six heures du soir
   b. la famille récite une prière avant et après le repas
   c. la journée se termine en famille avec la prière du soir
2. Pratiques se rapportant au calendrier liturgique :
   a. il faut aller à la messe chaque dimanche et à toutes les fêtes d'obligation
   b. il faut s'abstenir de manger de la viande le vendredi, les veilles des jours d'obligation, pendant l'Avent (un mois avant Noël), et pendant le Carême (40 jours avant la fête de Pâques)
   c. il faut se confesser au moins une fois par an, avant la fête de Pâques
   d. il faut payer la dîme (le dixième du revenu annuel) à l'Église
   e. le jour de l'An, le père de famille en tant que représentant de Dieu bénit sa famille réunie
3. Pratiques se rapportant à la vie personnelle intime :
   a. le jour du mariage, le prêtre se rend chez les nouveaux mariés et bénit le lit nuptial
   b. l'accouplement n'a qu'une fin : la procréation. Toute entrave à la procréation est un péché mortel. Par exemple, le coït interrompu constitue un péché mortel, digne des flammes éternelles de l'enfer. Les préservatifs (*condoms*) n'existent pas.
   c. la danse et les lectures sont permises et interdites au gré du clergé. La censure est largement exercée.
   d. le clergé tente de contrôler l'abus d'alcool parmi les fidèles

La présence et le pouvoir de l'église romaine se font de plus en plus imposants dans la société québécoise et dans la vie privée des fidèles. Au dire de certains Québécois, ils deviennent même, au cours du temps, envahissants et suffocants. D'autres, par contre, trouvent la présence et le pouvoir de l'église romaine dans leur vie justifiés et rassurants.

ACTIVITÉ 11 : LA VEILLÉE

Quoique l'église soit au centre des activités quotidiennes des colons, ces derniers aiment néanmoins s'amuser. La veillée, datant de l'époque coloniale française au Québec, en est une preuve. Lisez la description suivante, puis recherchez des chansons de veillée sur internet et répondez aux questions qui se rapportent à la tradition des veillées.

DESCRIPTION D'UNE « VEILLÉE »

Il n'y a pas que péché mortel, jours d'abstinence, prières, assistance à la messe, etc. dans la colonie. Depuis les tous premiers temps de la colonie, les Français de France

remarquent à quel point les colons sont portés à la débauche, et combien ils sont causeurs, accueillants et fêtards (mais aussi travailleurs!). Leurs portes sont ouvertes aux étrangers. Ils partagent volontiers leur table. Les Québécois d'aujourd'hui continuent cette tradition d'hospitalité et de cordialité. L'une des traditions qui se maintient au Québec, c'est la veillée. Tout est prétexte pour avoir une veillée : une naissance, un anniversaire, des fiançailles, un mariage, et même un décès (quand quelqu'un meurt). Il faut inclure, bien sûr, le vendredi et le samedi soir, les fêtes religieuses telles que Noël et l'Épiphanie (on nomme cette période de l'année *le temps des fêtes*), le Mardi gras, la saison du sirop d'érable au printemps, et la période de l'épluchette (*the husking*) de blé d'Inde (le maïs) au mois d'août.

Pendant une veillée, on veille tard (on se couche tard). On chante, on joue du violon, on mange, on boit, on se raconte des blagues, on joue des tours, on se souvient de la parenté (membres de la famille) disparue et on danse – si le curé (prêtre) de la paroisse le permet. Il y a généralement un violoneux (joueur du violon) dans la parenté. On chante des chansons à répondre. Le répertoire des chansons à répondre est immense. Il y a des chansons importées de France (telles que « Alouette » et « En passant par la Lorraine ») des chansons d'origine française qu'on adapte à la mentalité du nouveau pays (telle que « Monsieur, monsieur voulez-vous danser? ») et des chansons modernes créées de toute pièce.

Certains y dansent au rythme du violoneux et de la chanson. Les non-danseurs frappent ensemble deux grosses cuillères dos-à-dos dans la main ou sur la jambe, ou bien ils claquent les talons de leurs chaussures sur le plancher (*floor*) selon la coutume québécoise de la podorythmie, le tout selon les temps forts de la chanson et de la musique.

Bref, la veillée c'est la joie et le bonheur dans la famille.

CHANSONS

Utilisez un moteur de recherche francophone et recherchez les chansons suivantes. Écoutez au moins deux chansons et essayez de comprendre le sujet de chaque chanson : « Alouette », « En passant par la Lorraine », « La Bastringue », « Monsieur, monsieur voulez-vous danser? », « Mon pays » et « La parenté ».

1. Pourquoi organise-t-on une veillée? Est-ce un événement rare ou fréquent? Existe-t-il des fêtes pareilles dans votre culture?
2. Quelles sont les activités principales des invitées à une veillée? Est-ce que ce sont des activités typiques lors d'une fête chez vous, dans votre famille? En quoi est-ce pareil ou différent?
3. Que pensez-vous des chansons traditionnelles qu'on vous a proposées ci-dessus? Y a-t-il des ressemblances entre ces chansons? Que pensez-vous de ces chansons?

III. Textes

LES VOYAGES DE SAMUEL DE CHAMPLAIN

ACTIVITÉ 12

Samuel de Champlain a écrit un récit assez détaillé de ses voyages en Nouvelle-France et de la colonie qui s'y est établie. Dans les extraits datant de 1608 qui suivent, Champlain décrit son habitation à Québec, une sorte de fort comprenant plusieurs bâtiments reliés autour d'une cour intérieure; il parle des ressources disponibles aux habitants; et il dépeint ce qu'il comprend des croyances amérindiennes. Lisez les extraits , puis répondez aux questions qui s'y rapportent.

A. L'habitation

Je fis continuer notre logement, qui était de trois **corps de logis** à deux étages. Chacun contenait trois **toises** de long et deux et demie de large. Le magasin six et trois de large avec une belle cave de six pieds de haut. Tout autour de nos logements je fis faire une galerie par dehors au second étage qui était fort commode, avec des **fossés** de quinze pieds de large et six de profond; et au dehors des fossés, je fis plusieurs pointes d'**éperons** qui enfermaient une partie du logement, là où nous eûmes nos pièces de canon; et devant le bâtiment il y a une place de quatre toises de large, et six ou sept de long, qui donne sur le bord de la rivière. Autour du logement il y a des jardins qui sont très bons et une place du côté du **septentrion** qui a quelque 100 ou 120 pas de long et 50 ou 60 de large.

B. Les ressources naturelles

Pour ce qui est du pays, il est beau et plaisant, et apporte toutes sortes de grains à maturité, y ayant de toutes les espèces d'arbres que nous avons dans nos forêts en deçà, et quantité de fruits, bien qu'ils soient sauvages pour n'être pas cultivés : comme **noyers**, cerisiers, pruniers, vignes, framboises, fraises, **groseilles** vertes et rouges et plusieurs autres petits fruits qui sont très bons. Aussi il y a plusieurs sortes de bonnes herbes ou racines. La pêche du poisson y est en abondance dans les rivières, où il y a quantité de prairies et **gibier**, qui est en nombre infini. Depuis le mois d'avril jusqu'au 15 de décembre l'air y est si sain et bon, qu'on ne sent en soi aucune indisposition; mais janvier, février et mars sont dangereux pour les maladies qui prennent plutôt en ce temps qu'en été.

C. Les croyances amérindiennes

Ce sont gens dont la plupart n'ont point de loi, selon que j'ai pu voir, avec tout plein d'autres fausses croyances. Je leur demandai de quelle sorte de cérémonies ils usaient à prier leur Dieu, ils me dirent qu'ils n'en usaient point d'autres, sinon qu'un chacun le priait en son cœur, comme il voulait. Voilà pourquoi il n'y a aucune loi parmi eux, et ne savent ce que c'est d'adorer et prier Dieu, vivant comme bêtes brutes, et je crois que bientôt ils seraient bons chrétiens si on habitait leur terre, ce qu'ils désirent la plupart. Ils ont parmi eux quelques sauvages qu'ils appellent Pillotois, qui croient parler au diable visiblement, leur disant ce qu'il faut qu'ils fassent, tant pour la guerre que pour autre chose, et s'il leur commandait qu'ils allassent mettre en exécution quelqu'entreprise, ils obéiraient aussitôt à son commandement. Comme aussi ils croient que tous les **songes** qu'ils font sont véritables; et de fait, il y en a beaucoup qui disent avoir vu et songé choses qui adviennent et adviendront. Mais pour en parler avec vérité, ce sont des visions diaboliques qui les trompent et séduisent. Voilà tout ce que j'ai pu apprendre de leur croyance bestiale.

(Les Voyages de Samuel de Champlain au Canada de 1603 à 1618 [Québec : Edition Populaire, Des Presses de la Compagnie-VIGIE, 1908])

Vocabulaire	Synonyme/Définition en français	*Équivalent en anglais*
un corps de logis	une partie d'un bâtiment important présentant une certaine autonomie	*a main building*
une toise	une unité de longueur (à peu près 2 mètres)	*a unit of length (about 2 meters)*
un fossé	un canal, une tranchée	*a ditch*
un éperon	une avancée du toit	*an overhang*
le septentrion	le nord	*the north*
un noyer	un grand arbre qui donne des noix	*a walnut tree*
une groseille	un petit fruit rouge ou blanc qui vient par grappes	*a currant*
un gibier	un animal qu'on chasse	*game*
un songe	un rêve	*a dream*

QUESTIONS SUR LES VOYAGES DE SAMUEL DE CHAMPLAIN

1. Combien de bâtiments formaient l'habitation de Champlain? À votre avis, à quoi servait chaque bâtiment?
2. Comment était l'extérieur de l'habitation? À quoi servaient ces espaces extérieurs?
3. Recherchez une image de l'habitation sur internet. Utilisez un moteur de recherche francophone et recherchez « habitation de Champlain ». Est-ce que l'image que

vous avez trouvée ressemble à votre idée du logement d'après la description
de Champlain?

4. Pourquoi Champlain a-t-il bâti cette habitation?

5. Qu'est-ce que les habitants pouvaient manger en Nouvelle-France? Faites une liste
des produits qui s'y trouvaient en abondance.

6. Qu'a dit Champlain à propos des saisons en Nouvelle-France?

7. Quel est le ton de la description des ressources naturelles du pays? Expliquez pourquoi il les décrit ainsi?

8. Quelles sont les croyances des Autochtones que Champlain a décrites?

9. Quelle était l'attitude de Champlain envers les croyances autochtones?

10. Quel était le rapport entre Champlain et les Amérindiens? À votre avis, était-ce un
rapport typique entre colonisateur et indigène? Expliquez vos réponses.

« MARIE ROLLET » D'ALEXANDRE BELLIARD (CHANSON)

ACTIVITÉ 13

Alexandre Belliard est un auteur-compositeur-interprète qui raconte l'histoire du Québec par l'entremise de la chanson. « Marie Rollet », tirée de son album *Légendes d'un
peuple – Tome I* sorti en 2012, est un hommage à la première femme à s'installer avec sa
famille en Nouvelle-France.

QUESTIONS PRÉLIMINAIRES :

1. Imaginez que vous arrivez dans un pays lointain et peu développé avec votre famille
afin de commencer une nouvelle vie. Quelles émotions éprouvez-vous?

2. Quel était le rôle de la femme au 17ième siècle? Quelles étaient ses activités quotidiennes principales?

3. Pensez-vous que la femme au foyer puisse être un héros patriotique? Expliquez
votre idée à ce sujet.

> **« MARIE ROLLET » :**
> Embarquée à Honfleur [un port en Normandie] sur un **voilier** géant
> avec Louis Hébert, avec vos trois enfants,
> tu as **troqué** Paris pour la **rude** Amérique
> [pour] ses espaces infinis aux confins de l'Arctique
>
> Une famille **s'enracine** enfin en Nouvelle-France
> Tu es à l'origine de **neuves** espérances
> Et en bien des manières, tu fus partout première
> Marie Rollet « pionnière...de nos pionnières »,
> comme le disait Champlain, Marie Rollet
>
> Avant de labourer, ne serait-ce qu'une parcelle
> construire une cabane grande comme une **nacelle**
> **défricher** de tes mains la terre encore sauvage
> partout **te rendre utile**, le front toujours **en nage**
> et même après la mort de ton mari tu restes

La mort qui frappe encore, Marie Rollet, tu restes
le sol devenu anglais, Marie Rollet, tu restes
ce pays est en toi, et c'est toi qui le fais
tant à fouler ce sol **qu'à prodiguer** des soins
tant à faire l'école qu'à t'occuper des tiens

(Alexandre Belliard, « Marie Rollet », *Légendes d'un peuple – Tome I.* © David Murphy et Cie 2012.)

Vocabulaire	Synonyme/Définition en français	*Équivalent en anglais*
un voilier	un bateau avec des voiles	*a sailing ship*
troquer	échanger un objet pour un autre	*to barter*
rude (faux ami)	ici : primitif/primitive	*primitive*
s'enraciner	prendre racine, s'établir	*to take root*
neuf/neuve	nouveau/nouvelle	*brand new*
une nacelle	un petit bateau, une barque	*a skiff*
défricher	préparer le terrain pour l'agriculture	*to clear the land*
se rendre utile	se montrer capable de faire quelque chose	*to make oneself useful*
en nage	mouillé	*in a sweat*
tant...que	ici : que ce soit pour...ou pour	*whether it's to . . . or to . . .*
prodiguer	donner avec générosité, de tout cœur	*to lavish*

QUESTIONS SUR « MARIE ROLLET »

1. D'où venait la famille de Marie Rollet?
2. Quels adjectifs utilise-t-on dans la chanson pour décrire la Nouvelle-France? Est-ce une description positive ou négative?
3. Quelles étaient les activités de Marie Rollet en Nouvelle-France? Est-ce que c'était des activités typiques d'une femme à l'époque?
4. L'auteur souligne l'idée que Marie Rollet *reste* en Nouvelle-France après plusieurs événements. Quels étaient ces événements?
5. Que pensez-vous de la décision de Marie Rollet de rester en Nouvelle-France?
6. Que veut dire l'auteur quand il écrit « ce pays est en toi, et c'est toi qui le fais »? Êtes-vous d'accord? Expliquez ce que vous entendez par ces paroles.

ACTIVITÉ 14

Lisez la description des *Relations des Jésuites*. Ensuite, lisez l'extrait du père Barthélemy Vimont et répondez aux questions qui se rapportent à cet extrait.

DESCRIPTION DES *RELATIONS DES JÉSUITES*

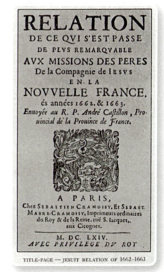

La page de titre d'une des *Relations des Jésuites* de 1662–1663.

Le premier groupe de Jésuites arrive au Canada en 1625. Ils y jouent un rôle prépondérant dans tous les domaines : religieux, éducatif, politique, social. Ils évangélisent les « Sauvages », ils établissent des missions, ils fondent le premier collège classique et – ce qui est d'importance cardinale pour l'histoire, la géographie et l'ethnographie de la jeune colonie – ils composent leurs *Relations des Jésuites*. De 1632 à 1672, le supérieur de la colonie soumet au supérieur de la Compagnie de Jésus à Paris, en forme de lettre (ou relation), un résumé annuel des activités de ses compagnons missionnaires en Nouvelle-France. En plus de répondre à l'objectif principal des *Relations,* qui est de rendre un rapport des activités des missionnaires jésuites au cours de l'année, ces lettres contiennent une mine de renseignements sur tous les aspects de la vie dans la jeune colonie pendant quatre décennies, y compris la rencontre des civilisations franco-européenne et autochtone. Les *Relations des Jésuites* sont publiées à Paris l'année qui suit leur rédaction et sont propagées (*disseminated*) dans toute la France. Il y a plus de 2 500 pages de ces *Relations*.

EXTRAIT DES *RELATIONS DES JÉSUITES*

Au chapitre 12 de sa *Relation* pour l'année 1642, intitulée « De leurs coutumes et de leurs superstitions », le père Barthélemy Vimont explique pourquoi les Autochtones croient au pouvoir des noms qu'ils attribuent à un individu.

Il se trouve des Sauvages **chargés** d'autant de noms que quelques Européens sont chargés de divers titres et diverses qualités. Donc de même qu'en France, il y a des noms propres pour les hommes, et d'autres pour les femmes : ainsi en est-il parmi les Sauvages, le nom d'un homme ne se donne point à une femme; il semble que la nature a enseigné cette distinction à toutes les nations de la terre. Ces noms sont **tirés** pour la plupart des choses naturelles, comme des animaux, des Poissons, des Saisons, en un mot de tout ce qui tombe sous les sens : l'un s'appellera Arimochtigwan la tête de Chien, Dechinkinagadich un petit Bouclier, l'autre Omithikens l'Épine, et **ainsi du reste**.

On donne le nom à un enfant quelque temps après sa naissance; passant de l'enfance en l'adolescence, il change de nom comme les Romains changeaient de robe; il prend un autre nom en l'âge viril, et puis encore un autre en la vieillesse : si bien qu'ils en ont **de rechange** selon leurs âges. Échappant de quelque danger ou sortant de quelque grande maladie, ils prennent un nom qu'ils croient leur devoir être de meilleur **augure** que celui qu'ils avaient. Les Sorciers ou Devins feront quelquefois changer de nom à quelque malade, s'imaginant quasi que la mort ou le **Manitou** qui voulait attaquer cet homme, ne le connaîtra plus sous un nouveau nom. En un mot ils croient qu'il y a de noms malheureux et d'autres bienheureux; un **songe** est capable de faire changer le nom à un homme. On a dit souvent qu'on **faisait revivre** les **trépassés**, faisant porter leurs noms aux vivants; cela se fait pour plusieurs raisons : pour ressusciter la mémoire d'un vaillant homme, et pour **exciter** celui qui portera son nom à imiter sa générosité, pour tirer vengeance des ennemis, car celui qui prend le nom d'un homme tué en guerre s'oblige de venger sa mort; pour

Croyances

secourir la famille d'un homme mort, d'autant que celui qui le fait revivre et qui le représente porte toutes les **charges** du **défunt**, nourrissant ses enfants comme s'il était leur propre Père, en effet ils l'appellent leur Père, et lui ses enfants. Une mère ou un parent qui aime tendrement son fils ou sa fille, ou quelqu'un de ses proches, le fait ressusciter par une affection de le voir **auprès de soi**, transportant l'amour qu'elle portait au défunt à celui ou à celle qui se charge de son nom; cette cérémonie **se fait** en un festin solennel en présence de plusieurs **conviés**. Celui qui fait revivre le trépassé, fait un présent à celui qui doit prendre sa place : il lui met parfois un collier de porcelaine au cou; s'il l'accepte il prend le nom du trépassé, et se met à danser le beau premier pour marque de réjouissance. Il n'y a point de Nations qui n'aspirent [pas] à l'immortalité; mais il n'y a que les vrais Chrétiens qui l'obtiennent. [...]

> (*Relations des Jésuites*, vol. 2, publié sous les auspices du gouvernement canadien [Québec : 1858], 52–53. Texte original adapté à l'orthographe moderne des mots et de l'usage moderne du trait d'union par JVHM.)

Vocabulaire	Synonyme/Définition en français	Équivalent en anglais
chargé/e	qui a, qui porte	*bearing*
tiré (du verbe « tirer »)	(ici) inspiré	*inspired by*
et ainsi du reste	et ainsi de suite	*and so on, and so forth*
de rechange	en réserve	*spares*
un augure	ce qui présage la fortune	*an omen*
le Manitou	le mauvais esprit	*the evil spirit*
un songe	un rêve; ce qui se passe dans la tête pendant qu'on dort	*a dream*
faire revivre	quand quelqu'un incite un autre à revenir en vie (voir la note sur l'usage du « faire causatif »)	*to make someone come alive again (see the note on the « faire causatif »)*
un/e trépassé/e	une personne morte	*a person who has passed on*
exciter	provoquer	*to provoke*
secourir	aider	*to aid*
une charge	une responsabilité	*a responsibility*
un/e défunt/e	personne morte, décédée	*a deceased individual*
auprès de soi	tout près de soi	*near oneself*
se faire	s'accomplir, se terminer	*to finish with*
un/e convié/e	un/e invité/e	*a guest*

QUESTIONS SUR L'EXTRAIT DES *RELATIONS DES JÉSUITES*

1. A votre avis, pourquoi est-ce que certaines coutumes ou superstitions dans ce document sembleraient étranges à un chrétien? *deceased*

2. Pouvez-vous imaginer pourquoi la cérémonie du transfert du nom d'un défunt à un *living* vivant était considérée essentielle dans la culture amérindienne?

3. Aimeriez-vous avoir plusieurs noms au cours de votre vie? Si oui, pourquoi et quels noms aimeriez-vous porter? Si non, pourquoi pas?

4. Est-ce que dans la société d'aujourd'hui (comme dans celle des Amérindiens) il y a des individus qui changent de nom? Dans quelle(s) circonstance(s)?

5. D'après vous, en quoi est-ce que la dernière phrase change le ton de l'exposé sur les « coutumes » et les « superstitions » des Autochtones?

CORRESPONDANCE DE MARIE DE L'INCARNATION : « LA MORT DU PÈRE ISAAC JOGUES »

ACTIVITÉ 15 : MARIE DE L'INCARNATION RACONTE LA VIE D'UN MARTYR CATHOLIQUE

Le père Isaac Jogues a été torturé deux fois par les Iroquois. La première fois on lui a arraché les ongles des doigts (sauf deux), on lui a infligé des bastonnades, on lui a coupé le pouce gauche jusqu'à la racine, on lui a écrasé et brûlé le bout des doigts dont on avait arraché les ongles. La seconde fois, il est torturé et martyrisé. Le récit de Marie de l'Incarnation nous révèle pourquoi les Iroquois n'ont pas respecté la paix conclue entre eux et les Français aux Trois-Rivières en 1645. Puis elle narre la fin de la vie du père Isaac Jogues. Lisez l'extrait, puis répondez aux questions qui s'y rapportent.

> Ce qui a porté ces barbares [Iroquois] à rompre une paix que nous croyions si bien établie, c'est l'aversion que quelques Hurons captifs leur ont donnée de notre foi et de la prière, disant que c'était ce qui avait attiré toutes sortes de malheurs sur leur nation [iroquoienne], qui l'avait infectée de maladies contagieuses, et qui avait rendu leurs chasses et leurs pêches plus stériles que lorsqu'ils vivaient selon leurs

Le père Isaac Jogues et ses compagnons aux mains des Iroquois.

Les pronoms démonstratifs (celui, ceux; celle, celles) s'emploient souvent quand on compare deux choses. Le pronom démonstratif remplace un nom : ces superstitions = celles. Le pronom démonstratif est suivi (1) d'un pronom relatif comme *qui*, *que*, *dont*, ou (2) d'une préposition comme *de*. Par exemple : les coutumes catholiques sont très différentes de *celles que* pratiquaient les Autochtones. Ou encore : préfères-tu la cérémonie catholique ou *celle des* Autochtones?

LES IROQUOIS

Bien que les colons français aient eu de bons rapports avec la plupart des Premières Nations en Nouvelle-France, les relations avec les Iroquois étaient plutôt tendues. L'alliance que Champlain avait fait entre les Français et d'autres nations autochtones, contre les Iroquois, a sans doute initié ces tensions au début du 17ième siècle. Les Iroquois n'ont pas signé le Traité de la Grande Paix de Montréal, et ils se sont alliés aux Anglais contre les Français pendant la guerre de Sept Ans (la Conquête en Amérique du Nord).

Croyances

anciennes coutumes. Quasi en même temps, la mortalité s'est attachée à leur nation et répandue dans leurs villages, où elle **a moissonné** beaucoup de leurs gens en peu de temps; et le mauvais air y a engendré une espèce de **vers** dans leurs blés qui les a presque tous **rongés**. Ces fâcheux accidents leur ont facilement persuadé que ce que les Hurons captifs leur avaient dit était véritable. Le Révérend Père Jogues, les étant allé visiter pour leur confirmer la paix de la part de M. le Gouverneur et de tous les chrétiens avait laissé à son hôte [iroquoien] pour gage de son retour une **cassette** dans laquelle il y avait quelques livres et quelques **meubles d'église**. Ils crurent que c'étaient des démons, qu'il avait laissés parmi eux, et qui étaient la cause de leurs malheurs.

Cependant M. le Gouverneur, qui ne savait rien de ce changement, disposa des Français pour les aller visiter [les Iroquois] avec quelques Hurons. Le R. P. Jogues se joint aux uns et aux autres pour leur donner conseil et leur rendre les assistances nécessaires dans le voyage. A leur arrivée ils furent traités d'une manière qu'ils n'attendaient pas. L'on n'attendit pas seulement qu'ils fussent entrés dans des cabanes pour les maltraiter, mais d'abord on les **dépouilla tout nus** puis on les **salua de coups de poings** et de bâtons, disant : «Ne vous étonnez pas du traitement qu'on vous fait, car vous mourrez demain, mais consolez-vous, on ne vous brûlera pas; vous serez frappés de la **hache**, et vos têtes seront mises sur les **palissades** qui ferment notre village, afin que vos frères vous voient encore, quand nous les aurons pris.» Ils virent bien [les Français et les Hurons] à la réception qu'on leur faisait, que les esprits [iroquoiens] étaient aigris à un tel point qu'il n'y avait plus de grâce à espérer. Le jour suivant néanmoins se passa doucement. Mais sur le soir un Sauvage de la nation de l'Ours [un clan iroquoien] menant le Père Jogues dans sa cabane pour le faire souper, il y en avait un autre derrière la porte, qui l'attendait, et qui lui déchargea un coup de hache dont il tomba mort sur la place; et en même temps ce barbare lui coupa la tête qu'il érigea en trophée sur la palissade, et jeta le corps dans la rivière. Nous l'honorons [le Père Jogues] comme un martyr; et il l'est en effet, puisqu'il a été massacré en détestation de notre sainte foi et de la prière que ces **perfides** prennent pour des **sortilèges** et enchantements.

(Marie de l'Incarnation, *Correspondance*, tome III [1646])

Vocabulaire	Synonyme/Définition en français	*Équivalent en anglais*
moissonné	(ici) causé la mort	*literally: harvested (here) decimated*
un ver	un petit insecte invertébré et long qui n'a pas de pattes	*a worm*
rongé/e (du verbe : ronger)	mangé progressivement avec les dents ou le bec	*gnawed*
une cassette	une petite boîte	*a strongbox*
un meuble d'église	un objet de culte	*a religious item of worship*
dépouilla tout nu (du verbe : dépouiller)	enlever tous leurs vêtements	*stripped of their clothes*
salua des coups de poing	frapper avec une main fermée	*hit with their fists*

Vocabulaire	Synonyme/Définition en français	Équivalent en anglais
une hache	un outil pour couper les arbres ou un instrument de guerre amérindien	*an axe*
une palissade	une clôture en bois pour protéger une habitation, un peuplement	*a stockade*
un/e perfide	une personne déloyale qui cache son intention de faire du mal	*a traitor*
un sortilège	une parole, un geste, etc. en sorcellerie en vue de produire du mal	*a spell*

QUESTIONS SUR LE TEXTE DE MARIE DE L'INCARNATION

1. À votre avis, ce rapportage de Marie de l'Incarnation est-il partial? objectif? compréhensif? Citez des passages à l'appui de votre appréciation.

2. Pour quelle sorte de lecteur(s) adresse-t-elle cette lettre? Donnez des preuves qui soutiennent votre hypothèse.

3. Si vous étiez le rédacteur/la rédactrice de cette lettre à faire paraître dans une publication à renommée internationale (comme le *New York Times*, le *Los Angeles Times*, le *Chicago Tribune*, etc.), quels mots élimineriez-vous? Quels mots ajouteriez-vous? Expliquez les raisons de vos décisions rédactionnelles.

4. Les rapports entre les Français et les Autochtones, pendant la période coloniale, étaient parfois amicaux, parfois hostiles. Comment expliquez ces différences et ces alternances?

LES *DIALOGUES* DU BARON DE LAHONTAN

ACTIVITÉ 16

Dans le *Dialogue* qui suit, le baron de Lahontan est l'agent provocateur représentant le point de vue des Jésuites. Le baron de Lahontan vient d'affirmer que les « Sauvages » vivent « dans l'ignorance, sans culte, sans religion et sans la connaissance du vrai Dieu ». L'Autochtone Adario lui répond en présentant et en défendant les croyances des « Sauvages ». Lisez l'extrait, puis répondez aux questions qui s'y rapportent.

Comment [sommes-nous] sans connaissance du vrai Dieu! Est-ce que tu rêves? Quoi! tu nous crois sans religion après avoir demeuré tant de temps avec nous? 1. Ne sais-tu pas que nous reconnaissons un Créateur de l'Univers, sous le nom du grand Esprit ou du Maître de la vie, que nous croyons être dans tout ce qui n'a point de bornes. 2. Que nous confessons l'immortalité de l'âme. 3. Que le grand Esprit nous a **pourvus** d'une raison capable de discerner le bien d'avec le mal, comme le ciel d'avec la terre, afin que nous suivions exactement les véritables Règles de la justice et de la **sagesse**. 4. Que la tranquillité d'âme plaît au grand Maître de la vie; qu'au contraire le trouble de l'esprit lui **est en horreur**, parce que les hommes en

QUI EST LE BARON DE LAHONTAN?

Louis-Armand de Lom d'Arce, baron de Lahontan, est né en France en 1666. À 15-16 ans il vit une année au Canada et se lie d'amitié avec un Huron auquel il donne le nom d'Adario dans ses écrits; il fera d'autres voyages au Nouveau-Monde jusqu'en 1693. Ses lettres et ses dialogues décrivent ses expériences parmi les « Sauvages ». Elles expriment des idées prévoltairiennes et juxtaposent souvent les croyances des « Sauvages » et celles des missionnaires jésuites.

deviennent méchants. 5. Que la vie est un songe, et la mort un réveil, après lequel, l'âme voit et connaît la nature et la qualité des choses visibles et invisibles. 6. Que la **portée** de notre esprit ne pouvant s'étendre un pouce au-dessus de la superficie de la terre, nous ne devons pas le **gâter** ni le corrompre en essayant de pénétrer les choses invisibles et improbables. Voilà, mon cher Frère, quelle est notre croyance, et ce que nous suivons exactement. Nous croyons aussi d'aller dans le pays des âmes après notre mort; mais nous ne soupçonnons pas, comme vous, qu'il faut nécessairement qu'il y ait des **séjours** [...] pour les bonnes ou mauvaises âmes, puisque nous ne savons pas si ce que nous croyons être un mal selon les hommes, l'est aussi selon Dieu; si votre Religion est différente de la nôtre, cela ne veut pas dire que nous n'en ayons point du tout. Tu sais que j'ai été en France, à la nouvelle York et à Québec, où j'ai étudié **les mœurs** et la doctrine des Anglais et des Français. Les Jésuites disent que parmi cinq ou six cents sortes de Religions qui sont sur la terre, il n'y en a qu'une seule bonne et véritable, qui est la leur, et sans laquelle nul homme n'échappera d'un feu qui brûlera son âme durant toute l'éternité; **et cependant** ils n'en sauraient donner des preuves.

(Louis-Armand de Lom d'Arce Lahontan, Dialogues de Monsieur le baron de Lahontan et d'un sauvage dans l'Amérique [Amsterdam : 1704]. Expression modernisée par JVHM.)

Vocabulaire	Synonyme/Définition en français	*Équivalent en anglais*
pourvu (du verbe : pourvoir)	donné en tant qu'élément essentiel	*endowed*
la sagesse	la conduite réfléchie et modérée, souvent le fruit de l'expérience	*wisdom*
être en horreur	détester, abhorrer	*to hate, to abhor*
la portée	la capacité	*the capacity*
gâter	dégrader, perdre	*to waste*
un séjour	ici : un endroit, un lieu	*a place to stay, an abode*
les mœurs (féminin pluriel)	habitudes, pratiques morales d'un individu ou d'un groupe	*the morals, manners, customs*
et cependant	mais	*and yet; however; but*

QUESTIONS SUR LES *DIALOGUES* DU BARON DE LAHONTAN

1. D'après ce que vous avez lu dans ce dialogue, quelles croyances auraient pu servir de discussion dans un dialogue entre les « Sauvages » et les missionnaires chrétiens?
2. Ce dialogue est essentiellement une confrontation. À votre avis, pourquoi y avait-il une telle confrontation entre les Jésuites chrétiens et les Indigènes non-chrétiens?
3. Si c'est le cas, qu'est-ce qui vous a surpris(e), ou même étonné(e), dans la réponse d'Adario?

4. Les Jésuites étaient venus au Nouveau-Monde pour répandre la bonne nouvelle. Quelle est cette bonne nouvelle, qui ne faisait pas encore partie des croyances des Autochtones et que les Jésuites voulaient leur annoncer?

5. Croyez-vous qu'on puisse convertir quelqu'un en l'insultant, en le contredisant, en le traitant d'ignorant? Pourquoi est-ce là une bonne ou une mauvaise approche, dans une discussion qui vise à persuader?

CORRESPONDANCE DE MARIE DE L'INCARNATION : « LES FILLES DU ROI »

ACTIVITÉ 17

Marie de l'Incarnation n'a pas seulement parlé de sa vocation et des événements religieux en Nouvelle-France dans sa *Correspondance*. Elle a aussi décrit l'arrivée des nouveaux colons et des Filles du roi, et l'effet de celles-ci sur la population en Nouvelle-France. Voici quelques extraits où Marie de l'Incarnation décrit l'arrivée des émigrants de France. Les lettres datent des années 1667 à 1669, une période de peuplement rapide. Lisez les extraits, puis répondez aux questions qui s'y rapportent.

AUTOMNE 1667

Il est venu cette année quatre-vingt-douze filles de France, qui sont déjà mariées, pour la plupart, à des soldats et à des gens de travail, à qui on donne une habitation et des **vivres** pour huit mois, afin qu'ils puissent **défricher** des terres pour s'entretenir. Il est venu aussi un grand nombre d'hommes aux dépens du roi, qui veut que ce pays se peuple. Sa Majesté a encore envoyé des chevaux, **cavales**, chèvres, moutons, afin de pourvoir le pays de **bestiaux** et d'animaux domestiques… On dit que les troupes s'en retourneront l'an prochain, mais il y a apparence que la plus grande partie restera ici, comme habitants, y trouvant des terres qu'ils n'auraient peut-être pas dans leur pays.

AUTOMNE 1668

Les navires n'ont point apporté de malades cette année. Le vaisseau arrivé était chargé comme d'une marchandise mêlée. Il y avait des Portugais, des Allemands, des Hollandais et d'autres de je ne sais quelles nations. Il y avait aussi des femmes

L'arrivée des Filles du Roi en 1667 (par Eleanor Fortescue-Brickdale) montre le gouverneur Jean Talon et l'évêque Monseigneur de Laval qui accueillent les jeunes femmes en Nouvelle-France.

« JE SAIS QUE TU SAIS » D'ALEXANDRE BELLIARD

Cette chanson de l'album *Légendes d'un peuple- Tome I* se situe en Nouvelle-France. Elle affirme et réaffirme que les Blancs ne connaissaient pas/ne voyaient pas/n'écoutaient pas les « Sauvages ». Recherchez la chanson « Je sais que tu sais » d'Alexandre Belliard sur internet pour mieux comprendre le point de vue des Autochtones de la Nouvelle-France…et peut-être ceux du Canada d'aujourd'hui.

maures, portugaises, françaises et d'autres pays. Il est venu un grand nombre de filles [du Roi], et l'on en attend encore. La première mariée est la Mauresque qui a épousé un Français. Quant aux hommes, ce sont des hommes qui ont été **cassés du service** du roi et que Sa Majesté a voulu être envoyés en ce pays; on les a tous mis au **bourg** Talon, à deux lieues d'ici, pour y habiter et le peupler; quand ils auront mangé la barique de farine et le lard que le roi leur donne, ils souffriront étrangement jusqu'à ce qu'ils aient défriché. L'on ne veut plus demander que des filles de villages, propres au travail comme les hommes; l'expérience fait voir que celles qui n'y ont pas été élevées ne sont pas propres pour ici, étant dans une misère d'où elles ne se peuvent tirer.

AUTOMNE 1669

Madame Bourdon a été chargée en France de cent cinquante filles que le roi a envoyées en ce pays par le vaisseau normand. Elles ne lui ont pas peu donné d'exercice durant un si long trajet, car comme il y en a **de toutes conditions**, il s'en est trouvé de très **grossières** et de très difficiles à conduire. Il y en a d'autres **de naissance**, qui sont plus **honnêtes** et qui lui ont donné plus de satisfaction. Un peu auparavant, il était arrivé un vaisseau rochelais [de La Rochelle], chargé d'hommes et de filles et de familles formées. C'est une chose prodigieuse de voir l'augmentation des **peuplades** qui se font en ce pays. Les vaisseaux ne sont pas plutôt arrivés que les jeunes hommes y vont chercher des femmes, et dans le grand nombre des uns et des autres, on les marie **par les trentaines**. Les plus avisés commencent à faire une habitation un an devant que de se marier, parce que ceux qui ont une habitation trouvent un meilleur parti: c'est la première chose dont les filles s'informent, et elles font sagement parce que ceux qui ne sont pas établis souffrent beaucoup avant que d'être à leur aise. Outre ces mariages, ceux qui sont établis depuis longtemps dans ce pays, ont tant d'enfants que cela est merveilleux et tout en **foisonne**. Il y a quantité de belles **bourgades**, des villages et des **hameaux**, sans parler des habitations solitaires et **écartées**.

(Marie de l'Incarnation, *Correspondance*, dans *Histoire des Canadiens-Français 1608–1880*, par Benjamin Sulte [Montréal: Wilson & Cie, Editeurs, 1882])

Vocabulaire	Synonyme/Définition en français	*Équivalent en anglais*
les vivres	les aliments ou nourriture	*food, supplies*
défricher	préparer le terrain pour l'agriculture	*to clear the land*
une cavale	une jument (femelle d'un cheval)	*a mare*
les bestiaux	les animaux élevés en troupeau	*livestock*
cassé du service	déchargé du service militaire	*discharged*
un bourg	un gros village	*big village*

Vocabulaire	Synonyme/Définition en français	Équivalent en anglais
de toutes conditions	ici : de toutes classes sociales	*of all backgrounds*
grossier/grossière	impoli ou de mauvaises manières	*impolite, bad-mannered*
de naissance	ici : né(e) d'une bonne famille	*from a good family*
honnête	ici : poli ou de bonnes manières	*polite, well-mannered*
une peuplade	un groupe de gens	*a group of people*
par les trentaines	en groupes nombreux (par exemple : de 30)	*in large groups, many at a time*
foisonner	se multiplier	*proliferate*
une bourgade	un petit village	*a small town or village*
un hameau	agglomération d'un ensemble de quelques maisons	*a hamlet*
écarté (du verbe : écarter)	éloigné, être situé à une certaine distance l'un(e) de l'autre	*farther away*

QUESTIONS SUR LES FILLES DU ROI SELON MARIE DE L'INCARNATION

1. Selon votre calcul, combien de filles sont arrivées au cours des trois années narrées par Marie de l'Incarnation?
2. Qui sont les femmes et les filles qui sont arrivées en Nouvelle-France pendant cette période? En général, elles étaient de quel pays, de quelle condition sociale? Était-ce un groupe homogène?
3. Quelles motivations avaient les hommes et les femmes à émigrer en Nouvelle-France pendant cette période?
4. À votre avis, pourquoi le roi s'est-il tant occupé du peuplement de la Nouvelle-France?
5. Quelle était la meilleure situation pour une Fille du roi lors de son arrivée en Nouvelle-France? Comment est-ce semblable ou différent d'un « bon mariage » d'une jeune femme aujourd'hui?
6. Ces lettres racontent la vie en Nouvelle-France vers 1668, c'est-à-dire soixante ans après la construction de la première Habitation de Champlain à Québec. Comment la société a-t-elle changé depuis ce temps-là?
7. Si vous aviez l'opportunité d'immigrer dans un pays lointain, avec de l'argent fourni par le gouvernement pour une année, où l'on vous donnerait de la terre pour construire une maison, le feriez-vous? Pourquoi?

ALLONS AU CINÉMA!
Le Poil de la bête (2010)

....

« Le Poil de la bête » est un film de suspense qui met en scène les Filles du roi et un loup-garou (*werewolf*) qui menace les habitants à Beaufort. C'est un film de fantaisie qui se déroule en Nouvelle-France en 1665.

Croyances

ACTIVITÉ 18

Dans cet extrait tiré du roman *Les Anciens Canadiens* de Philippe Aubert de Gaspé, Jules d'Haberville retourne au manoir de ses parents après avoir fait des études dans un collège à Québec. Il est accompagné d'un ami écossais, Arché de Locheill. L'action se déroule en 1757. Lisez la description, puis répondez aux questions qui se rapportent au texte.

Le manoir d'Haberville était situé au pied d'un cap qui couvrait une **lisière** de neuf **arpents** du domaine seigneurial, au sud du chemin du Roi. Ce cap ou promontoire, d'environ cent pieds de hauteur, était d'un aspect très pittoresque; sa **cime**, couverte de bois **résineux** conservant sa verdure même durant l'hiver, consolait le regard du spectacle attristant qu'offre, pendant cette saison, la campagne revêtue de son **linceul hyperboréen. Ces pruches, ces épinettes, ces pins, ces sapins** toujours verts, reposaient l'œil attristé pendant six mois, à la vue des arbres moins favorisés par la nature qui, **dépouillés** de leurs feuilles, couvraient le **versant** et le pied de ce promontoire. Jules d'Haberville comparait souvent ces arbres à la tête d'**émeraude**, bravant, du haut de cette cime altière, les rigueurs des plus **rudes** saisons, aux grands et puissants de la terre qui ne perdent rien de leurs jouissances, tandis que le pauvre **grelotte** sous leurs pieds.

On aurait pu croire que le pinceau d'un Claude Lorrain [peintre de paysages] se serait plu à orner le **flanc** et le pied de ce cap, tant était grande la variété des arbres qui semblaient s'être donné rendez-vous de toutes les parties des forêts adjacentes pour concourir à la beauté du paysage. En effet, **ormes, érables, bouleaux, hêtres, épinettes rouges, frênes, merisiers, cèdres, mascouabinas**, et autre plantes aborigènes qui font le luxe de nos forêts, formaient une riche **tenture** sur les **aspérités** de ce cap. Un **bocage d'érables** séculaires couvrait, dans toute son étendue, l'espace entre le pied du cap et la voie royale [la route], bordée de chaque côté de deux **haies de coudriers** et de rosiers sauvages aux fleurs printanières. [....]

Le manoir seigneurial, situé entre le fleuve Saint-Laurent et le promontoire, n'en était séparé que par une vaste cour, le chemin du roi et le bocage. C'était une bâtisse à un seul étage, **à comble raide**, longue de cent pieds, flanquée de deux **ailes** de quinze pieds avançant sur la cour principale. Un **fournil**, attenant du côté du nord-est à la cuisine, servait aussi de **buanderie**. Un petit **pavillon** contigu à un grand salon au sud-ouest, donnait quelque régularité à ce manoir d'ancienne construction canadienne.

Deux autres pavillons au sud-est servaient, l'un de **laiterie**, et l'autre d'une seconde buanderie, recouvrant un **puits** qui communiquait par un long **dalot** à la cuisine du logis principal. Des **remises, granges** et étables, cinq petits pavillons, dont trois dans le bocage, un **jardin potager** au sud-ouest du manoir, deux **vergers**, l'un au nord et l'autre au nord-est, peuvent donner une idée de cette résidence d'un ancien seigneur canadien, que les habitants appelaient le village d'Haberville. De quelque côté qu'un spectateur assis sur la **cime** du cap portât ses regards, il n'avait qu'à **se louer** d'avoir choisi ce poste élevé, pour peu qu'il aimât les belles scènes qu'offre la nature sur les bords du Saint-Laurent. S'il baissait la vue, le petit village, d'une éclatante blancheur, semblait surgir tout à coup des vertes prairies qui s'étendaient jusqu'aux rives du fleuve. [....]

Il était près de neuf heures du soir, lorsque les jeunes gens arrivèrent sur le **coteau** qui domine le manoir au sud-ouest.

Jules s'arrêta tout à coup à la vue d'objets qui lui rappelaient les plus heureux jours de son existence.

– Je n'ai jamais approché, dit-il, du domaine de mes ancêtres sans être vivement impressionné. Que l'on **vante**, tant qu'on voudra, la beauté des sites pittoresques, grandioses, qui abondent dans notre Nouvelle-France, il n'en est qu'un pour moi, s'écria-t-il en frappant fortement du pied la terre : c'est celui où je suis né! C'est celui où j'ai passé mon enfance, entouré des soins tendres et affectionnés de mes bons parents. C'est celui où j'ai vécu chéri de tout le monde sans exception. Les jours me paraissaient alors trop courts pour suffire à mes jeux enfantins! Je me levais avec l'**aurore**, je m'habillais **à la hâte** : c'était avec une soif de jouissances qui ressemblait aux **transports de la fièvre**!

– J'aime tout ce qui m'entoure! ajouta Jules.

(Philippe Aubert de Gaspé, *Les Anciens Canadiens*
[Québec : Desbarats et Derbishire, 1863])

Vocabulaire	Synonyme/Définition en français	Équivalent en anglais
une lisière	une bordure	*a border*
un arpent	une mesure de surface	*an acre*
une cime	un sommet	*a summit*
résineux/résineuse	qui produit de la résine	*resinous*
un linceul hyperboréen	ici : manteau du nord (de neige)	*a blanket of snow*
une pruche, une épinette, un pin, un sapin	types d'arbres résineux	*types of resinous trees (hemlock, spruce, pine, fir)*
dépouillé (du verbe : dépouiller)	enlevé	*stripped*
le versant	la pente	*the slope*
une émeraude	une pierre précieuse verte	*an emerald*
rude	difficile	*harsh*
grelotter	frissonner	*to shiver*
le flanc	le côté	*the side*
un orme, un érable, un bouleau, un hêtre, une épinette rouge, un frêne, un merisier, un cèdre, un mascouabina	types d'arbres	*types of trees (elm, maple, birch, beech, red spruce, ash, cherry wood, cedar, mascouabinas)*
une tenture	une draperie	*a hanging, drapery*
les aspérités	les rugosités	*the roughness, ruggedness*

Croyances

Vocabulaire	Synonyme/Définition en français	*Équivalent en anglais*
un bocage d'érables	un groupe d'arbres	*a wooded section of maple trees*
une haie de coudriers	une suite d'arbres	*a hedge of hazel trees*
à comble raide	avec un toit pentu	*with a steep roofline*
une aile	une partie latérale d'un bâtiment	*a wing*
un fournil	un endroit où on fait cuire le pain	*a baker's oven*
une buanderie	là où on lave le linge	*a laundry*
un pavillon	un bâtiment	*a building*
une laiterie	là où on conserve le lait	*a dairy*
un puits	un trou pour accéder à l'eau	*a well*
un dalot	un petit canal couvert	*a culvert, conduit for water*
une remise	là où on garde les outils ou d'autres choses	*a shed*
une grange	là où on met les animaux	*a barn*
un jardin potager	un jardin de légumes	*a vegetable garden*
un verger	une parcelle plantée d'arbres fruitiers	*an orchard*
la cime	le sommet	*the summit*
se louer	se féliciter	*to congratulate oneself*
un coteau	une petite colline	*hill*
vanter	faire l'éloge	*praise*
l'aurore	l'aube	*dawn*
à la hâte	très vite	*in a hurry*
les transports de la fièvre	ici : émotions vives	*strong emotions*

QUESTIONS SUR *LE MANOIR D'HABERVILLE* DE PHILIPPE AUBERT DE GASPÉ

1. Quels types de plantes, d'arbres et autres aspects de la nature est-ce que l'auteur mentionne quand il décrit le manoir d'Haberville? Quel est l'effet de cette description?

2. Comment est le manoir? Dressez une liste des pièces et des espaces autour de la maison.

Le manoir de Niverville (1668-1729), un manoir typique de son époque, se trouve à Trois-Rivières au Québec.

3. Pourquoi est-ce que Jules aime tant cet endroit? Comprenez-vous ces sentiments? Expliquez pourquoi il se sent bien dans cet endroit.

4. L'action du roman de Gaspé se déroule en 1757, mais il a écrit le roman plus tard au 19ᵉᵐᵉ siècle. Quelle impression vous donne la description du manoir : romantique, nostalgique, etc.?

LES CROYANCES CANADIENNES

ACTIVITÉ 19

Les colons français établis en Nouvelle-France étaient catholiques pratiquants et croyants, mais ils étaient aussi superstitieux. Lisez les extraits suivants qui décrivent quelques croyances populaires, puis répondez aux questions qui s'y rapportent.

A. Le loup-garou : le loup-garou (*werewolf*) est un homme qui, le soir venu, se transforme en loup. Les Canadiens croyaient aux loups-garous, comme le montre cet extrait d'un journal du 18ᵉᵐᵉ siècle.

« L'on apprend de St-Roch, près du Cap Mauraska [Kamouraska], qu'il y a un loup-garou qui court les **côtes** sous la forme d'un **mendiant** [*beggar*], qui, avec le talent de persuader ce qu'il **ignore**, et en promettant ce qu'il ne peut **tenir**, a celui d'obtenir ce qu'il demande. On dit que cet animal, avec le **secours** de ses deux pieds de derrière, arriva à Québec le 17 dernier, et qu'il en repartit le 18 suivant, dans le **dessein** de suivre sa mission jusques à Montréal. Cette bête est, dit-on, dans son **espèce**, aussi dangereuse que celle qui parut l'année dernière dans le Gévaudan [*en France*]; c'est pourquoi l'on exhorte le public de **s'en méfier** comme d'un loup **ravissant**. »

(*La Gazette de Québec*, 14 juillet 1766)

Croyances

Vocabulaire	Synonyme/Définition en français	Équivalent en anglais
une côte	une petite montagne	*a hill*
ignorer	ne pas savoir	*not to know*
tenir	ici : réaliser	*to deliver*
un secours	une aide	*an aid, a help*
un dessein	un but, un objectif, une intention	*an idea, an aim, the objective*
une espèce	une catégorie d'êtres ou de choses	*a species*
se méfier de	ne pas avoir confiance en	*to mistrust*
ravissant/e	très beau, très charmant	*ravishing*

B. Les feux-follets : le feu-follet est, d'après les Canadiens, une âme en peine qui circule pendant la nuit et qui ressemble à une lumière. Ils sont plutôt malins et s'amusent à faire peur aux voyageurs. Aussi appelés sorciers, on en trouve une description dans le roman *Les Anciens Canadiens* de Philippe Aubert de Gaspé. José, un paysan canadien, raconte l'histoire de son père qui a rencontré des feux-follets en voyageant la nuit près de l'Ile d'Orléans.

> « Il lui sembla cependant tout à coup que l'île d'Orléans était tout en feu. Il saute un fossé, **s'accote** sur une **clôture**, ouvre de grands yeux, regarde, regarde… Il vit à la fin que des flammes dansaient le long de la **grève**, comme si tous les fi-follets du Canada, les damnés, s'y fussent donné rendez-vous pour tenir leur sabbat. À force de regarder, ses yeux, qui étaient pas mal troublés, s'éclaircirent, et il vit **un drôle de** spectacle : c'était comme des **manières** d'hommes, une curieuse **engeance** tout de même. Ça avait **bin** une tête grosse comme un **demi-minot**, **affublée d'**un bonnet pointu d'**une aune de long**, puis des bras, des jambes, des pieds et des mains armés de griffes, ~talons/claws~ mais **point de corps pour la peine d'en parler**. Ils avaient, sous votre respect, mes messieurs, le **califourchon fendu** jusqu'aux oreilles. Ça n'avait presque pas de **chair** : c'était **quasiment** tout en os, comme des esquelettes. »

(Philippe Aubert de Gaspé, *Les Anciens Canadiens*, 1863)

Vocabulaire	Synonyme/Définition en français	Équivalent en anglais
s'accoter	s'appuyer	*to lean on*
une clôture	un petit mur qui entoure une propriété	*a fence*
une grève	ici : le rivage	*the bank (of a stream, etc.)*

Vocabulaire	Synonyme/Définition en français	Équivalent en anglais
un(e) drôle de	un(e) étrange	*a strange*
manières	espèces	*types*
bin (québécisme)	bien	*well, really*
une engeance	un ensemble de «personnes» [ici : d'êtres] méprisables	*a brood*
un demi-minot	une unité de mesure utilisée au Canada du 17ième jusqu'au 20ième siècle	*a minot = 1.1 American bushels*
affublé/e de	avec, qui porte	*with*
d'une aune de long	un arbre à feuilles tronquées au sommet, poussant souvent au bord de l'eau	*as high as an alder tree*
point de corps pour la peine d'en parler	sans corps qu'on peut voir	*no body big enough to be worth talking about*
le califourchon	la partie du corps qui joint les deux jambes	*the crotch*
fendu (verbe : fendre)	coupé dans le sens de la longueur	*cut lengthwise*
la chair	substance qui recouvre les muscles et les os	*the flesh*
quasiment	presque	*almost*

C. La Corriveau : la Corriveau est le nom d'un fantôme qui hante les alentours de Pointe-Lévy. Cette légende est basée sur un fait historique. On a accusé Marie-Josephte Corriveau (1733–1763) d'avoir tué son premier et son second mari. Condamnée à mort, elle a été pendue *[hanged]* près des plaines d'Abraham à Québec et son corps a été exhibé dans une cage en fer, sur une place publique à Pointe-Lévy, pendant plus d'un mois. Les Canadiens disent que son âme hante toujours ces endroits. Philippe Aubert de Gaspé en parle dans son roman *Les Anciens Canadiens* lorsque José continue l'histoire du voyage de son père.

Une illustration de la Corriveau par Henri Julien (1852-1908).

« Il lui sembla bien qu'il entendait derrière lui le tic tac qu'il avait déjà entendu plusieurs fois pendant sa route ; mais il avait trop de **besogne** par devant, sans s'occuper de ce qui se passait derrière lui. Tout à coup, au moment où il **s'y attendait** le moins, il sent deux grandes mains sèches, comme des **griffes d'ours**, qui lui **serrent** les épaules : il se retourne tout **effarouché**, et se trouve face à face avec la Corriveau... Elle avait passé les mains à travers les barreaux de sa cage de fer, et s'efforçait de lui **grimper** sur le dos ; mais la cage était **pesante**,

Croyances

et, à chaque **élan** qu'elle prenait, elle retombait à terre avec un bruit **rauque**, sans lâcher pourtant les épaules de mon pauvre défunt père, qui **pliait** sous le **fardeau**. »

(Philippe Aubert de Gaspé, *Les Anciens Canadiens*, 1863)

Vocabulaire	Synonyme/Définition en français	Équivalent en anglais
une besogne	quelque chose à faire	*something to do*
s'attendre à	ici : prévoir	*to expect*
des griffes d'ours	des ongles d'un animal massif	*the claws of a bear*
serrer	tenir fermement, presser	*to squeeze*
effarouché	effrayé, intimidé	*startled and frightened,*
grimper	monter, escalader	*to climb*
pesant	lourd, difficile à lever	*heavy*
un élan	un mouvement pour se lancer	*bound, move*
rauque	se dit d'un voix rude et enrouée	*hoarse*
plier	mettre en double en rabattant (ou doublant) une partie contre l'autre	*to fold, to bend*
un fardeau	un objet qui pèse lourd	*a burden, a load*

(All quotes in this activity were cited in E. Z. Massicotte, *Mœurs, coutumes et industries canadiennes-françaises* [Montréal : Librairie Beauchemin, 1913].)

QUESTIONS SUR LES CROYANCES CANADIENNES

1. Les trois extraits décrivent des êtres non-humains. Quelles ressemblances et quelles différences voyez-vous entre les trois descriptions?
2. Le premier texte est tiré d'un journal, les deux autres d'un roman. Pensez-vous qu'on ait également publié des articles de journaux sur les feux-follets et la Corriveau? Expliquez votre point de vue.
3. Qu'est-ce qu'on peut déduire de la vie des Canadiens en lisant ces trois textes?
4. D'après certains, les monstres et les êtres surnaturels qui viennent des légendes et des contes folkloriques peuvent représenter les craintes psychologiques d'une société. Êtes-vous d'accord? Si oui, quelles sont les craintes des Canadiens? Si non, pourquoi n'êtes-vous pas d'accord?

**RAPPEL :
LE COMPARATIF**

N'oubliez pas que pour comparer deux choses, on utilise le comparatif : plus...que, moins...que, aussi/autant...que. Révisez la façon de construire une phrase comparative.

ACTIVITÉ 20 : ALLONS AU CINÉMA!

Le film *Nouvelle France* de Jean Beaudin s'inspire d'un fait divers survenu en 1763. C'est un drame d'époque qui est disponible dans beaucoup de librairies et de bibliothèques.

Résumé de l'intrigue :

François le Gardeur, un jeune bourgeois, quitte sa famille pour courir les bois et partager la vie des Amérindiens. Le lendemain de son retour dans sa famille, il reluque Marie-Loup, la fille du meunier Carignan, qui est une femme en avance sur son temps. C'est le coup de foudre réciproque. Or, l'amitié de François avec les « Sauvages » et son accès aux remèdes des chamans amérindiens ne sont bien vus ni du prêtre ni des gens du voisinage. L'histoire de l'époque forme la toile de fond de l'histoire de cette passion. Vous savez déjà comment aboutira l'histoire politique. Mais comment aboutira l'histoire d'amour? Il faudra visionner le film!

A. Questions préalables au visionnement. Discutez de vos réponses avec vos camarades de cours avant de regarder le film.

    1. Connaissez-vous quelqu'un qui a aimé une autre personne corps et âme? Décrivez la liaison.

    2. À votre avis, y a-t-il une distinction à faire entre être religieux et être spirituel? Expliquez cette différence, si vous pensez qu'elle existe.

    3. Peut-on être à la fois chrétien et superstitieux? Comment cela est-il possible ou impossible?

    4. Il y a des personnes à qui l'on fait confiance et qu'on ne croit pas capables de mentir. Selon vous, qui sont ces personnes?

B. Questions sur le film *Nouvelle-France*. Discutez de vos réponses avec vos camarades de cours après avoir vu le film.

    1. Quels événements historiques figurent dans ce film?

    2. Comment expliquez-vous l'attitude des personnages suivants quant à la Nouvelle-France : (a) du gouverneur Philippe de Rigaud Vaudreuil (et François le Gardeur), (b) de l'Intendant Le Bigot (et Xavier Maillard), (c) du roi Louis XIV, (d) de Voltaire, (e) de Jean-Jacques Rousseau, (f) du Père Thomas Blondeau?

    3. Quel rapport existe-t-il en Nouvelle-France entre les Blancs et les Autochtones? Donnez quelques exemples de ce rapport que vous avez observé en visionnant le film.

IV. Le français au Québec : Les archaïsmes

ACTIVITÉ 21

On utilise aujourd'hui au Québec des mots qui, en France, sont « archaïques » ou très anciens. Ce sont des mots qu'on n'utilise plus en français standard moderne, mais qui sont tout à fait fonctionnels au Québec. Par exemple, en France on dit une boisson, mais au Québec on dit un breuvage, mot qu'on employait en France au XVIᵉ siècle. Voici quelques autres mots québécois. Faites correspondre le mot québécois avec son équivalent en français de France.

Mots en français québécois	Mots en français de France
1. barrer : Il a *barré* la porte pour que personne n'y entre.	**A.** bavardé
2. souper : Il a *soupé* chez ses parents hier soir car sa mère avait fait une tourtière.	**B.** actuellement
3. présentement : Il est *présentement* à Gaspé.	**C.** voitures
4. les chars : Les *chars* de mes voisins sont tout neufs.	**D.** dîné
5. dispendieux : Acheter un nouveau char? C'est trop *dispendieux*.	**E.** cher
6. jaser : J'ai *jasé* avec ma voisine ce matin à l'arrêt d'autobus.	**F.** fermé à clé

LES REPAS AU QUÉBEC

En France, on prend le petit déjeuner le matin, le déjeuner vers midi et le dîner le soir. Il faut noter qu'au Québec, on a retenu le sens orignal de «déjeuner» (arrêter le jeun, ou *break the fast*) et on mange un plus grand repas le matin. Alors au Québec, le repas du matin est le déjeuner, le repas du midi est le dîner, et le repas du soir est le souper.

V. Voyage virtuel : La ville de Québec

ACTIVITÉ 22

Allons à la ville de Québec! C'est la capitale provinciale et l'endroit où Champlain a construit son habitation en 1608. Découvrez ses sites historiques et son charme actuel. Recherchez «ville de Québec tourisme» sur internet en utilisant un moteur de recherche francophone. Ensuite, répondez aux questions ci-dessous.

1. Imaginez que vous habitez à Québec. Comment vous rendez-vous de chez vous au centre-ville? Votre trajet durera combien de temps?
2. Le Vieux-Québec est divisé en deux parties : la Basse-Ville et la Haute-Ville. Expliquez ces noms.
3. À Québec, il y a plein de sites historiques à visiter. Décrivez brièvement l'importance des sites suivants et indiquez si vous aimeriez y aller :
   a. l'église de Notre-Dame-des-Victoires
   b. la Citadelle de Québec
   c. le Château Frontenac
   d. les plaines d'Abraham
   e. la Place Royale
   f. l'Hôtel du Parlement
4. Il y a aussi beaucoup de musées. Recherchez ces musées, dites si vous aimeriez y aller et expliquez pourquoi :
   a. le Musée de la civilisation
   b. le Musée national des beaux-arts du Québec
   c. le Musée des Ursulines de Québec
   d. le Musée de l'Amérique française

Le fleuve Saint-Laurent vu des remparts qui entourent la Haute-Ville de Québec.

5. À Québec, il y a toutes sortes de fêtes et de festivals. Nommez un festival qui a lieu en hiver et un qui a lieu en été. Aimeriez-vous y assister? Expliquez vos raisons pour y aller ou non.

6. Il y a beaucoup de bons restaurants dans le Vieux-Québec. Trouvez un restaurant qui vous intéresse et dites ce que vous y mangeriez à l'heure du dîner.

7. Regardez des photos de la ville de Québec sur internet. Choisissez une photo que vous aimez et expliquez pourquoi elle vous plaît.

8. Aimeriez-vous visiter la ville de Québec un jour? Pourquoi ou pourquoi pas?

VI. Synthèses

ACTIVITÉ 23 : À VOUS DE JOUER

Réfléchissez à ce que vous avez appris à propos du Québec et des colonies françaises entre 1600 et 1750. Avec un/e camarade ou deux camarades de cours, choisissez un des sujets suivants et inventez un dialogue selon la situation. Utilisez votre imagination! Jouez votre scène devant la classe.

1. Samuel de Champlain s'engage à peupler son Habitation à Québec. Imaginez la conversation entre Champlain et Louis Hébert ou sa femme Marie Rollet, lorsqu'il décrit l'Habitation et essaie de convaincre la famille Hébert de s'établir en Nouvelle-France.

2. Les coureurs des bois – appelés plus tard des voyageurs – faisaient le commerce de fourrures avec les Amérindiens. Imaginez une rencontre entre un coureur des bois et un Amérindien et leur discussion sur l'abondance de castors dans la région.

3. Marie de l'Incarnation et Marguerite Bourgeoys se sont occupées de l'éducation des filles françaises et amérindiennes. Imaginez une conversation entre une fille d'origine française et une fille d'origine amérindienne dans une école religieuse.

Croyances

4. Les Filles du roi arrivent en Nouvelle-France à la recherche d'un mari. Imaginez la conversation entre plusieurs filles du roi lorsque leur navire s'approche de la ville de Québec.

5. Les Amérindiens ont dû trouver les nouveaux arrivants français un peu bizarres devant leurs coutumes, leurs traditions et leurs croyances religieuses. Imaginez une conversation entre des Autochtones parlant des Français qui habitent l'Habitation de Champlain.

ACTIVITÉ 24 : À VOUS LA PAROLE

Réfléchissez à ce que vous avez appris à propos de la colonisation de la Nouvelle-France au 17ième et au début du 18ième siècles. Choisissez un des sujets suivants et écrivez une rédaction d'une page minimum.

1. Choisissez une des personnes mentionnées dans ce chapitre, faites des recherches biographiques et faites un mini-mémoire sur cette personne. Vous pouvez montrer votre rédaction à l'aide d'une présentation PowerPoint.

2. Si vous aviez vécu à cette époque, quel type de personne auriez-vous été : l'explorateur, le missionnaire, l'hospitalière, le coureur des bois, l'habitant, la religieuse, le soldat, une Fille du roi, un Algonquin/e, Iroquois/e, etc.? Expliquez votre choix et la vie que vous auriez menée.

3. Que pensez-vous des rôles féminins/masculins à cette période? Essayez d'expliquer pourquoi les rôles étaient si contrastés.

4. Les colons français deviennent peu à peu des Canadiens , un peuple américain différent des Français de l'Europe. Expliquez comment la culture canadienne diffère de la culture française au 18ième siècle en ce qui concerne les mentalités, la vie quotidienne, la ville de Québec et celle de Paris, etc. Faites des recherches supplémentaires si cela est nécessaire.

LIBERTÉS

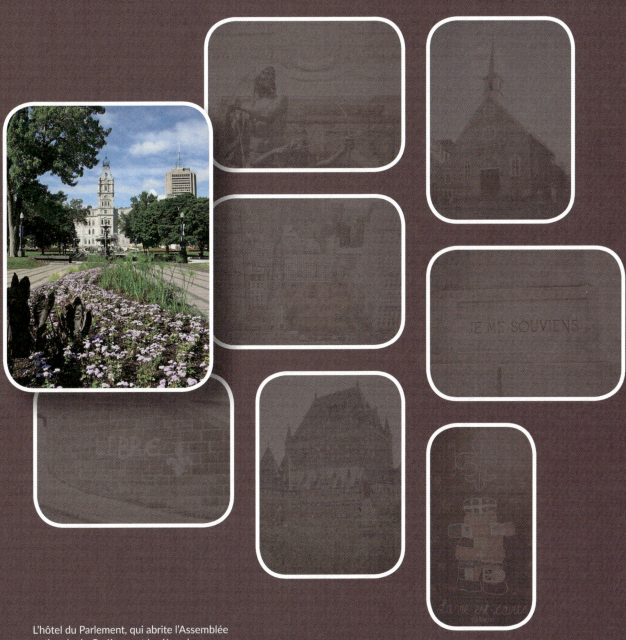

L'hôtel du Parlement, qui abrite l'Assemblée nationale du Québec, est le siège du gouvernement provincial.

Pendant plus de 125 ans, les Français développent une nouvelle société francophone en Amérique du Nord. Ils ont affronté toutes sortes de problèmes en bâtissant cette colonie – les hivers trop rigoureux, le manque de femmes, les attaques iroquoises et anglaises – mais ils ont réussi malgré tout à survivre, et même à prospérer. Peu à peu, ils ont commencé à se distinguer des Français de France. Au début du 18ième siècle, ils s'identifient comme Canadiens, un peuple qui dépend de la France mais qui a sa propre culture, ses propres traditions, sa propre mentalité. La vie des Canadiens change cependant de manière radicale à partir des années 1760. La *Conquête britannique* met fin à la Nouvelle-France et signale le début d'une nouvelle ère pour les Canadiens francophones. Entourés de Canadiens anglophones et sujets de la couronne britannique, ils s'appelleront désormais des Canadiens français. Comment réagiront-ils à cette nouvelle situation politique, économique et sociale? Suivez-nous, et vous verrez...

I. Introduction : Quelles libertés sont fondamentales à l'être humain?

ACTIVITÉ 1

En petits groupes, répondez aux questions suivantes et discutez de vos réponses entre membres de votre groupe. Ensuite, comparez vos réponses avec celles des autres groupes.

1. Quels droits humains internationaux sont les plus importants et les plus fondamentaux (la liberté d'expression, la liberté de religion, le droit à la propriété, le droit de vote, etc.)? À votre avis, quelles libertés sont fondamentales à l'être humain?

2. Quels droits et quelles libertés sont garantis aux citoyens des États-Unis par la Constitution? Y a-t-il des droits qui sont limités? Lesquels? Comment et pourquoi le sont-ils?

3. Quelles guerres d'indépendance connaissez-vous? Quand est-ce que ces guerres ont eu lieu? À votre avis, un peuple a-t-il droit à la souveraineté si la majorité des habitants sont d'accord?

4. Imaginez que votre gouvernement signe un accord avec un autre pays et que les deux pays cèdent votre région au gouvernement étranger. Sous le nouveau régime, vous n'avez plus les mêmes droits qu'avant et ceux qui décident de tout ne parlent pas votre langue. Quelle est votre réaction? Partez-vous? Si oui, où allez-vous? Si non, que faites-vous?

5. Quels symboles patriotiques représentent les États-Unis? Pensez au drapeau, à l'aigle, à l'Oncle Sam, à la Maison-Blanche, aux symboles sur le dollar américain, etc. Pouvez-vous décrire le symbolisme de chacun? Comparez-les aux symboles patriotiques français et britanniques que vous connaissez.

II. Contextes : La Conquête, le Régime anglais et le Bas-Canada de 1750 à 1867

LA BATAILLE DES PLAINES D'ABRAHAM

ACTIVITÉ 2

La bataille des plaines d'Abraham est un moment clé dans l'histoire du Québec. Utilisez un moteur de recherche francophone et recherchez «bataille des plaines d'Abraham», puis trouver les réponses aux questions suivantes.

1. Comment s'appellent les deux généraux qui s'affrontent sur les plaines d'Abraham : le général anglais et le général français? Qui a survécu à cette bataille?
2. Quelle est la date précise de cette bataille? Quel temps fait-il à Québec à cette époque de l'année? À votre avis, est-ce un bon moment pour faire la guerre au Québec?
3. Pourquoi les Français étaient-ils mal préparés à l'assaut des Anglais sur les plaines?
4. Cette bataille n'a pas duré longtemps (15 minutes selon plusieurs historiens, une heure et demie selon d'autres), et a été suivie de plusieurs autres batailles entre les Anglais et les Français. Mais les Anglais considèrent cette bataille comme le moment de la défaite des troupes françaises. Pourquoi?
5. Les francophones appellent cette bataille le début de «la Conquête britannique», alors que les anglophones l'appellent «the Battle of the Plains of Abraham» ou «the Battle of Quebec». Pourquoi cette différence d'appellation? Essayez d'imaginer la bataille d'après les deux points de vue.
6. Cette bataille faisait partie de quelle guerre en Europe? Qui était roi de France à l'époque?

QUI EST ABRAHAM?

On dit que le site de la bataille des plaines d'Abraham est nommé en honneur d'un pêcheur écossais, Abraham Martin (1589–1664), qui faisait de la pêche au bord du Saint-Laurent au 17ième siècle. Le nom rappelle aussi Abraham de la Bible, un homme appelé à quitter sa patrie pour fonder une nouvelle société en Israël. Aujourd'hui, les plaines d'Abraham font partie du parc des Champs-de-Bataille à Québec.

REPÈRES HISTORIQUES : LE RÉGIME ANGLAIS ET LE BAS-CANADA DE 1750 À 1867

En 1755   C'est l'année du *Grand Dérangement* en Acadie : les Anglais laissent le choix aux Acadiens (un peuple d'ascendance française) entre prêter serment à la couronne britannique ou quitter le territoire. Des

Une carte du parc des Champs-de-Bataille où a eu lieu la célèbre bataille des plaines d'Abraham.

Les plaines d'Abraham est aujourd'hui un parc paisible où les Québécois passent des moments agréables en plein air.

milliers de gens sont déportés ou s'enfuient. Ils se sont dispersés en Nouvelle-Angleterre, en Louisiane, en France et en Nouvelle-France.

En 1759   Début de la Conquête : les Anglais attaquent la ville de Québec et les Français capitulent suite à la bataille des plaines d'Abraham.

En 1760   Les armées britanniques marchent sur Ville-Marie.

En 1761   Ville-Marie capitule; c'est la fin du régime français en Nouvelle-France.

De 1761 à 1764   Période du régime militaire anglais.

En 1763   Le Traité de Paris cède officiellement la Nouvelle-France, y compris la colonie française le long du fleuve Saint-Laurent, à la couronne britannique; l'église catholique au Québec se range du côté du gouvernement anglais.

En 1774   L'Acte de Québec reconnaît la langue française, la religion catholique et un système juridique propre au Québec.

En 1784   Suite à la guerre d'indépendance américaine, des « Loyalistes » (les Anglais loyaux au roi d'Angleterre) quittent les États-Unis et s'établissent au Canada.

En 1791   L'Acte constitutionnel forme deux provinces britanniques au Canada : le Haut-Canada (majoritairement anglophone; c'est aujourd'hui la province d'Ontario) et le Bas-Canada (majoritairement francophone; c'est aujourd'hui la province de Québec).

En 1792   Le Bas-Canada crée une Assemblée législative dont la mission est limitée à la discussion sur des projets de lois et des taxes.

En 1825   Louis-Joseph Papineau est élu orateur (président de l'Assemblée législative) du Bas-Canada.

En 1837–1838   La rébellion des Patriotes.

En 1838   Dissolution de la Chambre de l'Assemblée du Bas-Canada.

En 1839   Lord Durham, gouverneur du Canada, publie le rapport Durham.

En 1867   La Confédération canadienne est créée, établissant les deux provinces de l'Ontario et du Québec, et unifiant ces provinces avec d'autres provinces sous le nom de Canada.

La proclamation royale de la Confédération canadienne en 1867.

L'HISTOIRE DU BAS-CANADA

ACTIVITÉ 3

Lisez le texte suivant, puis répondez aux questions qui s'y rapportent.

DU RÉGIME MILITAIRE AU BAS-CANADA

La bataille des plaines d'Abraham – bataille qui n'aurait duré qu'une quinzaine de minutes – était la première de plusieurs batailles qui ont mené à la création du « Bas-Canada ». Après la défaite sur les plaines d'Abraham, les Canadiens de la vallée du Saint-Laurent font désormais partie d'un empire qui leur est étranger et hostile : hostile à leur culture, à leurs lois, à leur langue, à leurs traditions, et surtout à leur religion. Entourés d'anglophones et dominés de Londres, les Canadiens français commencent – et certains diraient, continuent aujourd'hui encore – à vivre dans la peur de voir disparaître leur culture et leur identité.

Le régime militaire qui précède le Traité de Paris (1759–1763) tente de s'accommoder des nouveaux sujets de la couronne britannique. Par exemple, Lord Egremont,

Magasin nommé d'après le Bas-Canada, appellation de la province québécoise de 1791 jusqu'à la confédération de 1867.

responsable des colonies britanniques, demande au maréchal Jeffery Amherst de défendre à tout sujet britannique d'offenser les conquis. Il est dorénavant formellement interdit de critiquer leur religion, leur langue, ou leurs traditions. Cette approche d'accommodement n'empêche pas le gouvernement d'adopter des mesures oppressives. On impose, entre autre, le serment du Test (déclaration contre certaines croyances catholiques et fidélité au roi d'Angleterre), on interdit aux francophones de parler leur langue, on défend aux nouveaux sujets de travailler dans la fonction publique s'ils persistent à pratiquer leur religion « papiste ».

En 1766, le procureur général de la province, Francis Maseres, propose l'idée de régler les différends entre citoyens anglophones et francophones par l'assimilation des francophones. Cela se fera en administrant la province de manière à donner satisfaction aux habitants anglais et irlandais, ce qui inspirera d'autres anglophones à venir s'établir dans la province et augmentera ainsi le nombre de Canadiens anglophones présents. L'idée sous-jacente de cette politique étant que la population anglophone dans la province pourrait, au fil du temps, égaler ou même dépasser la population francophone.

Entre 1774 et 1792, la politique du gouvernement britannique vise un double objectif : l'apaisement de la population francophone et la reconnaissance des immigrants loyalistes anglophones venus des 13 colonies américaines. L'Acte de Québec (1774) reconnaît la langue française, la religion catholique (le serment du Test n'étant plus obligatoire) et un système juridique propre au Québec. Les Anglais espèrent que ces

Carte du Canada (c. 1820)

Légende (Controlé des territoires) :
- Possession anglaise
- Bas-Canada
- Haut-Canada
- États-Unis
- Territoire espagnol

concessions persuaderont les nouveaux sujets britanniques francophones de ne pas s'allier aux révolutionnaires américains.

D'autre part, l'Acte constitutionnel (1791) accède à la demande des Loyalistes des colonies américaines qui veulent une région à eux où ils seraient majoritaires et auraient leurs propres coutumes, leurs propres lois, leur propre langue et leur propre religion. L'Acte constitutionnel forme donc deux provinces britanniques au Canada : le Haut-Canada (majoritairement anglophone qui est aujourd'hui la province d'Ontario) et le Bas-Canada (majoritairement francophone qui est aujourd'hui la province de Québec). Chaque province a un Conseil législatif et une Chambre d'assemblée. Or, dans ce système, les habitants du Bas-Canada sont défavorisés : tout projet de loi voté par la Chambre d'assemblée doit être approuvé par le Conseil législatif dont les membres sont nommés à vie par les autorités anglaises. Ensuite, la décision passe au gouverneur qui peut accorder la sanction royale à un projet de loi, la refuser ou en suspendre l'adoption pour une période maximale de deux ans en attendant la décision de la Couronne britannique.

LA RÉBELLION DES PATRIOTES ET LA CONFÉDÉRATION

En 1834, la Chambre d'assemblée du Québec soumet, directement à la Couronne, sa liste de 92 Résolutions qui expriment les griefs (*grievances*) de l'Assemblée contre le gouvernement local. Le gouvernement de Londres les rejette toutes. Une attitude si intransigeante de la part du gouvernement britannique provoque la rébellion des Patriotes en 1837–1838, menée par le président de l'Assemblée législative, Louis-Joseph Papineau.

Une esquisse de la pendaison de cinq Patriotes à Montréal en 1837.

La rébellion des Patriotes est en partie inspirée par la Révolution américaine : les patriotes décident de protester contre l'entêtement du gouvernement britannique en ne payant plus de taxes à l'Angleterre et en demandant à leurs concitoyens de ne plus acheter ni vêtements, ni nourriture, ni aucun produit importé d'Angleterre. La rébellion est un échec cinglant et est suivie d'une répression violente contre des citoyens du Bas-Canada : 851 patriotes sont capturés et dispersés dans plusieurs prisons; 108 patriotes comparaissent devant les tribunaux, 12 d'entre eux sont pendus sur la place publique à Montréal et 60 sont déportés vers la colonie pénitentiaire d'Australie; d'autres, tel Papineau, craignant l'emprisonnement ou pire, s'exilent aux États-Unis.

Pour éviter d'autres insurrections souverainistes, Lord Durham, gouverneur du Canada, propose en 1839 l'union du Haut et du Bas-Canada, interdisant l'usage de la langue française et déclarant l'anglais comme seule langue officielle du Canada. En 1867, la Confédération canadienne est créée, unifiant les anciennes colonies et établissant deux provinces, l'Ontario et le Québec. La Confédération acquiert une indépendance administrative, tout en faisant cependant toujours partie du Royaume-Uni. Les Canadiens français deviennent une minorité au Canada, mais le Québec obtient néanmoins le statut d'état provincial. Ce statut implique que les Québécois contrôlent les domaines éducatif, culturel et juridique de leur province; ils ont aussi droit à leur propre langue et à leur propre religion.

QUESTIONS À RÉFLEXION SUR L'HISTOIRE DU BAS-CANADA :

1. De toutes les initiatives entreprises par le gouvernement britannique concernant les citoyens du Bas-Canada et de la Province de Québec, lesquelles ont servi à unifier le pays et lesquelles ont servi à diviser le pays?
2. Si vous aviez été citoyen/ne francophone à cette époque, comment auriez-vous réagi à chacune des initiatives du gouvernement britannique?

LE MILLE CARRÉ DORÉ

Le Mille carré doré (*Golden Square Mile*) est un quartier au centre-ouest du centre-ville de Montréal. Depuis le début du 19ième siècle, les hommes d'affaires anglais cherchaient à se construire des maisons hors du quartier du Vieux-Montréal. Ils ont choisi ce quartier et y ont construit de belles maisons. On dit qu'entre 1870 et 1900, 70 % de la richesse nationale du Canada était entre les mains d'un petit groupe de 50 hommes qui contrôlait les industries et les banques les plus importantes et habitait le Mille carré doré. Ce quartier connaît une phase de déclin après la Grande Dépression et plusieurs familles partent s'installer dans le quartier Westmount, un quartier prospère et majoritairement anglophone qui se trouve dans le sud-ouest de la ville de Montréal.

Libertés

3. Un peuple a-t-il le droit de choisir son système politique et ses dirigeants? Expliquez les raisons qui vous poussent à prendre position sur cette question.

4. La religion a-t-elle le droit de décider que, selon une loi divine, un pouvoir politique est légitime ou non? Connaissez-vous des gouvernements qui sont basés sur ce principe? Pourriez-vous accepter de vivre sous un tel gouvernement? Essayez d'élaborer votre réponse à cette dernière question.

5. Les gens ont-ils le droit de se révolter contre leur gouvernement? Si oui, dans quelles circonstances? Quand est-ce que ces sortes de révolte ont eu lieu au cours de l'histoire?

LE CONTEXTE GLOBAL : LES RÉVOLUTIONS AUX 18ᴵᴱᴹᴱ ET 19ᴵᴱᴹᴱ SIÈCLES

ACTIVITÉ 4 : UN MONDE EN (R)ÉVOLUTION

Comme nous l'avons vu, les conflits ne se sont pas déroulés uniquement au Québec. Ils faisaient partie de guerres et de mouvements mondiaux. Imaginez la situation des Canadiens français dans les 100 ans qui suivirent la Conquête et répondez aux questions suivantes.

1. En 1763 : Imaginez que vous êtes d'une famille canadienne française qui habite un petit village près de Québec. Vous y avez une petite maison, vous travaillez la terre et vous élevez des animaux dans votre ferme. Votre famille habite en Nouvelle-France

Ce portrait emblématique d'un patriote, *Le Vieux de '37* par Henri Julien, 1904, nous montre des symboles patriotiques comme la tuque (le bonnet en laine) et la ceinture fléchée.

depuis 80 ans ou plus. Vos ancêtres ont défriché la terre; ils ont bâti les maisons, les églises et les places publiques dans ce coin du pays. Tout à coup, vous êtes sujet(te) du roi britannique. Quel est votre état d'esprit? Quelles émotions éprouvez-vous?

2. En 1776 : Vous entendez dire que les Américains font la révolution contre le roi d'Angleterre et qu'ils sont en train de gagner la liberté de se gouverner et de créer leur propre constitution. Pourtant, vous vivez toujours sous un régime anglais qui ne vous offre pas ces mêmes libertés. Que pensez-vous de cette situation contradictoire?

3. En 1789 : Les paysans français font la révolution contre le roi de France! Même vos « cousins » de France cherchent la liberté et veulent abolir la monarchie et l'aristocratie. Ils écrivent la Déclaration des droits de l'homme et commencent à imaginer une république basée sur la devise « liberté, égalité, fraternité ». Comment vous sentez-vous?

4. En 1804 : C'est la fin de la révolution haïtienne. Les esclaves et les personnes de couleur libres ont fait la guerre contre la France et ils ont été victorieux. Les anciens esclaves gouvernent le pays! Ils forment leur propre république d'hommes libres. Napoléon a vendu la Louisiane aux États-Unis et ne reviendra pas vous libérer des Anglais, comme vous l'aviez espéré. Quelle est votre réaction?

5. En 1819 : La Colombie, en Amérique du Sud, se libère de l'Espagne et devient un pays indépendant. Ce sera bientôt le cas de l'Équateur (1822), du Mexique (1824), du Chili (1826), puis d'autres pays en Amérique latine. Les empires européens aux Amériques s'effondrent. Pourtant, vous souffrez de discrimination linguistique et culturelle au Bas-Canada, toujours contrôlé par les Anglais. Vous n'êtes plus jeune, vous avez vieilli. Êtes-vous prêt(e) à apprendre l'anglais et à suivre les lois du royaume d'Angleterre? Vous préparez-vous plutôt à mener (ou à participer à) une guerre civile? Expliquez votre choix devant la situation qui se présente.

L'HISTOIRE DE L'ÉDUCATION

ACTIVITÉ 5 : L'ÉDUCATION DEPUIS LA COLONIE JUSQU'EN 1867

L'histoire de l'éducation au Québec est entremêlée avec l'histoire politique. Répondez aux questions préliminaires, puis lisez l'histoire de l'éducation au Québec jusqu'en 1867. Ensuite, répondez aux questions de réflexion et discutez de vos réponses avec vos camarades de cours.

A. Questions préliminaires à réflexion :
   1. À votre avis, quel lien existe-t-il entre libertés – le thème de ce chapitre – et éducation?
   2. Croyez-vous que l'éducation soit l'un des droits inaliénables de l'être humain? Pourquoi?
   3. Le gouvernement a-t-il le droit d'imposer un programme uniforme dans sa juridiction? Si oui, d'où lui vient ce droit? Si vous répondez à la négative, quel est votre raisonnement?
   4. Dans une démocratie, une religion a-t-elle le droit d'imposer ses idées sur toute la population? Comment justifiez-vous votre réponse?
   5. Selon vous, qu'arrive-t-il à un groupe défavorisé, par rapport au reste de la société, dans le domaine de l'éducation?
   6. À votre avis, l'éducation peut-elle mener à une transformation et même à une révolution? Donnez des exemples personnels ou historiques.

B. Histoire sommaire de l'éducation au Québec jusqu'en 1867

DES PETITES ÉCOLES À L'UNIVERSITÉ MCGILL

Au début du régime français (1608–1759), l'éducation est le domaine des communautés religieuses (des Jésuites, des Récollets, des Ursulines, de la Congrégation de Notre-Dame de Montréal). Or, à partir de 1674 quand Monseigneur François de Laval est installé premier évêque à Québec, l'éducation en Nouvelle-France devient et demeurera le domaine exclusif de l'évêque de la circonscription (du territoire).

À cette époque, l'histoire de l'éducation sur le sol québécois concerne surtout les petites écoles primaires à Québec, à Trois-Rivières et à Montréal où garçons et filles apprennent à lire, à écrire et à compter. La religion occupe une place primordiale dans le programme scolaire, car l'objectif principal est de former de bons catholiques. La durée de la scolarité se limite généralement à deux ans pour les garçons, et quelques années supplémentaires pour les filles parce qu'elles doivent apprendre à maîtriser les travaux domestiques. Seuls les garçons peuvent suivre le cours classique au collège que les Jésuites ont fondé à Québec en 1655 et qui peut se comparer aux meilleures écoles supérieures de la France à l'époque. Depuis 1668 le Séminaire de Québec des Sulpiciens offre aussi le cours classique, mais seulement pour la formation de futurs prêtres.

À la fin du régime français, la moitié des hommes et plus du tiers des femmes de Québec et de Montréal sont réputés être alphabétisés (savent lire et écrire), tandis que seulement 15 % le sont dans les régions rurales. À l'époque l'éducation rurale est perçue comme un danger, car elle peut détourner les colons des travaux agricoles et les mener à rejeter les valeurs fondamentales associées à la terre.

De 1763 à 1851, sous le régime anglais, la province de Québec (qui devient le Bas-Canada en 1791) subit des bouleversements politiques, religieux et scolaires. La Proclamation royale du 7 octobre 1763 ordonne que toutes les écoles doivent dorénavant dispenser un enseignement protestant en langue anglaise. De 1763 à 1800, le nombre d'écoles catholiques francophones est alors en chute libre dans la province de Québec. En 1800, les écoles protestantes anglophones, qui étaient inexistantes jusqu'à la Conquête, comptent une vingtaine d'établissements répartis dans les trois grandes villes de la province. Vers 1790, les anglophones possèdent une école pour 588 habitants tandis que les francophones n'en ont qu'une pour 4 000 habitants.

En 1774, l'Acte de Québec reconnaît pour la première fois depuis la Conquête que les francophones ont le droit de parler leur langue, de pratiquer la religion catholique et de travailler dans l'administration publique, le serment du Test étant aboli par cet acte. En 1787, Lord Dorchester, le gouverneur général représentant la Couronne britannique, forme une commission pour uniformiser l'éducation au Canada. Les commissaires proposent une structure scolaire, sous la direction du Gouverneur général, subventionnée à 100 % par l'État, qui dispenserait un enseignement (primaire et universitaire) gratuit, non-confessionnel (c'est-à-dire, neutre quant à la religion) et accessible à tous. L'évêque anglican d'Halifax, monseigneur Charles Inglis, qui domine la commission, insiste pour que le nouveau système scolaire instruise les francophones dans la langue de Shakespeare. De plus, monseigneur Jean-François Hubert, l'évêque de Québec, la majorité des prêtres de la Province et le Vatican rejettent ce projet d'organisation scolaire. Ainsi le projet de Lord Dorchester est abandonné.

Pour ce qui est de l'enseignement secondaire, il ne reste plus que le Séminaire de Québec. Il y avait bien le Collège des Jésuites à Montréal, mais il a dû suspendre ses activités de 1759 à 1871 afin de permettre à l'armée britannique de l'occuper et de le transformer en caserne militaire. Les Sulpiciens de Montréal proposent alors une charte

L'Université Laval est le plus ancien établissement d'enseignement supérieur francophone en Amérique, fondé à l'initiative du Séminaire du Québec qu'on voit ici.

à Lord Dorchester afin de fonder un collège dans la ville de Montréal, sous la direction de l'évêque de Québec et financé par les Sulpiciens eux-mêmes. Cette proposition est rejetée par le président de la commission d'enquête sur l'éducation, William Smith.

En 1801, l'Assemblée législative du Canada adopte une loi scolaire qui est inspirée des propositions soumises à Lord Dorchester en 1789 et qui marque le début de l'intervention gouvernementale dans les affaires scolaires publiques. Cette loi permet aux établissements scolaires, appelés «écoles royales», d'être catholiques ou protestants; le financement de ces écoles se fera en partie par les propriétaires des terres qui se trouvent desservis par les écoles. La loi de 1801 est mal reçue par les francophones et le clergé catholique, de sorte que de 1801 à 1824 seulement une quarantaine de nouvelles petites écoles royales ouvrent leurs portes dans les régions francophones. Cette loi de 1801 représente une faillite scolaire au Bas-Canada. Par contre, les anglophones en profitent pour établir à Montréal en 1829 la première véritable université québécoise, l'université McGill. James McGill, un Écossais, lègue à l'Institution royale (nouvel organisme responsable de l'éducation) une propriété et une importante somme d'argent, à la condition que l'on construise sur sa propriété une université qui porterait son nom. Au Québec, les conflits, qui mènent parfois à des actes de violence de la part du peuple et du gouvernement, continuent au niveau des petites écoles jusqu'à la loi sur l'éducation de 1851.

L'UNIVERSITÉ LAVAL

En 1663, monseigneur de Laval, premier évêque en Nouvelle-France, fonde le Séminaire de Québec dédié à la formation des prêtres de la colonie. Après la Conquête en 1759, le Séminaire de Québec étend sa formation aux professions libérales (médecine, droit, arts libéraux). Au milieu du 19ième siècle, il existe cinq établissements d'enseignement supérieur anglophones, mais pas un seul pour les francophones. Pour combler ce manque, et à la demande de l'archevêque de Québec, la reine Victoria signe, le 8 décembre 1852, la charte royale qui donne au Séminaire de Québec le droit de «conférer des degrés» et «tous les droits, pouvoirs et privilèges d'Université». Est alors créée l'Université Laval. Trois mois plus tard, la nouvelle institution est autorisée par le pape Pie IX à décerner des diplômes en théologie. En 1878, avec l'approbation de Rome, l'Université Laval ouvre une succursale (*branch*) à Montréal. Cette succursale devient autonome en 1920 et prend le nom d'Université de Montréal. L'université Laval est donc l'unique université francophone au Bas-Canada jusqu'en 1878.

C. Questions sur l'éducation au Québec

1. Selon vous, pourquoi est-ce que l'éducation des enfants domine l'histoire de l'éducation sous le régime français et pendant les sept décennies depuis la Conquête?

2. Quelles ouvertures le cours classique offre-t-il aux garçons, mais pas aux filles, à l'époque?

3. Comment le serment du Test a-t-il influencé l'éducation catholique chez les francophones de la Province de Québec?

4. Essayez de vous mettre à la place des Catholiques de cette époque. Pour quelles raisons la proposition de Lord Dorchester serait-elle rejetée par l'évêque de Québec, par la majorité des ecclésiastiques et par le Vatican? Et pour quelles raisons les Catholiques et le clergé s'opposeraient-ils à la loi scolaire de 1801?

5. Maintenant essayez de vous mettre dans la peau du président de la commission d'enquête sur l'éducation, William Smith. Pourquoi aurait-il rejeté la proposition des Sulpiciens d'établir une université à Montréal?

6. À votre avis, qui ont été les perdants dans tous ces conflits sur l'éducation dans le Bas-Canada à l'époque? Qu'est-ce qu'ils ont perdu? D'après vous, qui sont les responsables de cette perte, s'il y en a eu?

7. Pour quelles raisons les établissements universitaires sont-ils si importants dans une société et quel rôle ont-ils joué dans l'histoire du Québec?

III. Textes

LES ANCIENS CANADIENS DE PHILIPPE AUBERT DE GASPÉ : « LES PLAINES D'ABRAHAM »

ACTIVITÉ 6

Dans le roman *Les Anciens Canadiens* de Philippe Aubert de Gaspé, deux amis de collège sont séparés après avoir terminé leurs études à Québec. Jules d'Haberville, fils d'une famille canadienne française qui possède des terres près de Saint-Jean-Port-Joli, part pour la France où il fera son service militaire. Son ami, Arché de Locheill, né d'un père écossais et d'une mère française, retourne en Angleterre où lui aussi fera son service militaire. Les deux amis n'avaient jamais prévu de se retrouver dans des camps opposés en Nouvelle-France quand la guerre éclate entre les Anglais et les Français à Québec en 1759. L'extrait suivant raconte la rencontre de Jules et Arché sur les champs de bataille. Lisez l'extrait, puis répondez aux questions qui s'y rapportent.

De Locheill s'était vengé noblement des **soupçons** injurieux à sa loyauté, que son ennemi Montgomery[1] avait essayé d'inspirer aux officiers supérieurs de l'armée

---

1. Montgomery est commandant dans l'armée britannique. Il avait ordonné à Arché de brûler toutes les maisons dans la seigneurie d'Haberville, y compris le manoir de Jules où il avait lui-même passé ses étés quand il était étudiant. Quand Arché a hésité à brûler le manoir, Montgomery a mis en question sa loyauté au roi britannique.

britannique. Ses connaissances étendues, le temps qu'il consacrait à l'étude de sa nouvelle profession, son aptitude à tous les exercices militaires, sa vigilance aux postes qui lui étaient confiés, sa sobriété, lui valurent d'abord l'estime générale; et son bouillant courage, tempéré néanmoins par la prudence dans l'attaque des lignes françaises à Montmorency, et sur le champ de bataille du 13 septembre 1759, fut remarqué par le général Murray, qui le combla publiquement de **louanges**.

Lors de la **déroute** de l'armée anglaise, à la seconde bataille des plaines d'Abraham, Archibald de Locheill, après des prodiges de valeur à la tête de ses montagnards, fut le dernier à céder un terrain qu'il avait disputé pouce à **pouce**; il se distingua encore par son sang-froid et sa présence d'esprit en sauvant les débris de sa compagnie dans la retraite; car, au lieu de suivre le torrent des **fuyards** vers la ville de Québec, il remarqua que le moulin de Dumont était évacué par les grenadiers français, occupés à la poursuite de leurs ennemis dont ils faisaient un grand carnage, et profitant de cette circonstance pour dérober sa marche à l'ennemi, il défila entre cette position et le bois adjacent. Ce fut alors qu'il crut entendre prononcer son nom; et, se détournant, il vit sortir du bosquet un officier, le bras en écharpe, la tête couverte d'un linge sanglant, l'uniforme en **lambeaux** qui, l'épée à la main, s'avançait en **chancelant** vers lui.

– Que faites-vous, brave Cameron de Locheill? cria l'inconnu. Le moulin est évacué par nos vaillants soldats; il n'est pas même défendu par des femmes, des enfants et des vieillards infirmes! Retournez sur vos pas, valeureux Cameron, il vous sera facile de l'incendier pour couronner vos exploits!

Il était impossible de se méprendre à la voix railleuse de Jules d'Haberville, quoique son visage, souillé de sang et de boue, le rendît **méconnaissable**.

Arché, à ces paroles insultantes, n'éprouva qu'un seul sentiment, celui d'une tendre compassion pour l'ami de sa jeunesse, pour celui qu'il désirait depuis longtemps presser dans ses bras. Son cœur battit à se rompre; un **sanglot** déchirant s'échappa de sa poitrine, car il lui sembla entendre retentir de nouveau les paroles de la sorcière du domaine :

– «Garde ta pitié pour toi-même : tu en auras besoin, lorsque tu porteras dans tes bras le corps sanglant de celui que tu appelles maintenant ton frère! Je n'éprouve qu'une grande douleur, ô Archibald de Locheill! c'est celle de ne pouvoir te **maudire**! Malheur! malheur! malheur!»

Aussi Arché, sans égard à la position critique dans laquelle il se trouvait, à la responsabilité qui pesait sur lui pour le salut de ses soldats, fit faire halte à sa compagnie, et s'avança au-devant de Jules, sa **claymore** dirigée vers la terre.

Un instant, un seul instant toute la tendresse du jeune Français pour son frère d'adoption sembla se réveiller en lui; mais réprimant ce premier mouvement de sensibilité, il lui dit d'une voix creuse et empreinte d'**amertume** :

– Défendez-vous, monsieur de Locheill, vous aimez les triomphes faciles. Défendez-vous! Ah! traître!

À cette nouvelle injure, Arché, se croisant les bras, se contenta de répondre de sa voix la plus affectueuse :

– Toi aussi, mon frère Jules, toi aussi tu m'as condamné sans m'entendre!

À ces paroles d'affectueux reproches, une forte secousse nerveuse acheva de paralyser le peu de force qui restait à Jules; l'épée lui échappa de la main, et il tomba la face contre terre. Arché fit puiser de l'eau dans le ruisseau voisin par un de ses soldats; et sans s'occuper du danger auquel il s'exposait, il prit son ami dans ses bras et le porta sur la lisière du bois, où plusieurs blessés tant Français que

Canadiens, touchés des soins que l'Anglais donnait à leur jeune officier, n'eurent pas même l'idée de lui nuire, quoique plusieurs eussent rechargé leurs fusils. Arché, après avoir visité les blessures de son ami, jugea que la perte de sang était la seule cause de la **syncope** : en effet, l'eau glacée qu'il lui jeta au visage, lui fit bien vite reprendre connaissance. Il ouvrit les yeux, les leva un instant sur Arché, mais ne proféra aucune parole. Celui-ci lui serra une main, qui parut répondre par une légère pression.

– Adieu, Jules, lui dit Arché; adieu, mon frère! le devoir impérieux m'oblige de te laisser : nous reverrons tous deux de meilleurs jours.

Et il rejoignit en gémissant ses compagnons.

(Philippe Aubert de Gaspé, *Les Anciens Canadiens*
[Québec : Desbarats et Derbishire, 1863])

Vocabulaire	Synonyme/Définition en français	Équivalent en anglais
un soupçon	une méfiance	*a suspicion*
une louange	la reconnaissance des mérites	*a praise*
une déroute	une défaite, un échec	*a defeat*
un pouce	une mesure de longueur (à peu près 25 mm)	*an inch*
un fuyard	celui qui fuit	*a fugitive*
un lambeau	un morceau d'étoffe en morceaux	*tattered*
chancelant/e	titubant, marchant difficilement	*staggering*
méconnaissable	difficile à reconnaître	*unrecognizable*
un sanglot	un pleur	*a sob*
maudire	souhaiter malheur	*to curse*
une claymore	un type d'épée écossaise	*a Scottish sword*
une amertume	un sentiment de tristesse et de déception	*a bitterness*
une syncope	une perte de connaissance	*a fainting*

QUESTIONS SUR *LES ANCIENS CANADIENS* (1863)
DE PHILIPPE AUBERT DE GASPÉ

1. Arché, étant écossais, catholique et francophone, ne s'entend pas toujours bien avec ses supérieurs militaires dans l'armée britannique. Mais que pensent-ils de lui après les premières batailles?
2. Quel est l'état d'esprit de Jules quand il s'approche d'Arché? Comment va-t-il physiquement?

3. Quelle est la réaction d'Arché quand il entend la voix de Jules? Est-ce une réaction inattendue ou normale?

4. Jules est fâché contre Arché parce qu'il sait que les troupes d'Arché ont brûlé le manoir de son père et les maisons de ses voisins à Saint-Jean-Port-Joli. A-t-il raison d'être si fâché? Est-ce qu'Arché semble être désolé d'avoir participé à la destruction du manoir? Expliquez l'attitude d'Arché.

5. Arché risque d'être puni par ses supérieurs pour avoir aidé Jules, mais il le fait quand même. Auriez-vous fait de même? Pourquoi?

6. Comment se termine cette scène? À votre avis, Jules et Arché se reverront-ils un jour? Imaginez la rencontre, vingt ans plus tard, quand la Nouvelle-France n'existe plus et que Jules est un sujet du royaume britannique au Canada.

LA VIE SOUS LE RÉGIME ANGLAIS

ACTIVITÉ 7

Voici quelques extraits tirés de sources diverses qui décrivent la vie des Canadiens français sous le régime anglais. Lisez les extraits, puis répondez aux questions qui s'y rapportent.

A. L'équité des juges

«On aurait tort de croire, ainsi que l'ont fait la plupart de nos historiens, que nos ancêtres furent alors soumis aux **exactions** et aux caprices de **traîneurs de sabres** siégeant en cour martiale… Le régime militaire [1760 à 1763] fut, au contraire, très **doux** et très paternel, et ce n'est point un paradoxe que j'énonce en cela. On accepta d'abord les nouveaux juges avec **méfiance**, mais l'esprit conciliant du gouverneur Murray sut remettre tout à point. L'équité présida aux décisions des juges-soldats qui prenaient conseil des quelques jurisconsultes français demeurés dans le pays après le départ de Lévis.»

(J.-Edmond Roy, *L'ancien Barreau au Canada*)

Vocabulaire	Synonyme/Définition en français	Équivalent en anglais
une exaction	une action violente	*an abuse*
traîneurs de sabres	militaires, officiers ou soldats qui portent des épées (ici, hommes violents)	*pretentious military personnel* (*literally: persons who drag swords around*)
doux/douce	agréable	*soft*
une méfiance	une suspicion	*a suspicion*

B. Le serment du Test

«On appelle ainsi du mot anglais *test*, épreuve ou examen, une loi qu'en 1673 le parlement anglais **arracha** à Charles II, à l'effet d'**empêcher** les catholiques d'occuper les fonctions publiques. D'après cette loi, tout **fonctionnaire** public, civil ou militaire, devait prêter un serment particulier, et déclarer par écrit qu'il ne croit pas au dogme de la transsubstantiation [croyance catholique que le pain et le vin deviennent réellement le corps et le sang du Christ durant la messe catholique]. Depuis l'union de l'Irlande à l'Angleterre [en 1800] les efforts du parti libéral eurent principalement pour objet l'abolition de ce serment.»

(T.-P. Bédard, *Histoire de cinquante ans*)

Vocabulaire	Synonyme/Définition en français	Équivalent en anglais
arracher	obtenir à contrecœur	*to obtain begrudgingly*
empêcher	ne pas permettre	*to prevent*
un(e) fonctionnaire	employé(e) de l'État	*a civil servant*

C. Une loi impopulaire

«En 1795, le parlement canadien vota une loi **pour l'entretien** des **chemins vicinaux** et royaux, etc, mais cette mesure qui obligeait les habitants à payer ou à contribuer par le travail à ces ouvrages, fut très impopulaire. Sa mise en exécution fut si difficile que l'autorité dut **sévir** et, en 1797, douze habitants de Lévis furent condamnés à une forte amende et à l'emprisonnement pour avoir séquestré des **sous-voyers** de paroisses...Un soir que les trois sous-voyers étaient réunis, [les habitants] **s'en étaient emparés**, ils les avaient conduits dans une maison isolée et inhabitée et là, après leur avoir demandé s'ils persistaient à faire exécuter la loi, sur leur réponse affirmative, [les habitants] les avaient enfermés en leur laissant un pain et un **seau** d'eau, bien décidés à les laisser périr de faim. Les familles des sous-voyers, inquiétées, firent des perquisitions, mais ce ne fut que la troisième journée que [les familles] les découvrirent et les délivrèrent.»

(T.-P. Bédard, *Histoire de cinquante ans*)

Vocabulaire	Synonyme/Définition en français	Équivalent en anglais
pour l'entretien	pour maintenir en bon état	*the maintenance*
un chemin vicinal	un chemin qui relie des villages entre eux	*a local road*
sévir	punir	*to crack down*
un sous-voyer	un inspecteur des voies (chemins)	*a road inspector*
s'emparer	prendre possession de	*to seize*
un seau	un récipient	*a pail or bucket*

D. La première exécution capitale à Québec sous le régime anglais

«En 1797, je fus témoin d'un spectacle sanglant qui impressionna cruellement toute la cité de Québec. Il s'agissait de David McLane, condamné à mort pour haute trahison. Le gouvernement, peu confiant dans la loyauté dont les Canadiens-Français avaient fait preuve pendant la guerre de 1775, voulut frapper le peuple de stupeur… J'ai tout vu, de mes yeux vu : un grand écolier, nommé Boudrault, me soulevait de temps à autre dans ses bras, afin que je ne perdisse rien de cette dégoûtante boucherie. Le vieux Dr Duvet était près de nous; il tira sa montre aussitôt que Ward, le **bourreau**, renversa l'**échelle** sur laquelle McLane, la corde au cou et attaché au haut de la **potence**, était étendu sur le dos; le corps lancé de côté par cette brusque action, frappa des **poteaux** de la potence, et demeura ensuite stationnaire, après quelques faibles oscillations….le malheureux était bien mort quand Ward lui ouvrit le **ventre**, en tira le cœur et les **entrailles** qu'il brûla sur un **réchaud**, et qu'il lui coupa la tête pour la montrer toute sanglante au peuple. »

(Philippe Aubert de Gaspé, « Notes et éclaircissements », dans *Les Anciens Canadiens*)

Vocabulaire	Synonyme/Définition en français	Équivalent en anglais
un bourreau	un exécuteur public	*an executioner*
une échelle	un outil pour grimper (monter)	*a ladder*
une potence	un assemblage de pièces de bois ou de fer pour pendre quelqu'un	*a gallows*
un poteau	un grand piquet	*a post*
un ventre	un abdomen	*a stomach*
les entrailles (f.)	intestins, organes de l'abdomen	*the entrails or innards*
un réchaud	une petite cuisinière	*a small portable stove*

E. Les Anglais ont tenu leur promesse

« Nous devons rendre cette justice aux Anglais. En prenant possession du Canada, ils s'engageaient à respecter son culte, ses institutions, ses coutumes, et ils ont loyalement tenu leur promesse. Les seigneurs canadiens ont gardé leurs prérogatives, les fermiers leurs contrats, le clergé catholique ses dotations et ses privilèges. J'ai vu à Montréal une procession sortant de la cathédrale en grande pompe et **défilant** entre deux lignes de soldats anglais, revêtus de leur uniforme de parade, debout et silencieux dans l'attitude la plus respectueuse. »

(Xavier Marmier, *En pays lointain*)

Vocabulaire	Synonyme/Définition en français	Équivalent en anglais
défilant (participe présent du verbe défiler)	marchant (marcher) en file, en colonne	*parading*

RAPPEL : L'USAGE DE L'EXPRESSION « NE … QUE »

L'expression « ne…que », qui semblerait une négation, veut dire « seulement ».

Par exemple :
J'ai seulement un livre = Je n'ai qu'un livre.
Mes copains ont pris seulement dix billets = Mes copains n'ont pris que dix billets.
Nous aurons seulement une semaine à Québec = Nous n'aurons qu'une semaine à Québec.

Composez quelques phrases avec l'expression « ne…que ».

F. Les réunions des patriotes

«À Montréal, les hommes politiques [canadiens-français]…se réunissaient chaque après-midi pour **causer** des événements du jour à la librairie de mon père, située dans cette rue Saint-Vincent restée chère aux avocats….J'ai souvent entendu parler de ces réunions quotidiennes, toujours très animées, très cordiales, auxquelles on amenait aussitôt les étrangers, et surtout les notables de la campagne, pour en **recueillir** des informations sur l'état des esprits. C'était un milieu très ouvert, très libéral; on y était [tout] de suite à l'aise, on s'y sentait bien vite entre amis, à la condition bien entendu d'être patriote et point du tout bureaucrate. Sur tous les points, grande tolérance pour les opinions, sauf sur celui-ci. Il fallait être patriote, n'aimer que les patriotes, ne voir que des patriotes, sans cela on était suspect et l'on nous **faisait grise mine**…. Il ne fallait danser, dîner, s'amuser, se marier, qu'entre patriotes.»

(Hector Fabre, *Nouvelles soirées Canadiennes*)

Vocabulaire	Synonyme/Définition en français	Équivalent en anglais
causer	discuter	*to chat*
recueillir	(ici) obtenir	*to collect*
faire grise mine	exprimer son déplaisir	*to make a long face*

G. Les nouveaux «Canadiens»

«Il fut un temps où les Canadiens d'origine française étaient seuls désignés par le nom de Canadiens. Il n'est pas nécessaire d'être très vieux pour se rappeler que ce titre était **dédaigné** par ceux d'autre origine. C'est un **grand pas** de fait sans doute pour l'existence nationale du Canada, que l'adoption de la patrie commune par les descendants de toutes les races qui la peuplent; mais nous ne serons réellement un peuple et une nation que du jour où une race aura cessé de rêver l'absorption et l'assimilation de l'autre… Une belle tâche s'ouvre devant nous dans l'exploitation d'un territoire deux fois plus vaste que le Royaume Uni, et dans l'utilisation des ressources de tout genre qu'il nous offre, pour que toutes les races cessent d'être jalouses les unes des autres sur un sol où il y a place pour toutes.»

(The Prince of Wales, *Relation du voyage en Amérique*, 1860)

Vocabulaire	Synonyme/Définition en français	Équivalent en anglais
dédaigné	méprisé	*scorned*
un grand pas	une avance importante	*a great step*

(Les citations ci-dessus sont toutes tirées de E. Z. Massicotte, *Mœurs, coutumes et industries canadiennes-françaises* [Montréal : Librairie Beauchemin, 1913].)

QUESTIONS SUR LA VIE SOUS LE RÉGIME ANGLAIS

1. Lesquelles des citations dans l'Activité 7 ont un point de vue négatif du régime anglais? À votre avis, pour quelles raisons?

2. Lesquelles ont un point de vue positif du régime anglais? Pourquoi, d'après vous?

3. Citez les cas de discrimination contre les Canadiens français que vous trouvez dans ces textes. Que pensez-vous de ces cas de discrimination?

4. Analysez les actes de résistance des Canadiens français. Que pensez-vous de ces actes de résistance?

5. Considérez la dernière citation du prince de Galles. À votre avis, quelle «race» cherchait «l'absorption et l'assimilation» de l'autre? Selon vous, qui est-ce que le prince accuse de «jalousie»? Qu'est-ce que le prince conseille aux «Canadiens» (dans le sens inclusif de ce terme)? Est-ce une bonne solution pour les patriotes canadiens francophones comme pour les citoyens canadiens anglophones?

LE SERMENT DU TEST

ACTIVITÉ 8

Le serment du Test est un document fondamental dans l'histoire du Québec. Il comprend un serment d'allégeance à la couronne d'Angleterre, un serment de suprématie, aussi bien qu'une déclaration contre la transsubstantiation et contre le papisme. Lisez les textes suivants, puis répondez aux questions qui se rapportent à ce document.

A. Le serment d'allégeance

Moi, A.B. [nom et prénom], je promets et jure sincèrement que je serai fidèle et que je porterai véritable allégeance à Sa Majesté le roi (nom du roi). Ainsi, que Dieu me vienne en aide.

B. Le serment de suprématie

Moi, A.B., je jure que, du fond de mon cœur j'abhorre, je déteste et j'adjure comme impie et hérétique cette doctrine et maxime affreuse que les princes qui sont excommuniés et déposés par le Pape ou tout autre autorité du siège de Rome, peuvent être détrônés ou mis à mort par leurs sujets ou par toute autre personne. Et je déclare que nul prince, personnes, prélat, état ou potentat étranger a, ou doit avoir, aucune juridiction, pouvoir, supériorité, prééminence ou autorité ecclésiastique ou spirituelle dans ce royaume. Ainsi, que Dieu me vienne en aide.

C. La déclaration contre la transsubstantiation et le papisme.

1. Moi, A.B., déclare que je crois qu'il n'y a dans le sacrement de la Sainte Cène de Notre Seigneur Jésus-Christ aucune transsubstantiation des éléments de pain et de vin, ni dans le moment de leur consécration, ni après leur consécration, par quelque personne que ce soit.

2. Moi, A.B., professe, témoigne et déclare solennellement et sincèrement en présence de Dieu que je crois que, dans le sacrement de la Sainte Cène de notre Seigneur Jésus-Christ, il n'y a aucune transsubstantiation des éléments de pain et de vin en le corps et le sang de Jésus-Christ dans le temps et après le temps de leur consécration par quelque personne que ce soit; et que l'invocation ou l'adoration de la vierge Marie et de tout autre saint, le sacrifice de la messe, comme elles sont aujourd'hui pratiquées dans l'Église de Rome, sont superstitieuses et idolâtreuses [sic].

   Et je professe, témoigne et déclare que je fais cette déclaration et chaque partie de celle-ci dans le sens naturel et ordinaire des mots qui m'ont été lus, comme ils sont entendus communément par les Anglais protestants, sans aucune évasion, interprétation équivoque, ou réservation mentale quelconque, et sans aucune dispense déjà accordée à moi pour cette occasion par le pape ou par aucune autorité ou personne quelconque et sans aucune espérance d'obtenir une dispense pour cette occasion de par aucune personne ou autorité quelconque et sans penser que je suis ou que je puisse être, devant Dieu ou les hommes, censé libre de l'obligation de cette déclaration ou que je puisse être absous de celle-ci ou d'aucune partie de celle-ci, quoique le pape ou tout autre personne ou puissance quelconque m'en dispensât ou l'annulât ou déclarât qu'elle a été nulle et de nulle validité depuis son commencement.

QUESTIONS SUR LE SERMENT DU TEST
1. Dans vos propres mots, simples et clairs, qu'est-ce que la couronne britannique demandait aux nouveaux sujets de sa Majesté?
2. Quelles parties du serment du Test les francophones catholiques refusent-ils? Pourquoi?
3. Quelles indications de l'antagonisme de l'église anglicane envers l'église romaine voyez-vous dans ces textes?
4. Que pensez-vous du serment du Test?

« PAPINEAU » DE LOUIS FRÉCHETTE

ACTIVITÉ 9
Louis Fréchette (1839–1908) était un écrivain et un homme politique au Canada. En 1889, il a publié son recueil de poèmes historiques, *La Légende d'un peuple*, dans lequel il retrace l'histoire du Québec en vers. Voici un extrait du poème « Papineau I », qui fait l'éloge du grand orateur parlementaire et chef des patriotes. Lisez l'extrait, puis répondez aux questions qui s'y rapportent.

Statue de Louis-Joseph de Papineau dans le jardin de l'hôtel du Parlement à Québec.

Image de Papineau sur la Fresque des Québécois à Québec.

> Dites-moi, n'est-il pas assez étrange comme
> Un peuple entier parfois s'incarne dans un homme?
>
> Cet homme **porte-voix**, cet homme boulevard,
> Là-bas c'est Canaris, ailleurs c'est Bolivar,
> Ici c'est Washington écrivant sa légende,
> Plus loin c'est O'Connell en qui revit l'Irlande...
>
> Quarante ans, transformant la tribune en **créneau**,
> L'homme-type chez nous s'appela Papineau!
> Quarante ans il **tonna** contre la tyrannie;
> Quarante ans de son peuple il fut le bon génie,
> L'inspirateur sublime et l'**âpre** défenseur;
> Quarante ans, sans faiblir, au **joug** de l'oppresseur
> Il opposa ce poids immense, sa parole;
> Il fut tout à la fois l'**égide** et la **boussole**;
> Fallait-il résister ou fallait-il **férir**,
> Toujours au saint appel on le vit accourir;
> Et toujours **à l'affût**, toujours **sur le qui-vive**,
> Du Canada français il fut la force vive!

(Louis Fréchette, *La Légende d'un peuple* [Montréal : Editions Beauchemin, 1908])

Vocabulaire	Synonyme/Définition en français	Équivalent en anglais
un porte-voix	un représentant, un porte-parole	*a spokesperson*
un créneau	une opportunité	*an opportunity*
tonna (passé simple du verbe tonner)	protesta (protester) violemment	*protested loudly*
âpre	dur, violent	*harsh*
un joug	littéralement une pièce d'attelage des bœufs, ici c'est un symbole de l'oppression	*a yoke*
une égide	un symbole de l'autorité, de la protection	*an aegis, protection*
une boussole	littéralement un instrument qui indique le nord, ici c'est un symbole de quelqu'un qui guide les gens	*a compass*
férir	frapper	*to strike*
être à l'affût	rester vigilant, en alerte	*to be on the lookout*
être sur le qui-vive	rester vigilant, en alerte, rester sur ses gardes	*to be on the alert*

QUESTIONS SUR « PAPINEAU » DE LOUIS FRÉCHETTE

1. Avant de parler de Papineau, le poète fait référence à quatre autres personnes qui incarnent tout un peuple : Canaris, Bolivar, Washington et O'Connell. Qui sont ces personnes ? Quels peuples représentent-elles ? Pourquoi sont-elles célèbres ?

2. Quelles sont les qualités de Papineau, d'après Fréchette ?

3. Qu'est-ce que Papineau a fait pendant « quarante ans » ? Quelles étaient ses activités principales ? Quel était son arme contre « l'oppresseur » ?

4. Le poète décrit Papineau en termes multiples : « porte-voix »/« homme boulevard » ; « inspirateur »/« défenseur » ; « l'égide »/« la boussole ». Quel en est l'effet ?

5. Dans le poème, Papineau représente le peuple canadien français. Quelles sont donc les qualités du peuple que Fréchette souligne dans ce poème ?

6. Que pensez-vous de Papineau ? Comment est-il semblable aux autres hommes patriotiques, ou différent des autres hommes patriotiques, mentionnés dans le poème ?

« LA TÊTE À PAPINEAU »

Au Québec aujourd'hui, l'expression « ça prend pas la tête à Papineau » veut dire « il ne faut pas être un génie » pour comprendre quelque chose. La « tête à Papineau » est donc synonyme de génie ou de super intelligence. Pour entendre l'expression dans un contexte moderne, recherchez sur l'internet la chanson « La tête à Papineau » (2002) du groupe de rock alternatif québécois, Les Cowboys Fringants.

Libertés

Le tableau *La mort du général Wolfe*, peint par Benjamin West en 1770, imagine les derniers moments dans la vie de Wolfe.

L'ART POLITIQUE : WEST ET SMITH

ACTIVITÉ 10

Après la Conquête, des peintres anglais ont commencé à représenter l'histoire du Canada en tableaux. Voici deux tableaux historiques : *La mort du général Wolfe* de Benjamin West (1770) et *L'Assemblée des six-comtés* de Charles Alexander Smith (1890). Lisez la description de chaque tableau, puis répondez aux questions qui s'y rapportent.

LA MORT DU GÉNÉRAL WOLFE DE BENJAMIN WEST (1770)

Ce tableau, qui se trouve aujourd'hui au Musée des beaux-arts du Canada à Ottawa, nous montre la mort du général Wolfe, commandant de l'armée britannique qui a péri sur les plaines d'Abraham en septembre 1759. Exposé à Londres en 1770, ce tableau a été bien accueilli et considéré comme un exemple réussi de tableau historique.

QUESTIONS SUR *LA MORT DU GÉNÉRAL WOLFE* DE BENJAMIN WEST (1770)

1. Observez la représentation de Wolfe. Comment est le général? Décrivez-le.
2. Regardez les gens qui entourent Wolfe : le médecin, les soldats, le prêtre, les Amérindiens. Que font-ils? Comment peut-on décrire l'état d'esprit de chacun d'eux?
3. Quels objets voyez-vous autour de Wolfe? Ont-ils une valeur symbolique?
4. Qu'est-ce qui se passe derrière Wolfe, à l'arrière-plan de la toile?
5. Quel est le ton évoqué par cette scène? Quels éléments du tableau évoquent ce ton?
6. Les critiques disent que West essaie d'évoquer la mort de Jésus-Christ en représentant celle de Wolfe. Voyez-vous des allusions religieuses dans cette œuvre?
7. À votre avis, ce tableau exprime-t-il la perspective d'un artiste partial (qui présente une interprétation au préjudice d'une autre)? Expliquez en quoi cela est ou n'est pas le cas.

L'ASSEMBLÉE DES SIX-COMTÉS DE CHARLES ALEXANDER SMITH (1890)

Ce tableau, qui se trouve aujourd'hui au Musée national des beaux-arts du Québec à Québec, représente une réunion de 6 000 patriotes qui a eu lieu en octobre 1837 à Saint-Charles, malgré une proclamation royale qui interdisait toute assemblée. C'est un des événements qui a mené à la rébellion des Patriotes de 1837. On peut voir Louis-Joseph

le drapeau des patriotes

L'Assemblée des six-comtés, peint par Charles Alexander Smith en 1890, nous montre une réunion de Patriotes en 1837.

Papineau, le grand orateur canadien français, qui s'adresse à l'assemblée en critiquant le gouvernement britannique, ainsi bien que d'autres individus plus amers que lui demandant au peuple de s'insurger contre le gouvernement.

QUESTIONS SUR _L'ASSEMBLÉE DES SIX-COMTÉS_
DE CHARLES ALEXANDER SMITH (1890)

1. Pouvez-vous identifier quelques-uns des drapeaux dans le tableau? Pourquoi ces drapeaux?
2. Décrivez le personnage de Papineau qui s'adresse à la foule. Comment est-il représenté?
3. Comment sont les autres orateurs sur l'estrade? Sont-ils sérieux, passionnés, furieux? Comment cela se voit-il?
4. Comment sont les spectateurs qui écoutent le discours de Papineau? Sont-ils semblables aux gens sur l'estrade ou différents? Expliquez les ressemblances et les différences que vous notez.
5. Quel est le ton évoqué par cette scène? Quels éléments du tableau évoquent ce ton?
6. L'assemblée a eu lieu en octobre. Y a-t-il des signes représentant la saison? Qu'est-ce que cela apporte au ton du tableau?
7. Quels sont les éléments patriotiques de ce tableau? À votre avis, est-ce que le tableau de Smith est plus patriotique ou moins patriotique que celui de West dépeignant la mort de Wolfe? Pourquoi le croyez-vous?

CHANTS PATRIOTIQUES ET HYMNES NATIONAUX

ACTIVITÉ 11

Lisez le texte suivant sur les chansons patriotiques, puis répondez aux questions qui s'y rapportent.

A. « Vive la Canadienne »

Avant 1980 il n'y avait pas d'hymne national officiel, ni au Québec ni au Canada. Lors des fêtes et des rassemblements, les Canadiens français chantaient « Vive la Canadienne », une chanson louant les qualités de la Canadienne générique. En voici le refrain :

Vive la Canadienne, vole mon cœur vole, vole, vole

L'ÉVOLUTION DU DRAPEAU QUÉBÉCOIS

Le drapeau québécois d'aujourd'hui qui a été adopté en 1948 – une croix blanche et quatre fleurs de lys blanches sur fond bleu – rappelle les drapeaux royaux utilisés en Nouvelle-France ainsi que le drapeau de Carillon du début du 20ième siècle sur lequel figurait des fleurs de lys jaunes. Sont représentés sur ce drapeau des symboles religieux (la croix) et français (la fleur de lys), rappelant son origine à la fois catholique et française. Le premier drapeau national du Québec a été le drapeau des Patriotes. Adopté en 1842 par la Société Saint-Jean-Baptiste, ce drapeau tricolore (bandes horizontales verte, blanche et rouge) a été très populaire au temps de la rébellion de 1837. Les couleurs représentent, dit-on, les Irlandais (le vert), les Canadiens français (le blanc) et les Anglais (le rouge) qui soutenaient la cause des patriotes.

Libertés

Vive la Canadienne et ses jolis yeux doux
Et ses jolis yeux doux, doux, doux, et ses jolis yeux doux (bis)
Vive la Canadienne et ses jolis yeux doux

« Vive la Canadienne » a été remplacée le 24 juin 1880 par « O Canada ». Les paroles et la musique de ce nouvel hymne patriotique ont été composées par deux musiciens du Bas-Canada.

B. « Ô Canada »

Jusqu'en 1980 les hymnes nationaux canadiens non-officiels étaient « God Save the King/Queen » et « Ô Canada ». Le 1er juillet 1980, un acte du Parlement proclame « Ô Canada » l'hymne national canadien (dans sa version française et anglaise).

Ô Canada! Terre de nos **aïeux** ,	O Canada! Our home and native land!
Ton front est **ceint** de **fleurons** glorieux!	True patriot-love in all thy sons command.
Car ton bras sait porter l'**épée**,	With glowing hearts we see thee rise,
Il sait porter la **croix**!	The True North strong and free;
Ton histoire est une **épopée**	And stand on guard, O Canada,
Des plus brillants exploits.	We stand on guard for thee.
Et ta **valeur**, de foi **trempée**,	(Refrain)
Protégera nos **foyers** et nos **droits**,	O Canada! Glorious and free!
Protégera nos foyers et nos droits.	We stand on guard, we stand on guard for thee,
	O Canada! We stand on guard for thee.
Paroles : Sir Adolphe Basile Routhier	Lyrics: Robert Stanley Weir
Musique : Calixa Lavallée	

C. « Gens du pays »

Aujourd'hui, les Québécois préfèrent leur propre hymne « national ». Le 24 juin 1975 devant 300 000 personnes réunies sur le Mont Royal à Montréal, le très célèbre chanteur-compositeur-interprète Gilles Vigneault chante pour la première fois « Gens du pays ». Ce sont surtout les paroles du refrain qui résonnent dans l'âme de ses contemporains :

Gens du pays, c'est votre tour
De vous laisser parler d'amour
Gens du pays, c'est votre tour
De vous laisser parler d'amour

La foule réunie en cette journée de fête acclame longuement le chanteur et la chanson. Et c'est ainsi que « Gens du pays » est devenu l'hymne national non-officiel des Québécois d'aujourd'hui. On le chante en toute occasion, officielle ou personnelle.

Vocabulaire	Synonyme/Définition en français	*Équivalent en anglais*
les aïeux	les ancêtres	*the ancestors*
ceint (participe passé du verbe ceindre)	entouré (entourer) comme pour une couronne	*bearing, crowned with*
un fleuron	un ornement en forme de fleurs	*ornamental flowers*

« GENS DU PAYS »

On chante « Gens du pays » non seulement aux cérémonies officielles, mais également aux baptêmes, aux anniversaires, aux fiançailles, aux mariages, etc. En ces occasions, on substitue le nom de la personne ou des personnes qu'on honore aux trois premières paroles de la chanson. Comme les paroles de « Gens du pays » ont quatre syllabes, il faut donc adapter le nom de l'individu ou des individus à ce mètre de quatre pieds.

Vocabulaire	Synonyme/Définition en français	Équivalent en anglais
une épée	arme faite d'une lame d'acier pointue fixée à une poignée munie d'une garde	*a sword*
une croix	deux pièces de bois assemblés transversalement où l'on attachait autrefois les condamnés à mort	*a cross (here: the Christian cross)*
une épopée	un récit d'aventures héroïques où intervient le merveilleux	*an epic*
une valeur	une qualité qu'on prise (ici) la qualité morale digne d'estime	*a value (here: valour)*
trempé (participe passé du verbe tremper)	(ici) saturé	*(here) drenched in*
le foyer	(ici) la famille, les nôtres	*the home, the family*
nos droits (m.)	pouvoirs légitimes	*our rights*

QUESTIONS SUR LES CHANTS PATRIOTIQUES

1. Quelles différences majeures remarquez-vous entre «Vive la Canadienne», «O Canada» et «Gens du pays»? Comment ces différences marquent-elles une équivalence, une continuation ou une progression dans la mentalité des citoyens francophones?
2. Comment, à votre avis, expliquer l'histoire compliquée des chants/hymnes patriotiques au Canada?
3. Comment interprétez-vous le fait que les Anglophones aient adopté et traduit «O Canada» qui était pourtant d'origine et de création purement francophones?

15 FÉVRIER 1839

ACTIVITÉ 12 : ALLONS AU CINÉMA!

Le film *15 février 1839* de Pierre Falardeau (2001) relate les 24 dernières heures de deux patriotes, emprisonnés au Pied-du-Courant à Montréal et attendant d'être pendus (*hung*) devant le grand public.

A. Questions préliminaires : *Avant de visionner le film, réfléchissez aux questions suivantes.*
   1. Croyez-vous à l'exécution capitale? Si vous y croyez, dans quelles circonstances? Si vous n'y croyez pas, expliquez pourquoi vous vous y opposez.

2. Croyez-vous que, dans le cas des patriotes, la pendaison et l'exil aient été des punitions justes et raisonnables? Si vous aviez été le juge, quel jugement auriez-vous prononcé? Si vous aviez été l'avocat des patriotes, quels auraient été vos arguments pour les défendre?

B. Questions sur *15 février 1839 : Après avoir vu le film, répondez aux questions suivantes.*

1. Sur quels aspects de l'emprisonnement et de la pendaison le cinéaste a-t-il insisté? Pourquoi croyez-vous qu'il y a insisté?
2. Comment est-ce que le décor, les sons, les conversations, les costumes ont contribué au message qu'a voulu transmettre le cinéaste Pierre Falardeau?
3. Ce film vous a-t-il rendu(e) plus compréhensif/compréhensive, plus sympathique, plus sceptique, plus négatif/négative envers les patriotes? Qu'y a-t-il dans le film qui vous a impressionné/e?

IV. Le français au Québec : L'anglicisme et la traduction littérale

ACTIVITÉ 13 : L'ANGLICISME ET LA TRADUCTION LITTÉRALE

En français québécois, on essaie d'éviter l'usage de mots anglais. Cependant, on utilise toujours quelques anglicismes (mots empruntés à l'anglais) et quelques calques (traductions littérales d'expressions anglaises en français). Examinez les expressions québécoises suivantes, devinez l'expression anglaise à l'origine de l'anglicisme ou du calque (indiquée en *italique*), et faites correspondre chaque expression avec son équivalent en français de France.

Expressions québécoises	Équivalents en français de France
1. J'aimerais *sauver* l'argent pour m'acheter un nouveau char.	**A.** Je t'en prie
2. J'adore manger *la crème glacée* surtout en été!!	**B.** dans la même situation
3. Mon ami, nous sommes *dans le même bateau.*	**C.** une demande d'emploi
4. Allons manger un *sous-marin* au café.	**D.** épargner
5. Je vais faire une *application* dans ce magasin.	**E.** une glace
6. Merci, Ovide! –*Bienvenue*, Marie.	**F.** terminer tes études
7. Tu vas *graduer* cette année, n'est-ce pas?	**G.** un sandwich

La poutine traditionnelle avec des frites, du fromage en grains et une sauce brune.

V. Voyage virtuel : La Gaspésie

ACTIVITÉ 14

Visitons la Gaspésie! Pour de nombreux groupes déplacés par les changements politiques en Amérique du Nord au 18ième et 19ième siècles, les vastes terres et beautés naturelles de la région gaspésienne offraient l'opportunité de commencer une nouvelle vie. Cette région, à l'origine habitée par les Amérindiens et ensuite par les Français, a plus tard accueilli des Acadiens, des Loyalistes (Anglais qui ont quitté les États-Unis après la révolution américaine), des Bretons, des Basques, des Irlandais et des Écossais. Recherchez « Gaspésie tourisme » sur internet en utilisant un moteur de recherche francophone. Ensuite, répondez aux questions ci-dessous.

1. Où se situe la Gaspésie? Quelle est la ville la plus proche? Quels ètats étatsuniens ou provinces canadiennes sont près de Gaspé?

2. D'où vient le nom Gaspé?

3. Jacques Cartier est arrivé en Gaspésie en 1534. Qu'est-ce qu'il y a fait? Y a-t-il un monument qui commémore cet événement?

4. En Gaspésie, on peut faire beaucoup d'activités de plein air. Quelles activités peut-on y faire? En quelle saison? Lesquelles vous intéressent?

5. Il y a aussi des activités culturelles à y faire. Dressez une liste de trois activités culturelles ou sites historiques qui vous intéressent et expliquez pourquoi vous voudriez y aller.

6. Regardez les photos de la Gaspésie et décrivez une photo que vous aimez. Pourquoi l'aimez-vous?

7. Il y a beaucoup de bons restaurants en Gaspésie. Trouvez un restaurant qui vous intéresse et dites ce que vous y mangeriez pour le souper (c'est le repas du soir au Québec!).

8. Aimeriez-vous visiter la Gaspésie un jour? Pourquoi ou pourquoi pas?

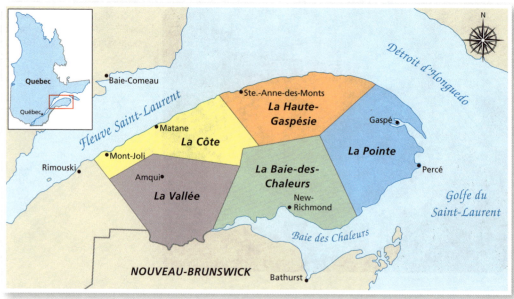

Carte de la Gaspésie

VI. Synthèses

ACTIVITÉ 15 : À VOUS DE JOUER

Réfléchissez à ce que vous avez appris à propos de la vie au Québec après la Conquête. Avec un(e) ou deux camarades de cours, choisissez un des sujets suivants et inventez un dialogue. Utilisez votre imagination! Puis jouez votre sketch devant la classe.

1. Imaginez la conversation entre le général Montcalm et le général Wolfe se rencontrant quelques semaines après la bataille. Ils sont, bien sûr, au paradis car les deux sont morts de blessures infligées sur les plaines d'Abraham le 13 septembre 1759.

2. Imaginez une famille canadienne française typique en 1763, lorsque la France cède la Nouvelle-France aux Anglais. Les parents expliquent aux enfants ce qui s'est passé et comment leur vie changera.

3. Vous êtes en 1792. Les Canadiens français doivent renoncer à leur religion s'ils veulent participer au gouvernement canadien, alors que la Révolution française s'achève en France. De leur coté, les Américains ont fait la révolution parce qu'ils payaient trop d'impôts. Imaginez la conversation entre patriotes qui discutent de ce qu'ils doivent faire maintenant.

4. En 1782, John Molson, un orphelin anglais qui a 18 ans, immigre à Montréal où il trouve du travail dans une brasserie. Il parle à des Canadiens français de son idée de produire la bière au Bas-Canada (c'est le fondateur de la compagnie Molson!). Les Canadiens français n'aiment pas trop l'idée que les Anglais viennent créer des entreprises chez eux et profiter du peuple canadien français. Créez un dialogue entre John Molson (qui a appris à parler français) et un Canadien français qui n'est pas d'accord avec l'idée de Molson.

5. Vous êtes en 1867. Il y a des Canadiens francophones qui sont satisfaits des nouveaux pouvoirs provinciaux et d'autres qui souhaitent toujours se séparer du Canada « anglais ». Imaginez la conversation entre deux Canadiens francophones qui ont des vues opposées sur la question.

ACTIVITÉ 16 : À VOUS LA PAROLE

Réfléchissez à ce que vous avez appris à propos de la vie au Québec après la Conquête. Choisissez un des sujets suivants et écrivez une rédaction d'une page minimum.

1. Révisez vos réponses à l'activité 1 de ce chapitre. Les Canadiens français avaient-ils toutes les libertés essentielles suite à la Conquête? Quelles libertés avaient-ils perdues? Élaborez vos idées autant que vous le pouvez en une page minimum.

2. Il y a beaucoup de ressemblances entre les Irlandais et les Canadiens français. De plus, l'immigration irlandaise a été importante dans l'histoire du Québec (avez-vous remarqué que la bande verte du drapeau des Patriotes symbolisait les Irlandais?). Faites quelques recherches et écrivez un rapport qui résume l'histoire des Irlandais au Québec.

3. On dit que l'origine de l'animosité entre les francophones et les anglophones du Québec ne venait pas du fait qu'ils parlaient deux langues différentes, mais qu'ils pratiquaient deux religions différentes. D'après vous, et à la réflexion, quel rôle a joué la religion dans l'histoire du Bas-Canada?

4. Réfléchissez à l'idée de la discrimination. Quelle(s) forme(s) prenait la discrimination envers les Canadiens français au Bas-Canada? Comment est-ce semblable à la discrimination, ou différent de la discrimination, qu'il y a aujourd'hui envers les nouveaux immigrants en Amérique du Nord (aux États-Unis ou au Canada)?

NOSTALGIE

4

La ville de Montréal en automne.

Malgré tous leurs efforts pour se libérer des Anglais et combattre l'oppression politique, les Canadiens français sont, en fin de compte, restés sujets anglais. Pourtant, à la fin du 19ième siècle, la plupart des Canadiens français vivaient séparément des Canadiens anglophones. Ils habitaient de petits villages francophones à la campagne. Les auteurs et les artistes dépeignent cette période comme une période utopique dans l'histoire du Québec. La vie était plus simple, les joies plus pures, même les hivers moins rigoureux et le travail manuel moins ardu. C'était le bon vieux temps! En réalité, pendant la centaine d'années séparant la Confédération du Canada du début de la Révolution tranquille dans les années 1960, il y a eu plusieurs véritables problèmes chez les Canadiens français : des crises agricoles et économiques, deux guerres mondiales et un krach boursier à Wall Street qui mena à la Grande Dépression. Malgré ces problèmes, et pendant tout ce temps, il fallait continuer à lutter... pour l'égalité des Canadiens français au niveau fédéral et contre la discrimination à leur égard dans la vie quotidienne. Comment vont-ils réagir face à tous ces problèmes? On verra... Mais souvenons-nous d'abord du bon vieux temps...

I. Introduction : De quoi vous souvenez-vous?

ACTIVITÉ 1

En petits groupes, répondez aux questions suivantes et discutez de vos réponses avec les membres de votre groupe. Ensuite, comparez vos réponses avec celles des autres groupes.

1. Quand vous pensez à votre jeunesse, quels souvenirs vous viennent à l'esprit?
2. Quand vous sentez une odeur particulière ou quand vous goûtez un plat particulier, est-ce que cela vous rappelle votre passé? Quels souvenirs sont liés à cette odeur ou à ce plat?
3. Y a-t-il des traditions dans votre famille que vous espérez maintenir? Lesquelles? Pourquoi voulez-vous les maintenir?
4. Est-ce qu'il y a des lieux (par exemple, le voisinage où vous avez grandi, un terrain de camping ou une plage où vous avez passé les vacances, une ville que vous avez visitée souvent, etc.) qui vous rendent heureux/heureuse? Pourquoi suscitent-ils ce bonheur?
5. D'après vous, comment était le bon vieux temps dont parlent vos parents ou vos grands-parents? En quoi cette époque était-elle différente de la vie qu'on mène aujourd'hui?
6. Dans quelles circonstances devient-on nostalgique?

RAPPEL : LES TEMPS PASSÉS

Pour bien parler du passé, il faut réviser la formation et l'emploi des temps des verbes au passé : le passé composé, l'imparfait et le plus-que-parfait! On peut par exemple dire : «En rentrant du travail hier soir, j'ai vu que tu étudiais et que tu avais bien dîné».

II. Contextes : Le Canada français de 1867 à 1960

ACTIVITÉ 2 : « LE BON VIEUX TEMPS »

Les Québécois, pour la plupart, ressentent un attachement profond à leurs traditions et à leur terre. Recherchez les chansons qui suivent sur internet. Puis, lisez les paroles des

Une scène rurale à l'Île d'Orléans où se trouvent des vignobles, des fermes et des petits villages qui rappellent la vie simple du bon vieux temps.

chansons et écoutez les interprétations qu'en donnent les chanteurs. Enfin, répondez aux questions qui se rapportent aux chansons.

CHANSONS

« Mon pays, ce n'est pas un pays, c'est l'hiver » de Gilles Vigneault (1957)

« Je reviendrai à Montréal » de Robert Charlebois (1976)

« Je voudrais voir la mer » de Michel Rivard (1987)

« Dégénération » du groupe Mes aïeux (2004)

QUESTIONS SUR LES CHANSONS

1. Quels thèmes relient ces quatre chansons qui datent pourtant de quatre périodes différentes?

2. Quels éléments de la nature y sont-ils mentionnés? Ces éléments sont-ils particuliers au terroir québécois ou sont-ils généralement appréciés par les gens de tout pays?

3. Trouvez-vous que ces chansons soient plutôt nostalgiques? patriotiques? tristes? optimistes? émouvantes? Pouvez-vous expliquer votre caractérisation des chansons?

4. Comparez ces chansons à des chansons étatsuniennes qui parlent de la terre (« America the beautiful » par exemple). Voyez-vous des similarités ou des différences? Qu'est-ce qui pourrait expliquer les différences?

LA CABANE À SUCRE

ACTIVITÉ 3

La cabane à sucre, ou sucrerie, est un petit restaurant rustique ou familial qu'on trouve à la campagne ou dans une érablière (forêt d'érables). Là, on peut déguster (essayer) des plats québécois traditionnels, apprendre à faire le sirop d'érable et s'amuser à la manière du bon vieux temps. La tradition des cabanes à sucre remonte au 19ième siècle, quand les familles établirent une cabane dans la forêt près de chez eux, pour faire du sirop d'érable. Recherchez « cabane à sucre » sur internet en utilisant un moteur de recherche franco-canadien et trouvez les réponses aux questions suivantes.

QUESTIONS SUR LA CABANE À SUCRE

1. Comment est-ce que les colons français ont appris à fabriquer le sirop d'érable en Nouvelle-France?
2. Comment fait-on du sirop d'érable? Expliquez très brièvement le processus qui transforme la sève de l'érable en sirop.
3. Quels mois correspondent au «temps des sucres» au Québec?
4. À la cabane à sucre, on peut déguster des mets traditionnels. Quels sont les ingrédients des plats typiques suivants : (a) la tire sur la neige, (b) les fèves au lard, (c) les oreilles de crisse, (d) la tarte au sucre, (e) la soupe aux pois, (f) le pouding chômeur? Lesquels voudriez-vous ou non goûter? Expliquez vos choix.
5. Est-ce qu'aujourd'hui le sirop d'érable est un produit agricole important au Québec? Expliquez.
6. Est-ce qu'il y a des destinations d'agro-tourisme dans votre région? Par exemple, peut-on cueillir des pommes en automne ou des fraises en été? Y a-t-il des fêtes pour la récolte du raisin ou du maïs? Trouve-t-on des producteurs de fromages ou d'autres produits artisanaux? Expliquez le lien qui existe entre l'agriculture, la culture et l'histoire d'une région.

LA VIE RURALE OU LA VIE URBAINE?

ACTIVITÉ 4 : DÉBAT

La révolution industrielle du 19ième siècle a transformé la vie des gens partout dans le monde, mais surtout dans les pays d'Europe et d'Amérique du Nord. Beaucoup de gens qui vivaient de la terre dans de petits villages de campagne sont partis trouver du travail dans les grandes villes. Divisez votre classe en deux équipes et préparez un débat pour discuter des avantages et des inconvénients de la vie rurale et de la vie urbaine. La qualité de la vie est-elle meilleure à la campagne ou en ville?

> **RAPPEL : LA NÉGATION**
>
> Dans un débat, il faut souvent contredire ou réfuter les idées de l'autre. Révisez l'usage des expressions négatives (rien, personne, jamais, ni... ni..., plus, etc.).

REPÈRES HISTORIQUES DE 1867 À 1960 : LE CANADA FRANÇAIS

En 1867	La *Loi sur les Indiens* crée des réserves, limite les libertés des Autochtones et ouvre les territoires de l'Ouest à la colonisation.
De 1870 à 1873	Le Manitoba, la Colombie-Britannique et l'Ile-du-Prince-Edouard se joignent à la Confédération canadienne (qui comprend déjà l'Ontario, le Québec, le Nouveau-Brunswick et la Nouvelle-Écosse).
En 1871	77 % de la population du Canada francophone vit en milieu rural.
De 1880 à 1920	C'est l'époque du grand exode : près d'un million de Canadiens français quittent le Québec pour chercher du travail aux Etats-Unis, surtout en Nouvelle-Angleterre.
En 1885	Fondation du premier Parti national suite à la pendaison du métis Louis Riel qui avait mené des actes de résistance contre la colonisation des provinces de l'Ouest par le gouvernement canadien.
En 1887	Honoré Mercier (chef du Parti national) est élu premier ministre du Québec et défend l'autonomie de la province.
En 1891	66 % de la population du Canada francophone vit en milieu rural.
En 1896	Wilfrid Laurier (chef du Parti libéral) est le premier francophone à être nommé premier ministre fédéral.

De 1899 à 1902	La guerre aux Boers : l'Angleterre conquiert deux territoires fondés en Afrique par les Hollandais, mais les Canadiens français refusent de participer à cette guerre.
En 1905	L'Alberta et le Saskatchewan se joignent à la Confédération canadienne.
En 1910	Le journal *Le Devoir* est fondé par Henri Bourassa.
En 1912	Le territoire du Québec double de superficie avec l'inclusion de l'Ungava (aujourd'hui le Nord-du-Québec); les autres provinces de la Confédération décident de limiter l'usage de la langue française dans les écoles à une heure par jour.
En 1914	Début de la Première Guerre mondiale.
En 1917	La première conscription (*military draft*) au Québec marque une rupture entre le Canada anglophone et le Canada francophone.
De 1920 à 1936	Louis Alexandre Taschereau est premier ministre provincial; c'est un premier ministre très libéral et progressiste.
En 1921	Moins de 50 % de la population vit en milieu rural; la population du Québec est majoritairement urbaine.
En 1933	Suite au krach boursier, le taux de chômage (*unemployment*) atteint 27 % au Québec.

La une du *Devoir*, le 10 janvier 1910.

LE JOURNAL *Le Devoir*

Le Devoir est un journal qui existe toujours. Consultez *Le Devoir* d'aujourd'hui sur internet. Découvrez la devise du journal et lisez les grands titres du jour. En parcourant les titres de la première page du journal, avez-vous l'impression que le journal soit resté indépendant, catholique et nationaliste ou a-t-il changé d'orientation? Citez des titres qui appuient votre opinion.

En 1935	Maurice Duplessis fonde l'Union nationale, un parti politique qui regroupe les libéraux, les nationalistes réformistes et les ultra-conservateurs.
De 1936 à 1939	Maurice Duplessis est élu premier ministre; il refuse de réaliser ses promesses socialistes, notamment en opposant la nationalisation des compagnies hydro-électriques; il favorise les grandes entreprises et promulgue des lois pour contrôler les syndicats d'ouvriers; il défend néanmoins le Québec au niveau fédéral.
En 1939	Le Québec adopte la devise «Je me souviens», inscrite par l'architecte Eugène-Étienne Taché au-dessus de la porte principale du Parlement à Québec.
En 1940	Les femmes obtiennent le droit de vote aux élections provinciales.
En 1942	La *Loi sur l'instruction obligatoire* est votée sous le gouvernement du premier ministre libéral, Adélard Godbout; cette loi permet aux francophones de faire des études postsecondaires en français.
En 1944	La création de la compagnie nationale Hydro-Québec, importante au mouvement nationaliste, est réalisée sous le premier ministre libéral, Adélard Godbout.
De 1944 à 1959	Maurice Duplessis est réélu; cette période d'ultra-conservatisme religieux, social et économique est souvent appelée «la Grande Noirceur».
En 1945	Fin de la Seconde Guerre mondiale.
De 1950 à 1959	Maurice Richard «le Rocket» joue pour les Canadiens de Montréal, l'équipe de hockey favorite des Québécois.
En 1960	Début de la «Révolution tranquille», une révolution culturelle, littéraire, sociale, politique et économique.

L'HISTOIRE DU CANADA FRANÇAIS

ACTIVITÉ 5

Lisez l'histoire suivante du Canada français entre 1867 et 1960, puis répondez aux questions qui s'y rapportent.

LE BON VIEUX TEMPS

L'Acte d'Union en 1840 et l'établissement de la Confédération du Canada en 1867 marquent un tournant historique pour les Canadiens français. Après de longues époques de guerres et rébellions, ils entrent dans une période de paix et s'enracinent encore plus dans le terroir canadien. La plupart des francophones vivent séparément des anglophones, à la campagne et dans les petits villages de la vallée du Saint-Laurent. La population est majoritairement rurale et agricole. La vie gravite autour de la famille, des voisins, de l'église et du travail à la ferme. Les saisons déterminent le rythme de vie : le temps des sucres au printemps quand on fait le sirop d'érable, le travail de la terre en été, la récolte et l'épluchette du maïs à la fin de l'été, les fêtes et les veillées en hiver. Le calendrier liturgique, la messe du dimanche et des jours d'obligation, la confession annuelle, la dîme (contribution financière à l'église), les prières et tant d'autres pratiques religieuses jouent un rôle primordial dans la vie des gens. Le curé (prêtre) du village exerce une forte influence sur la famille et sur les affaires du village. Les familles sont nombreuses. Il est normal de voir une famille avec une dizaine d'enfants (ou plus!),

Menu à l'affiche à la Binerie, un restaurant de mets (plats) traditionnels qui se trouve sur l'avenue [les Français de France diraient «dans l'avenue»] du Mont-Royal à Montréal depuis 1938.

en tant que «bons catholiques» les Canadiens français sont contre tout usage de la contraception et se marient d'habitude assez jeunes.

Même si on travaille dur pendant la journée, on se repose le soir. Le repas de famille comprend des plats typiques comme : la tourtière (une tarte au porc), les fèves au lard (des haricots cuits avec du lard), la soupe aux pois (aux pois jaunes), la tarte au sucre (au sucre d'érable). Après un bon souper (le repas du soir), c'est la prière du soir. La famille se détend. Le père fume sa pipe. La mère tricote. Quelqu'un joue d'un instrument de musique ou fredonne une chanson. On lit à la lumière d'une lampe à l'huile. Le chien dort près du foyer (ouverture à la base de la cheminée). C'est ainsi qu'on s'imagine le bon vieux temps.

L'URBANISATION

Vers la fin du 19ième siècle et au début du 20ième siècle, beaucoup de changements voient le jour dans la société québécoise. L'industrie devient plus importante que l'agriculture et la ville plus attirante que la campagne. Des crises économiques et agricoles troublent la vie rurale des Canadiens français. Il y a trop de monde et pas assez de terres dans la vallée du Saint-Laurent. Les terres, déjà cultivées à l'excès, se divisent de génération en génération et il devient ainsi de plus en plus difficile de nourrir sa famille. Le commerce des fourrures est aussi en déclin, il est remplacé par le commerce du bois. Certains deviennent bûcherons (ceux qui abattent les arbres dans les forêts), d'autres partent pour la ville.

LA REVANCHE DES BERCEAUX

De la fin du 18ième au milieu du 20ième siècle, en vue d'augmenter et de maintenir la majorité francophone au Canada, les familles de la province de Québec ont essayé d'avoir le plus d'enfants possible. L'Église appuyait cette «politique», encourageant chaque famille à produire 25 enfants et promettant que le 26ième serait élevé à ses propres dépens.

LA CUISINE QUÉBÉCOISE

La cuisine traditionnelle est parfois difficile à trouver dans les restaurants québécois d'aujourd'hui où on a tendance à inventer de nouveaux plats inspirés du terroir, de la tradition française ou de l'influence d'autres cuisines du monde. Pourtant, on peut encore trouver des mets (plats) traditionnels dans des restaurants comme Les Anciens Canadiens à Québec ou La Binerie au Plateau Mont-Royal à Montréal. Recherchez ces deux restaurants sur internet et lisez les menus afin de mieux connaître la cuisine traditionnelle du Québec.

Nostalgie

La Rue Saint-Jacques (photo circa 1910-1920) était le centre du district financier à Montréal jusqu'aux années 1960.

« IL FAUT ENDURER LA VIE »

Voilà une phrase qui résume l'attitude de bien des Canadiens français avant la Révolution tranquille (1960). Les parents la transmettaient à leurs enfants quand ils leur enseignaient à accepter leur condition dans cette « vallée de larmes ». Pour un francophone catholique, cette phrase contient une vérité plus profonde : endurer (*to bear, to endure*) les misères de la vie sur terre, c'est s'assurer une place au paradis à la fin de ses jours. Le verbe « endurer » se retrouve à plusieurs reprises dans les romans du très célèbre Michel Tremblay quand il décrit la vie sur le Plateau Mont-Royal (un quartier ouvrier) à Montréal dans les années 1940–1950. Vous le verrez aussi plus bas, dans l'extrait du roman de Gabrielle Roy, *Bonheur d'occasion*.

Pour ceux qui cherchent du travail, c'est dans la ville de Montréal qu'on a le plus de chance d'en trouver. On y développe les industries du textile, de l'habillement et de la chaussure, ainsi que celles de l'alimentation, du bois, du fer, de l'acier et du tabac. La ville offre également le confort et les divertissements modernes : on peut y avoir l'électricité, voyager en tramway ou acheter une voiture, aller au cinéma voir des « vues » (films) ou assister aux matchs de hockey professionnel. Mais la vie urbaine est difficile. Il y a partout la pauvreté, les familles nombreuses qui habitent de petits appartements insalubres, la discrimination contre les Francophones, les enfants qui quittent l'école très jeunes parce qu'ils doivent travailler, l'accès limité aux écoles postsecondaires, les maladies infectieuses, les incendies, le sentiment d'isolement. De plus, les conditions de travail dans les usines sont terribles. Dans les années 1880, la semaine de travail normale est de 60 heures, mais malgré cela le salaire d'un ouvrier ne suffit pas à faire vivre sa famille; il faut donc que les femmes et les enfants travaillent aussi. Les usines sont malsaines, le travail est souvent dangereux, il y a fréquemment des périodes de chômage et des accidents de travail. Beaucoup de gens ont besoin d'aide ou de crédit, mais les banques refusent des prêts aux Francophones. Il est normal qu'une famille de 10 habite un appartement d'une pièce et que le mari, la femme et les enfants qui peuvent travailler passent toute la journée au travail. Le dimanche est toujours le jour de repos, mais il faut aller à la messe et faire le ménage avant de reprendre la semaine de travail. La vie est différente au village, mais elle n'en est pas moins dure.

Malgré les efforts de l'Église et de l'élite francophone québécoises, des milliers de Canadiens français quitteront chaque année le Québec pour aller trouver du travail aux États-Unis où l'industrialisation se développait plus rapidement que dans la Belle Province. Entre 1830 et 1930, plus d'un million de Québécois émigrent aux États-Unis. La plupart s'installent en Nouvelle-Angleterre ou dans l'État de New York avec l'intention d'épargner (mettre en réserve) un peu d'argent et de rentrer un jour au Québec. Ils habitent des quartiers canadiens français, appelés «petits Canada», dans les villes comme Manchester au New Hampshire ou Lowell au Massachusetts. Pendant plusieurs générations, ils conservent leur langue et leur religion, mais peu à peu se transforment en Franco-américains, c'est à dire en Américains de descendance canadienne française. La majorité ne retournent au Québec que pour revoir la parenté ou pout passer leurs vacances.

LES DÉBUTS D'UN NOUVEAU NATIONALISME

En 1885, l'exécution de Louis Riel pour trahison ranime le nationalisme chez les Canadiens français. Riel, chef métis francophone et catholique, mène la résistance contre le gouvernement canadien qui sapait les droits des Autochtones et des Métis dans les territoires de l'Ouest. Condamné à mort, Riel est pendu le 16 novembre 1885. Le lendemain (le jour suivant), outragé par les actions du gouvernement fédéral, Honoré Mercier, un avocat et journaliste, fonde le Parti national. Ce parti a pour but de réunir les groupes conservateurs et libéraux au Québec afin de défendre les intérêts de la province. Le parti ne durera pas, mais Mercier deviendra premier ministre de 1887 à 1891.

D'autres forces contribuent à l'évolution de la pensée nationaliste au Québec au début du 20ième siècle. L'Angleterre, qui contrôle les affaires extérieures du Canada, entre en guerre en Afrique du Sud. Les Canadiens français s'opposent généralement à toute participation aux guerres qu'entreprend le gouvernement anglais. Dans le cas de la guerre contre les Boers en Afrique du Sud, l'Angleterre veut annexer à l'empire britannique deux territoires souverains en Afrique, l'état libre d'Orange et la république du Transvaal, fondés et développés par les Hollandais et leurs descendants, appelés Boers. L'Angleterre veut s'emparer (prendre possession) de ces territoires riches en or et en métaux précieux. Les Canadiens français considèrent cette guerre comme une autre «conquête» britannique. Ils refusent par conséquent d'aider les Anglais à réduire les Boers, comme ils ont été eux-mêmes réduits, en un peuple conquis. Wilfred Laurier, premier ministre du Canada et le premier Canadien français à accéder au poste de premier ministre au niveau fédéral, refuse d'abord de participer à la guerre mais envoie ensuite des volontaires en Afrique du Sud. Très peu de ces volontaires sont francophones.

Henri Bourassa, le petit-fils de Papineau, s'oppose avec véhémence à la guerre contre les Boers et à la tutelle britannique dans les affaires canadiennes. Bourassa rompt avec le Parti libéral de Wilfrid Laurier sur la question de la participation des Canadiens français à la guerre aux Boers. Il fonde, en 1910, le journal *Le Devoir,* un quotidien de combat indépendant, catholique et nationaliste dont la mission est la promotion de la pensée nationaliste et la création d'un journal d'idées. Dès sa fondation, Bourassa souhaite que son journal demeure totalement indépendant et qu'il ne puisse être vendu à aucun groupe, ce qui est toujours le cas aujourd'hui.

LES PARTIS POLITIQUES

Entre 1920 et 1960, le gouvernement du Québec alterne entre libéraux et conservateurs. Les libéraux favorisent la nationalisation des compagnies, les syndicats et l'expansion des services sociaux, alors que les conservateurs veulent promouvoir la compétition

LE MOUVEMENT DES CAISSES DESJARDINS

En 1900, Alphonse Desjardins et sa femme Marie-Clara Dorimène Roy-Desjardins fondent la première caisse populaire (*credit union*) en Amérique du Nord. Le but est d'aider les francophones du Québec, car les banques anglaises leur refusaient systématiquement un crédit ou un prêt. En 1920, l'année du décès de Desjardins, il y avait plus de 200 caisses populaires au Québec, en Ontario et aux États-Unis. Aujourd'hui, le Mouvement des Caisses Desjardins est une des institutions financières les plus importantes en Amérique du nord et se trouve parmi les 10 groupes financiers coopératifs les plus importants du monde.

QU'EST-CE QUE C'EST QUE LE NATIONALISME?

Au Québec, ainsi que dans d'autres coins du monde, le nationalisme est un mouvement politique d'individus qui visent à former ou à protéger une nation grâce aux liens (de langue, de culture, de religion, d'histoire, etc.) unissant le peuple. Il y a, bien sûr, des degrés dans l'esprit nationaliste entre partis politiques et entre partisans d'un même parti politique. La fondation du Parti national marque le premier mouvement nationaliste organisé depuis la rébellion des Patriotes.

Nostalgie

Une statue de Maurice Duplessis devant l'hôtel du Parlement à Québec.

économique et une politique sociale plus traditionnelle. Louis Alexandre Taschereau (premier ministre provincial de 1920 à 1936) et Adélard Godbout (premier ministre provincial en 1936 et de 1939 à 1944) sont les libéraux les plus connus de l'époque. Maurice Duplessis (premier ministre provincial de 1936 à 1939 et de 1944 à 1959) est le plus connu des conservateurs. Son deuxième mandat, de 1944 à 1959, est marqué par une politique sociale ultraconservatrice et est souvent appelé la période de « la Grande Noirceur » dans l'histoire du Québec. Toutefois, le gouvernement du Québec de cette période – qu'il soit libéral ou conservateur – continue à défendre les droits provinciaux au niveau fédéral.

Un des débats les plus importants de cette période au Québec concerne la nationalisation de l'électricité. Dans les années 1930, suite à la Grande Dépression, le peuple québécois était mécontent du prix de l'électricité. Les compagnies anglophones, comme la Montreal Light, Heat and Power Company, avaient le monopole de l'électricité dans la région de Montréal. Les libéraux favorisaient la nationalisation des services tels le gaz et l'électricité. Le projet de la nationalisation des ressources naturelles, qui a ralenti durant le premier mandat de Duplessis (chef de l'Union nationale), a été réalisé en 1944 sous le premier ministre libéral Godbout. La compagnie Hydro-Québec, société d'État, a pour but d'assurer des services publics à prix raisonnables. Aujourd'hui Hydro-Québec est le principal producteur d'électricité au Canada.

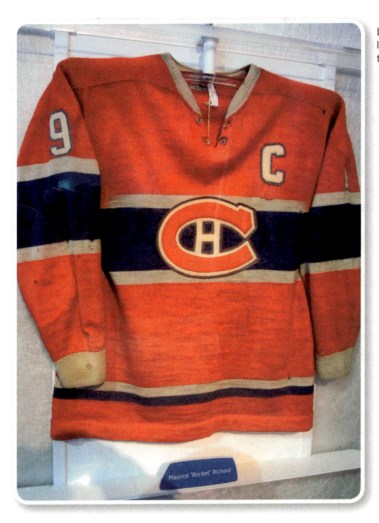

Le chandail de Maurice Richard, le plus célèbre joueur dans l'histoire du hockey au Québec.

Si vous souhaitez mieux connaître Maurice Richard, le célèbre joueur de hockey de l'équipe des Canadiens de Montréal et un héros national au Québec, vous pouvez découvrir sa vie grâce à plusieurs œuvres. Le film *Maurice Richard – The Rocket* (2005) dans la version anglaise – raconte la vie du joueur, depuis son premier succès sur glace, l'émeute (*riot*) contre la Ligue Nationale de Hockey (LNH) qui a éclaté à Montréal quand Richard a été suspendu, jusqu'à la fin de sa carrière glorieuse avec les Canadiens. L'obsession des Québécois pour Maurice Richard a aussi inspiré un conte en dessins de Roch Carrier intitulé *Le Chandail* (1979) qui a été adapté en court métrage (un film qui ne dure pas très long) animé l'année suivante. Dans ce dessin animé, les enfants du village de Sainte-Agathe aspirent tous à être la vedette de l'équipe de hockey des Canadiens comme Maurice Richard, et chacun porte son chandail (*sweater*) numéro 9. Mais le petit narrateur a un problème quand sa mère lui achète un nouveau chandail. Regardez ce film gratuitement sur internet (disponible grâce à l'Office national du film). La vie de Maurice Richard est aussi le sujet d'un poème de Félix Leclerc et d'une chanson de Pierre Létourneau. Son chandail est exposé au Musée de la Civilisation à Québec.

Avec le développement de l'économie, du système d'éducation francophone et des services sociaux, et avec de nouveaux héros nationaux comme le joueur de hockey Maurice Richard, l'idée de la souveraineté du Québec francophone devient de moins en moins une illusion et de plus en plus un rêve réalisable.

QUESTIONS SUR L'HISTOIRE DU CANADA FRANÇAIS

1. Comment était le bon vieux temps au 19ième siècle? Est-ce comme le bon vieux temps que vous imaginez dans votre culture?
2. Pourquoi les Canadiens français sont-ils partis pour les grandes villes? Quelles forces les ont poussés à partir et lesquelles les ont attirés à la vie urbaine?
3. Quels étaient les avantages et les inconvénients de la vie urbaine pour les Francophones?
4. Que sont devenus les Canadiens français qui sont partis pour les États-Unis? Pourquoi l'élite francophone et l'Église catholique étaient-elles contre l'émigration des Canadiens français aux États-Unis?
5. Quels événements ont provoqué la renaissance du nationalisme québécois pendant cette période?
6. Maurice Richard n'était pas seulement un bon joueur de hockey, il a également lutté contre la discrimination vis-à-vis des joueurs francophones. À votre avis, pourquoi Maurice Richard était-il un symbole si puissant pour les Canadiens français?

ACTIVITÉ 6

Lisez la description suivante de l'affaire de l'Institut canadien de Montréal, puis répondez aux questions qui s'y rapportent.

L'Institut canadien est fondé en 1844 à Montréal par un groupe de jeunes intellectuels qui cherchent à s'ouvrir au monde. Le but de l'Institut canadien est de créer un foyer (un centre) intellectuel francophone au moyen d'une bibliothèque, de conférences, de discussions et de publications. L'Institut canadien suscite les débats les plus libéraux et les plus innovateurs de l'époque. Sa bibliothèque renferme une collection d'ouvrages scientifiques, juridiques et littéraires importants. À sa fondation, l'Institut canadien est un foyer politiquement neutre. Cependant, sous le charisme de Louis-Joseph Papineau, l'Institut canadien développe une orientation extrême gauche. En 1854, 11 membres de l'Institut canadien sont élus au Parlement où ils proposent une idée absolument radicale : l'annexion du Canada aux États-Unis.

Le Parti libéral-conservateur et le clergé s'unissent contre l'Institut canadien. L'Église – ultraconservatrice à l'époque – voit d'un très mauvais œil cet Institut. En 1869, l'Annuaire de 1868 de l'Institut canadien de Montréal est mis à l'Index (la liste de livres interdits aux Catholiques) et la bibliothèque de l'Institut est décrétée un lieu de perdition. Cette même année l'évêque de Montréal, monseigneur Ignace Bourget, reçoit l'autorisation du Vatican d'excommunier tous les membres de l'Institut qui ne se soumettent pas à son autorité. Les membres de l'Institut de Montréal refusent de se soumettre aux diktats de monseigneur Bourget et sont donc excommuniés de l'Église.

En cette même année de 1869, un des membres de l'Institut nommé Joseph Guibord, typographe de profession, est sur son lit de mort et demande qu'un prêtre entende sa dernière confession. Le prêtre entend sa confession et lui donne l'absolution (*rite for the forgiveness of sins*). Or, le prêtre n'avait pas le droit d'absoudre les péchés (*sins*) de Joseph Guibord, puisque celui-ci n'avait jamais renoncé à son statut de membre de l'Institut canadien et était donc en état d'excommunication. Seul un évêque peut entendre la confession d'une personne excommuniée et lui accorder l'absolution. Joseph Guibord étant décédé, monseigneur Bourget ne peut donc pas lui retirer l'absolution. Il refuse alors que le corps de Joseph Guibord soit inhumé (*buried*) en terre consacrée. La veuve de Guibord poursuit l'évêque en justice et en 1874, après une série d'appels (*legal appeals*), elle obtient des autorités juridiques que le corps de son mari soit enterré en terre consacrée. L'inhumation se fait avec la présence d'une escorte militaire armée. Mécontent, monseigneur Bourget désacralise le lot du cimetière où repose Joseph Guibord, qui devient le seul lot du cimetière catholique de la Côte-des-Neiges à Montréal qui ne soit pas consacré.

L'institut canadien ne survit pas à l'affaire Guibord et disparaît bientôt de la vie publique.

QUESTIONS SUR L'ÉGLISE ET L'INSTITUT CANADIEN DE MONTRÉAL

1. Pourquoi, à votre avis, l'évêque de Montréal s'oppose-t-il si obstinément aux activités et à la bibliothèque de l'Institut canadien de Montréal? Que craint-il?

2. L'annuaire de 1868, ainsi que d'autres publications de l'Institut canadien comme le *Discours sur la tolérance*, ont été censurés par monseigneur Bourget. D'après vous, la censure est-elle jamais justifiée? D'où vient le droit de censurer une œuvre? Que craint la personne ou l'organisme qui censure?

3. Que pensez-vous de la conduite de monseigneur Bourget dans l'affaire Guibord? L'évêque aurait-il pu accepter la confession de Joseph Guibord comme un fait accompli et poursuivre tout simplement son ministère? Qu'auriez-vous fait à sa place?

4. En quoi l'affaire Guibord est-elle ironique? En quoi l'affaire Guibord est-elle amusante? Parmi les Québécois de l'époque, lesquels l'auraient crue ironique? Lesquels l'auraient crue amusante? Lesquels l'auraient crue absurde?

5. À votre avis, pourquoi l'Institut canadien de Montréal a-t-il fermé ses portes suite à l'affaire Guibord?

LES FÊTES QUÉBÉCOISES

ACTIVITÉ 7 : LE RÉVEILLON ET LA SAINT-JEAN-BAPTISTE

Il n'y a pas que la nostalgie du bon vieux temps qui peut soulager dans les moments difficiles, que ce soit dans la vie personnelle ou dans la vie sociale. Sports, divertissements, fêtes traditionnelles, cérémonies religieuses peuvent aussi servir de distractions face aux problèmes de la vie. Au Québec il y a beaucoup de traditions et de fêtes importantes dont certaines d'origine française : le réveillon de la Saint-Sylvestre (le 31 décembre), la Sainte-Catherine (le 25 novembre), le temps des sucres, le carnaval d'hiver et bien d'autres encore. Les traditions du réveillon de Noël et de la Saint-Jean-Baptiste sont parmi les plus importantes pour les Québécois d'aujourd'hui. Lisez les descriptions de ces deux traditions, puis répondez aux questions qui s'y rapportent.

LE RÉVEILLON DE NOËL : LE 24 DÉCEMBRE

La veille de Noël, c'est-à-dire le 24 décembre, est un jour de fête pour les Québécois, tout comme pour leurs ancêtres français, et le souper s'appelle le réveillon. Traditionnellement, on assiste à la messe de minuit à l'église de la paroisse, où le prêtre raconte l'histoire de la naissance de Jésus. La messe ne commence pas forcément à minuit, mais a lieu tard dans la soirée. Après la messe, on retourne à la maison et on ajoute le personnage de l'enfant Jésus dans la crèche de la famille. La crèche est la scène de la naissance de Jésus – avec Marie et Joseph, les trois rois mages et les animaux de l'étable – en figurines. Il y a parfois

Le Retour de la messe de minuit (1919) par Edmond-Joseph Massicotte nous rappelle les traditions du réveillon.

de la visite de la parenté ou des voisins. Ensuite, on se régale avec un grand repas somptueux qui termine avec le dessert traditionnel : la bûche de Noël. La bûche est un gâteau roulé et décoré comme une bûche (*log*) de bois que l'on fait brûler dans la cheminée. Elle représente les vraies bûches qu'on mettait dans la cheminée la veille de Noël et qui devaient brûler, dit-on, jusqu'au jour de l'An. Après le repas la famille chante des cantiques de Noël autour du sapin décoré et les enfants se préparent pour l'arrivée du Père Noël. Même dans les familles non pratiquantes, on fait toujours le réveillon et on distribue des cadeaux aux enfants le jour de Noël (les grandes personnes devront attendre le 6 janvier, le jour de l'Épiphanie, pour recevoir les leurs). Il faut noter qu'à aujourd'hui, à peu près 80 % des Québécois se considèrent catholiques, mais moins de 20 % assistent régulièrement à la messe; la plupart sont des catholiques « culturels » non pratiquants.

LA SAINT-JEAN-BAPTISTE : LE 24 JUIN

Les Canadiens français fêtent le jour de leur saint patron, Saint-Jean-Baptiste, depuis le 17ième siècle, avec une messe qui lui est dédiée. La célébration de la Saint-Jean-Baptiste a été suspendue après la Conquête et n'a repris qu'en 1824. Au 19ième siècle, les célébrations de la Saint-Jean-Baptiste deviennent plus patriotiques que religieuses. Le 24 juin 1834, le patriote Ludger Duvernay fonde la Société Saint-Jean-Baptiste; lors du banquet ce jour-là, les membres fondateurs de la nouvelle société saluent le chef du parti Patriote Louis-Joseph Papineau et les alliés du peuple francophone (les chefs des réformistes du Haut-Canada, William Lyon Mackenzie et Daniel O'Connell). Depuis sa fondation la société a toujours eu pour but l'amélioration des conditions de vie du peuple francophone et la défense de l'histoire, de l'éducation et de la langue française de la province. Les gens ont commencé, dès lors, à célébrer la nation québécoise le 24 juin de chaque année, avec des processions religieuses, des défilés dans les rues, des pique-niques entre voisins ou en famille, des danses, de la musique, des chansons, des feux d'artifice et un feu de joie (*bonfire*). En 1922, le 24 juin a été déclaré jour férié au Québec et, en 1977, jour de la fête nationale du Québec. On a alors laïcisé cette fête pour qu'elle soit la fête de tous les Québécois, quelles que soient leurs origines culturelles ou leur religion. Aujourd'hui, les Canadiens célèbrent, le 1er juillet, la fête du Canada (*Canada Day*) pour commémorer la création de la Confédération du Canada (1er juillet 1867), mais les Québécois fêtent plutôt le 24 juin qui leur rappelle leurs origines et leur identité. La chanson « Gens du pays » de Gilles Vigneault est devenue l'hymne national québécois qu'on chante à la Saint-Jean-Baptiste en déployant (*displaying*) fièrement le drapeau fleurdelisé bleu et blanc.

QUESTIONS SUR LES FÊTES QUÉBÉCOISES

1. Quels sont les aspects religieux du réveillon de Noël et de la Saint-Jean-Baptiste ? Ces fêtes sont-elles toujours religieuses ?
2. Comment fêtez-vous les fêtes religieuses et la fête nationale chez vous ? Quelles sont les similarités et les différences avec le réveillon et la Saint-Jean-Baptiste ?
3. Le réveillon de Noël est une fête familiale alors que la Saint-Jean-Baptiste est une fête publique. Quoi qu'il en soit, les deux fêtes relient les individus à leur communauté et à une identité québécoise qui diffère de l'identité canadienne. Qu'est-ce que ces deux fêtes nous révèlent à propos de la communauté et l'identité québécoises ?

ACTIVITÉ 8

Lisez les textes suivants. Répondez ensuite aux questions qui s'y rapportent. Enfin, partagez vos réponses avec vos camarades de cours.

A. La Première Guerre mondiale (1914-1918)

Le 4 août 1914, l'Angleterre déclare la guerre à l'Allemagne. Le Canada, intrinsèquement lié à la couronne britannique, soutient (*support*) la mère patrie et mobilise toutes ses ressources pour la soutenir. Le gouvernement encourage les citoyens à se porter volontaires, un contingent de 25 000 soldats canadiens est annoncé, l'économie est mobilisée et les femmes sont sollicitées par les usines d'armement. L'élite et l'Église québécoises soutiennent toute initiative liée à la Guerre mondiale.

Or, au Québec, les nationalistes sont divisés sur la position du gouvernement fédéral. D'une part, la grande figure du nationalisme au Québec, Henri Bourassa, se méfie de l'Angleterre mais ne s'oppose pas formellement aux initiatives du gouvernement fédéral quant à la guerre. D'autre part, le nationaliste Olivar Asselin, qui est très attaché à la terre, incite ses compatriotes à s'enrôler (*to enlist*). Cette prise de position ne prévaut (*prevail*) pas, seulement 12 % des volontaires lors de la Première Guerre mondiale sont Canadiens français.

Le 29 août 1917, le Parlement canadien adopte la *Loi sur le service militaire*. L'enrôlement militaire est désormais obligatoire. Tout homme valide (qui en est capable), entre 20 et 35 ans, veuf ou célibataire, doit s'enrôler. La loi avait été annoncée dès le mois de mai. Au Québec, cette annonce suscite une colère immédiate. Une bombe explose à la résidence du propriétaire du *Montreal Star*, un journal favorable à la conscription (*the draft*). Des émeutes (*riots*) surgissent un peu partout au Québec. Suite aux élections de 1917, plus personne ne parle au nom des Canadiens français au Parlement fédéral. C'est alors que le député libéral Joseph-Napoléon Francoeur propose une motion historique : « Que cette Chambre est d'avis (*is advised*) que la province de Québec serait disposée à accepter la rupture du pacte fédératif (d'être membre de la Fédération) de 1867 si, dans les autres provinces, on croit qu'elle est un obstacle à l'union, au progrès et au développement du Canada ». Pour la première fois depuis 1867, la question de l'indépendance du Québec est mise sur la table.

Pendant que les parlementaires discutent de cette motion en particulier et de la guerre en général, des officiers recruteurs traquent les hommes valides au Québec. Certains se cachent dans la forêt ou dans des greniers (*attic*), ils sont protégés, soutenus et nourris par des compatriotes opposés à la conscription. Ces « déserteurs » risquent cinq ans de prison. Du 28 mars au 1ᵉʳ avril 1918, des émeutes éclatent au Québec. Le gouvernement fédéral décrète la *Loi des mesures de guerre* qui suspend les libertés civiles. Une assemblée de nationalistes, interdite (*forbidden*) par la *Loi des mesures de guerre*, tourne à l'affrontement. Quatre Canadiens français sont tués, dont un adolescent de 15 ans.

La Première Guerre mondiale se termine en 1918, mais pas la question de la conscription.

Nostalgie

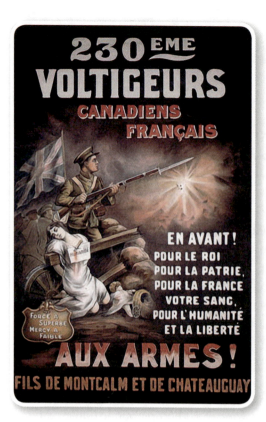

Une affiche pour recruter des soldats canadiens français au moment de la Première Guerre mondiale en Europe évoque le lien entre la France et les Canadiens français.

QUESTIONS SUR LA PREMIÈRE GUERRE MONDIALE (1914–1918)

1. Pourquoi, à votre avis, l'élite québécoise soutiendrait-elle la politique du gouvernement fédéral? Et pourquoi la hiérarchie ecclésiastique (l'Église) francophone soutiendrait-elle la politique d'un gouvernement anglophone et protestant?

2. En quoi est-ce que le refus de participer à la guerre reflète le «nationalisme» des Canadiens français? (Si vous trouvez cette question difficile à répondre, relisez l'encadré «Le nationalisme» plus haut.)

3. D'après vous, le gouvernement fédéral a-t-il eu raison de décréter la *Loi sur le service militaire* et la *Loi des mesures de guerre*? Quelles sont les raisons qui vous mènent à répondre à l'affirmative ou à la négative?

B. La Seconde Guerre mondiale (1939–1944)

Le 3 septembre 1939, la France et l'Angleterre déclarent la guerre à l'Allemagne. Le Canada peut rester neutre, puisqu'il est officiellement autonome et maître de sa politique étrangère depuis 1931. Néanmoins, à l'initiative du premier ministre du Canada, Mackenzie King, le Parlement canadien déclare lui aussi la guerre à l'Allemagne.

Cette déclaration suscite de nouveau, au Québec, la querelle de l'autonomie de la province et de la conscription. Le premier ministre du Québec, Maurice Duplessis, annonce que l'Union nationale, dont il est le chef, défendra toujours l'autonomie du Québec et s'opposera fermement à la conscription. Sous Maurice Duplessis, le Québec restera indépendant du reste du Canada et ne participera pas à la guerre.

Le Parti libéral, par contre, est favorable à la participation à la guerre mais opposée à l'enrôlement obligatoire. La position libérale est soutenue par la majorité des Québécois aux élections de 1939. La participation du Canada à la guerre contribue à la prospérité du pays et de la province : le chômage (*unemployment*) diminue rapidement, les industries d'armement fonctionnent jour et nuit, les effectifs militaires canadiens (des soldats) passent de 9 000 à 800 000 en quelques années et les femmes sont appelées à travailler dans les usines pour remplacer les hommes partis à la guerre. Le clergé ne voit pas cette dernière situation d'un bon œil : il accuse ces mères ouvrières de négliger leur famille.

Le 10 mai 1940, Hitler attaque des démocraties occidentales : la Hollande, la Belgique et la France. Les Montréalais sont bouleversés par la défaite foudroyante qu'a subie la France. Le 18 mai, le Parlement canadien adopte la *Loi de mobilisation des ressources nationales*. De par cette loi, le service militaire devient obligatoire pour la défense du territoire canadien uniquement, le service outre-mer (en Europe) restant volontaire. Pour les nationalistes québécois, l'adoption de cette loi est le premier pas vers la conscription. Le 2 août le maire de Montréal, Camilien Houde du parti conservateur, se déclare ouvertement contre la conscription nationale et incite ses concitoyens à désobéir à la loi fédérale. Son acte de défiance est publié dans *The Gazette* et *La Patrie*. Le 6 août, le maire est arrêté à la sortie de l'hôtel de ville (*city hall*) et est envoyé au camp de Petawawa en Ontario d'où il est libéré le 14 août 1944.

L'Église au Québec soutient le gouvernement fédéral dans son exigence à ce que tous les Canadiens valides participent à la guerre contre Hitler, car elle considère celui-ci comme l'incarnation du Mal. Pour l'Église, la guerre est un combat pour la défense du christianisme et de la liberté.

Au printemps 1942, des pêcheurs aperçoivent des U-Boots (*German U boats*) au large de la côte gaspésienne. Le Canada doit réagir à cette provocation. La conscription semble être la solution, mais le premier ministre Mackenzie King s'était formellement engagé (*committed*) auprès des Québécois à ne jamais voter pour la conscription. Il demande donc à tout le peuple canadien, par l'entremise d'un référendum, de le dégager de ses engagements. Les nationalistes québécois sont divisés sur la question. Au Québec, le non obtient 72 % des suffrages, alors que dans le reste du Canada, le oui obtient 80% des voix. Mackenzie King craint des émeutes au Québec semblables à celles qui ont eu lieu en 1918. L'armée canadienne ne recourt à (*to have recourse to; to call upon*) des troupes de conscrits qu'en novembre 1944. En tout, 16 000 soldats enrôlés contre leur gré seront envoyés en Europe. Parmi eux, 2 500 vont prendre part au combat.

QUESTIONS SUR LA SECONDE GUERRE MONDIALE

1. En 1939, l'Union nationale et le Parti libéral n'étaient pas d'accord quant à la participation des Québécois à la guerre. Comment l'un et l'autre parti pouvaient-ils néanmoins se dire « nationalistes »? Si tous les deux le sont, sur une échelle de 1 à 10, lequel des deux partis serait plus « nationaliste » que l'autre, à votre avis? Pour quelle(s) raison(s) êtes-vous arrivé/e à cette conclusion?

2. Que pensez-vous de Camilien Houde, que les Québécois adorent? Et que pensez-vous de Mackenzie King en tant que politicien? Votre appréciation (opinion) de ce dernier ne sera probablement pas celle des Québécois de l'époque.

3. À la réflexion, pourquoi la grande majorité des Québécois sont-ils « nationalistes » à l'époque des deux guerres mondiales? Cochez (✔) les réponses que vous croyez justes et expliquez pourquoi :

_____ Les Québécois sont isolationnistes.

_____ Ils sont pacifistes de nature.

_____ Ils se souviennent du vieil impérialisme britannique.

_____ Ils ont peur de se battre.

_____ Ils pensent que les Canadiens français seront envoyés dans les premiers rangs d'une bataille, devant les troupes anglophones.

_____ Ils sont pacifistes à cause de leur religion.

4. Quels sont les groupes politiques et religieux qui opposent généralement les prises de position des Québécois? Pourquoi s'y opposent-ils à votre avis?

III. Textes

LES ARTS ET LES TRADITIONS AU QUÉBEC : GAGNON ET MASSICOTTE

ACTIVITÉ 9

Plusieurs artistes « fin de siècle » ont dépeint la vie traditionnelle au Québec. Lisez les petites biographies des artistes qui suivent. Recherchez ensuite leur nom et leurs œuvres sur internet en utilisant un moteur de recherche franco-canadien. Regardez plusieurs réalisations de chaque artiste. Remplissez alors la grille avec les informations trouvées sur internet et discutez de vos réponses en cours.

BIOGRAPHIE DE CLARENCE GAGNON

Clarence Gagnon est né à Montréal le 8 novembre 1881. Il commence à dessiner et à peindre à l'école et on l'encourage à développer son talent. Il fréquente l'Art Association of Montréal et rencontre plusieurs artistes québécois connus. Il débute avec des gravures et des eaux-fortes, mais ce sera ses tableaux à l'huile qui le rendront célèbre. En 1904, il part pour Paris où il continue sa formation artistique. Il y peint plusieurs paysages de la France, mais revient toujours aux scènes de la vie rurale au Québec. Pendant quelques décennies, il partage son temps entre le Québec et Paris. Au Québec, il habite Montréal et Baie Saint-Paul (région de Charlevoix), alors qu'à Paris il habite le quartier Montparnasse. Gagnon, avec quelques contemporains comme Marc-Aurèle de Foy Suzor-Coté, vulgarise (rend populaire) l'impressionnisme au Québec. Ses tableaux, pleins de couleurs et de lumière, nous montrent des scènes de la vie rurale. Pendant les années 1920 et 1930, on fait l'éloge de Gagnon, qui reçoit plusieurs honneurs et distinctions. Il meurt en 1942 à Montréal d'un cancer du pancréas. Ses tableaux sont exposés dans plusieurs musées au Canada et en Europe.

BIOGRAPHIE D'EDMOND-JOSEPH MASSICOTTE

Edmond-Joseph Massicotte est né le 1er décembre 1875 à Sainte-Cunégonde, près de Montréal. Il suit des cours de dessin et de peinture à l'école et s'installe à Montréal à partir de 1892. Lui aussi étudie à l'Art Association of Montréal. Massicotte commence

---

ALFRED LALIBERTÉ, UN ARTISTE NATIONALISTE

Les statuettes de bronze d'Alfred Laliberté représentent les métiers, les légendes, les coutumes et les traditions du Québec d'autrefois. Il a aussi fait des sculptures de personnages historiques célèbres qui se trouvent sur la façade de l'Hôtel du Parlement à Québec. D'après les critiques, l'œuvre de Laliberté exprime l'idéologie nationaliste des Québécois de son époque. Plusieurs bronzes d'Albert Laliberté font partie de la collection du Musée national des beaux-arts à Québec.

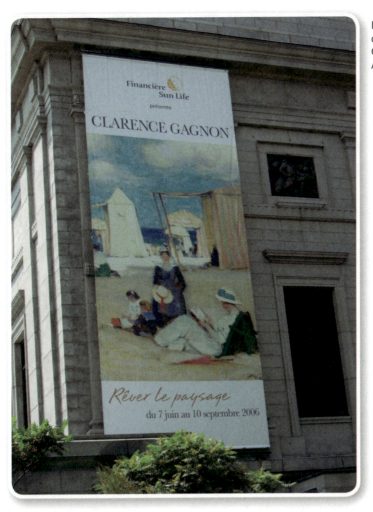

L'affiche pour une exposition des tableaux de Clarence Gagnon au Musée des Beaux-Arts à Québec en 2006.

à publier des illustrations dans plusieurs périodiques et, plus tard, fait des illustrations pour livres. Il s'inspire du mouvement Art nouveau et d'autres illustrateurs québécois, comme Henri Julien. Massicotte dépeint pour la plupart des scènes nostalgiques, ou bien imaginaires selon quelques critiques, de la vie traditionnelle à la campagne. Une série de gravures intitulée « Nos Canadiens d'Autrefois », publiée en 1923, attire l'attention du public. Aujourd'hui on reconnaît Massicotte comme artiste qui a saisi en images le bon vieux temps du Canada français. Massicotte est mort à Montréal en 1929. Ses gravures se trouvent dans plusieurs musées au Québec.

	Clarence Gagnon	Édmond-Joseph Massicotte
date et lieu de naissance		
date et lieu de mort		
technique(s) artistique(s)		
style principal		

Nostalgie

	Clarence Gagnon	Édmond-Joseph Massicotte
caractéristiques du paysage québécois dans les œuvres (liste de 3 adjectifs qui décrivent les lieux représentés)		
activités des gens dans les œuvres (liste de 5 activités dépeintes dans plusieurs œuvres différentes)		
les thèmes les plus importants (d'après les scènes que vous avez vues)		
votre réaction face aux œuvres		

MARIA CHAPDELAINE DE LOUIS HÉMON

ACTIVITÉ 10

Louis Hémon est un auteur français qui a passé quelque temps au Québec au début du 20ième siècle, travaillant dans une ferme de la région du Lac-Saint-Jean. Son roman *Maria Chapdelaine* (publié en 1916) raconte la vie de Maria, une jeune femme qui habite chez ses parents dans une ferme au Québec. Maria doit choisir entre trois hommes qui souhaitent sa main en mariage : un coureur des bois qui mène une vie d'aventure, un émigrant assez riche qui réside dans une ville aux États-Unis et un fermier voisin qui lui offre une vie traditionnelle. Elle décide qu'elle aime le beau coureur des bois, mais cet aventurier meurt de froid dans la forêt pendant l'hiver. Ensuite, elle hésite entre les possibilités d'une vie urbaine dans un pays étranger et la vie traditionnelle à la campagne qui est dure mais qu'elle connaît. Lisez l'extrait suivant afin de comprendre comment et pourquoi elle arrive à sa décision. Ensuite, répondez aux questions sur le texte.

Maria **frissonna**; l'attendrissement qui était venu baigner son cœur **s'évanouit**; elle se dit une fois de plus : « Tout de même… c'est un pays dur, **icitte**. Pourquoi rester? »

Alors une troisième voix plus grande que les autres s'éleva dans le silence : la voix du pays de Québec, qui était à moitié un chant de femme et à moitié un sermon de prêtre. [....]

Elle disait : « Nous sommes venus il y a trois cents ans, et nous sommes restés… Ceux qui nous ont menés ici pourraient revenir parmi nous sans **amertume** et sans **chagrin**, car s'il est vrai que nous **n'**ayons **guère** appris, assurément nous n'avons rien oublié.

« Nous avions apporté d'outre-mer nos prières et nos chansons : elles sont toujours les mêmes. Nous avions apporté dans nos poitrines le cœur des hommes de notre pays, vaillant et vif, aussi prompt à la pitié qu'au rire, le cœur le plus humain de tous les cœurs humains : il n'a pas changé. Nous avons marqué un plan du continent nouveau, de Gaspé à Montréal, de Saint-Jean-d'Iberville à l'Ungava, en disant : ici toutes les choses que nous avons apportées avec nous, notre culte, notre langue, nos vertus et jusqu'à nos faiblesses deviennent des choses sacrées, intangibles et qui devront demeurer jusqu'à la fin.

« Autour de nous des étrangers sont venus, qu'il nous plaît d'appeler des barbares ; ils ont pris presque tout le pouvoir ; ils ont acquis presque tout l'argent ; mais au pays de Québec rien n'a changé. Rien ne changera, parce que nous sommes un **témoignage**. De nous-mêmes et de nos destinées, nous n'avons compris clairement que ce devoir-là : persister... nous maintenir... Et nous nous sommes maintenus, peut-être afin que dans plusieurs siècles encore le monde se tourne vers nous et dise : Ces gens sont d'une race qui ne sait pas mourir... Nous sommes un témoignage.

« C'est pourquoi il faut rester dans la province où nos pères sont restés, et vivre comme ils ont vécu, pour obéir au commandement inexprimé qui s'est formé dans leurs cœurs, qui a passé dans les nôtres et que nous devrons transmettre à notre tour à de nombreux enfants : Au pays de Québec rien ne doit mourir et rien ne doit changer... »

(Louis Hémon, *Maria Chapdelaine : Récit du Canada français*, 1914)

Vocabulaire	Synonyme/Définition en français	Équivalent en anglais
frissonner	trembler soudainement et légèrement	*to shudder*
s'évanouir	disparaître	*to vanish*
icitte	ici	*here*
une amertume amer/amère	un ressentiment ou goût amer le contraire d'un goût sucré	*a bitterness bitter*
un chagrin	une tristesse, une amertume	*a sorrow*
ne...guère	pas beaucoup, pas très	*not much*
un témoignage	une preuve	*evidence*

LE FILM *Maria Chapdelaine* (1983)

Le roman *Maria Chapdelaine* a été adapté au cinéma en 1934 par Julien Duvivier, puis en 1983 par Gilles Carle.

QUESTIONS SUR *MARIA CHAPDELAINE* DE LOUIS HÉMON (1916)

1. Comment est la « voix » qu'entend Maria lorsqu'elle pense à son avenir ? Qu'est-ce qui influence cette voix ?

2. Qu'est-ce que les Français ont apporté au Nouveau Monde ? Est-ce que ce sont des choses matérielles ou immatérielles ? Lesquelles sont plus importantes ? Expliquez votre pensée à ce sujet.

3. Qui sont les « étrangers » qui sont venus ? Qu'est-ce qu'ils ont pris ? Est-ce que ce sont des choses matérielles ou immatérielles ? Est-ce que la perte de ces choses a changé les Français ? Expliquez.

4. La voix imagine l'avenir du peuple québécois. Quel est cet avenir ?

5. Maria Chapdelaine obéit à cette voix. Est-ce qu'elle choisit le riche commerçant qui habite aux États-Unis ou le voisin qui travaille sur sa ferme? Quelles sont les raisons qui l'ont poussée à faire ce choix?

6. Pour vous, l'idée de rester dans le voisinage de vos parents et de continuer les traditions de votre famille est-elle importante? S'il vous fallait choisir entre une vie nouvelle confortable et le devoir de maintenir les traditions de votre famille, que choisiriez-vous? Expliquez votre choix.

LA CHASSE-GALERIE D'HONORÉ BEAUGRAND

ACTIVITÉ 11

La Chasse-galerie est une légende québécoise qui raconte le voyage extraordinaire d'un groupe de bûcherons qui veulent quitter la forêt où ils travaillent et retourner au village pour danser avec leurs «blondes» (petites amies) la veille du jour de l'An. Le problème est qu'ils n'ont que six heures pour faire l'aller et le retour. Donc, il va falloir trouver un moyen de transport fantastique. La version de cette légende, écrite par Honoré Beaugrand en 1900, est la version définitive de l'histoire. Lisez l'extrait qui suit, puis répondez aux questions qui s'y rapportent.

Je dormais donc depuis assez longtemps lorsque je me sentis secouer rudement par le boss des **piqueurs**, Baptiste Durand, qui me dit:

– Joe! minuit vient de sonner et tu es en retard pour le saut du quart. Les camarades sont partis pour faire leur tournée et moi je m'en vais à Lavaltrie voir ma blonde. Veux-tu venir avec moi?

– À Lavaltrie! lui répondis-je, es-tu fou? nous en sommes à plus de cent **lieues** et d'ailleurs aurais-tu deux mois pour faire le voyage, qu'il n'y a pas de chemin de sortie dans la neige. Et puis, le travail du lendemain du jour de l'an?

– Animal! répondit mon homme, **il ne s'agit pas de cela**. Nous ferons le voyage en **canot** d'**écorce** à l'**aviron**, et demain matin à six heures nous serons de retour au **chantier**.

Je comprenais. Mon homme me proposait de courir la **chasse-galerie** et de risquer mon salut éternel pour le plaisir d'aller embrasser ma blonde, au village. C'était **raide**! Il était bien vrai que j'étais un peu **ivrogne** et débauché et que la religion ne me fatiguait pas à cette époque, mais risquer de vendre mon âme au diable, ça me surpassait.

– Cré **poule mouillée**! continua Baptiste, tu sais bien qu'il n'y a pas de danger. Il s'agit d'aller à Lavaltrie et de revenir dans six heures. Tu sais bien qu'avec la chasse-galerie, on voyage au moins 50 lieues à l'heure lorsqu'on sait manier l'aviron comme nous. Il s'agit tout simplement de ne pas prononcer le nom du bon Dieu pendant le trajet, et de ne pas s'accrocher aux croix des clochers en voyageant. C'est facile à faire et pour éviter tout danger, il faut penser à ce qu'on dit, avoir l'œil où l'on va et ne pas prendre de boisson en route. J'ai déjà fait le voyage cinq fois et tu vois bien qu'il ne m'est jamais arrivé malheur. Allons mon vieux, prends ton courage à deux mains et, si le cœur t'en dit, dans deux heures de temps nous serons à Lavaltrie. Pense à la petite Liza Guimbette et au plaisir de l'embrasser. Nous sommes déjà sept pour faire le voyage mais il faut être deux, quatre, six ou huit et tu seras le huitième.

Le canot volant de la légende de *La Chasse-galerie* représente la culture québécoise tradition-nelle et se voit partout, sur des enseignes de boutiques (comme celle-ci) ou sur des étiquettes de produits (comme la bière «Maudite» de la compagnie Unibroue).

– Oui! tout cela est très bien, mais il faut faire un serment au diable, et c'est un animal qui n'entend pas à rire lorsqu'on s'engage à lui.

– Une simple formalité, mon Joe. Il s'agit simplement de ne pas **se griser** et de faire attention à sa langue et à son aviron. Un homme n'est pas un enfant, que diable! Viens! viens! nos camarades nous attendent dehors et le grand **canot de la drave** est tout prêt pour le voyage.

Je me laissai entraîner hors de la cabane où je vis en effet six de nos hommes qui nous attendaient, l'aviron à la main. Le grand canot était sur la neige dans une clairière et avant d'avoir eu le temps de réfléchir, j'étais déjà assis dans le devant, l'aviron pendant sur le plat-bord, attendant le signal du départ. J'avoue que j'étais un peu troublé, mais Baptiste qui passait, dans le chantier, pour n'être pas allé à **confesse** depuis sept ans ne me laissa pas le temps de me débrouiller. Il était à l'ar-rière, debout, et d'une voix vibrante il nous dit :

– Répétez avec moi!

Et nous répétâmes :

– Satan! roi des enfers, nous te promettons de te **livrer** nos âmes, si d'ici à six heures nous prononçons le nom de ton maître et du nôtre, le bon Dieu, et nous touchons une croix dans le voyage. À cette condition tu nous transporteras à travers les airs, au lieu où nous voulons aller et tu nous ramèneras de même au chantier!

(Honoré Beaugrand, *La Chasse-galerie : Légendes canadiennes* [Montréal : 1900].)

Vocabulaire	Synonyme/Définition en français	Équivalent en anglais
un piqueur	ouvrier qui travaille avec un bâton muni d'un pic (ici : un ouvrier qui découpe le bois sur la rivière avec un pic)	worker who uses a pick (here: a worker who frees logs that get stuck as they flow downstream by means of a pick)
une lieue	au Canada mesure linéaire équivalent à trois milles	in Canada the equivalent of three miles
il ne s'agit pas de cela	ce n'est pas là la question	it's not about that
un canot	embarcation légère sans pont, un petit bateau	a canoe
une écorce	l'extérieur de l'arbre	a tree bark
un aviron	une rame	a paddle
un chantier	une zone de travaux	a work site
une chasse-galerie	canot qui vole dans les airs, poussé par le diable	a flying devil propelled canoe
raide (argot)	fou	crazy
un/une ivrogne	quelqu'un qui boit trop d'alcool	a drunkard
une poule mouillée	personne qui manque de courage	chicken (lit. "wet chicken")
se griser	boire trop d'alcool	to get drunk
le canot de la drave (reg.)	grand canoë utilisé par les bûcherons pour descendre le fleuve	large canoe used by loggers to drive downriver
la confesse	l'acte de confession (rituel catholique où une personne déclare ses péchés à un prêtre)	(Catholic) confession
livrer	donner	to give up, to deliver

QUESTIONS SUR *LA CHASSE-GALERIE* DE HONORÉ BEAUGRAND (1900)

1. Qu'est-ce que Baptiste propose à Joe? Pourquoi le lui propose-t-il?
2. Quel moyen de transport propose Baptiste? Comment est-ce possible? Quelles sont les conditions du voyage?
3. Combien de temps faut-il normalement pour voyager à cheval jusqu'à Lavaltrie? Et combien de temps en canot volant?
4. Quelles peuvent être les conséquences, pour Joe, de ce voyage? Quels en sont les bénéfices?

5. Expliquez la tension entre les règles de la religion catholique et les amusements de la culture populaire (la danse, les filles, l'alcool) dans ce texte. Qu'est-ce qui est plus important pour ces hommes, la religion ou la veillée? Pourquoi le croyez-vous?

6. Les hommes arrivent à Lavaltrie et s'amusent à la veillée. Joe danse avec sa « blonde », Liza Guimbette, mais Baptiste boit un peu trop. Comment imaginez-vous la fin de cette histoire? Inventez votre fin à l'histoire et, si vous le désirez, comparez-la avec le texte intégral disponible sur le site du Project Gutenberg sur internet.

BONHEUR D'OCCASION DE GABRIELLE ROY

ACTIVITÉ 12

Gabrielle Roy (1909–1983) est une des auteures les plus connues du Québec. Son roman *Bonheur d'occasion*, publié en 1945, raconte la vie de la famille Lacasse qui habite le quartier Saint-Henri à Montréal dans les années 1930 et 1940. C'est l'histoire d'une famille venue en ville à la recherche de travail. D'une part, Roy nous raconte les difficultés de cette vie, surtout pour les parents qui s'adaptent mal au milieu urbain. D'autre part, le roman suit les amours de Florentine, la fille aînée de la famille qui travaille comme serveuse. Florentine doit décider entre Jean (un bel homme séduisant qui ne rêve que de devenir riche et de quitter Saint-Henri) et Emmanuel (un jeune militaire sympathique et timide qui lui offre une vie stable mais sans passion). Dans l'extrait qui suit, on rencontre Rose-Anna, la mère de Florentine, qui décrit les inconvénients de la vie urbaine à cette époque. Répondez aux questions préliminaires et discutez-en avec vos camarades. Ensuite, lisez l'extrait et répondez aux questions qui se rapportent à la compréhension de l'extrait.

A. Questions préliminaires :

1. Qu'est-ce que vous associez au printemps? Quel temps fait-il dans votre région au printemps? Quel temps fait-il au printemps au Québec?

2. Quand vous étiez jeune, est-ce qu'un de vos parents a jamais perdu son travail? Si oui, qu'est-ce qui a changé dans votre famille? Si non, comment est-ce que votre vie aurait été différente si vos parents n'avaient pas pu travailler?

3. Où habite votre famille : en ville, dans la banlieue, à la campagne, à la montagne, au bord de la mer? Aimez-vous l'endroit où vous habitez? Voulez-vous déménager un jour? Si oui, pourquoi? Si non, pourquoi pas?

B. « *Bonheur d'occasion* : Le printemps » (extrait)

Dans sa vie de femme mariée, deux événements s'associaient toujours au printemps; elle était **enceinte** et, dans cet état, il lui fallait se mettre sur le chemin pour trouver un logis. Tous les printemps, ils déménageaient.

Dans les premières années, pour mieux se loger. Oui, autrefois, Azarius [son mari] et elle aussi se fatiguaient de leur petit logement. Dès la fin de l'hiver, ils se mettaient à désirer quelque chose de plus frais, de plus clair, de plus grand, car la famille augmentait. Azarius surtout était pris d'une véritable folie. Il parlait d'avoir une maison avec un jardinet où il planterait des choux et des carottes. Et elle, qui venait de la campagne, était tout émue, toute joyeuse, à l'idée de voir pousser des légumes sous ses fenêtres. Mais c'était toujours des cheminées d'usines ou des **masures entassés** qui s'élevaient devant ses fenêtres.

La légende de la Chasse-galerie est le sujet d'une chanson écrite par Claude Dubois en 1992. Cette chanson a été interprétée par Claude Dubois et d'autres chanteurs populaires québécois, comme Eric Lapointe et Boom Desjardins. Recherchez la chanson sur l'internet pour en savoir plus!

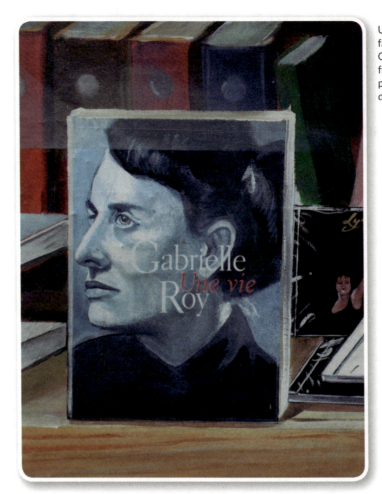

Un des livres de Gabrielle Roy fait partie de la fresque des Québécois à Québec, immense fresque qui commémore les personnages les plus importants de l'histoire québécoise.

Plus tard, quand Florentine et Eugène [leurs enfants] eurent l'âge d'aller à l'école, déjà ils ne déménageaient plus de leur propre **gré**, mais parce qu'ils ne payaient pas régulièrement le propriétaire, et qu'il fallait bien trouver un logis moins coûteux, tandis que le prix des loyers montait et que les maisons habitables devenaient de plus en plus rares.

Autrefois, quand elle se mettait en route pour chercher un logement, elle en avait une idée claire, nette. Elle voulait une véranda, une cour pour les enfants, un salon. Et Azarius l'encourageait : « Tout ce qu'il y a de mieux, Rose-Anna. Prends tout ce qu'il y a de mieux. »

Ses **démarches** se limitaient depuis longtemps déjà à trouver un logis, n'importe lequel. Des murs, un plafond, un plancher; elle ne cherchait qu'un **abri**.

Elle s'arrêta à une réflexion amère : plus la famille avait été nombreuse, plus leur logement était devenu **étroit** et sombre.

Le grand chômage avait affecté Azarius l'un des premiers, car il était **menuisier** de son métier. Trop fier pour accepter n'importe quel travail, il n'avait cherché un emploi que dans les industries de son métier. Puis il s'était découragé; comme tant d'autres, il avait fini par demander le **secours** de l'État.

Les pires jours de leur vie! songeait Rose-Anna. L'**allocation** pour le **loyer** était presque rien. Ça faisait rire les propriétaires quand on leur offrait dix dollars par mois pour un logis de quatre pièces.

Alors Azarius s'engageait à payer une différence de quelques dollars. Toujours optimiste, jamais guéri de sa folle confiance, il disait: «Je ferai toujours ben une **piasse** icitte et là; on s'arrangera.» Mais, en fin de compte, il avait peu travaillé ou l'argent était allé **boucher d'autres trous**. Il n'avait pu tenir ses engagements et, dès le printemps, encore une fois, un propriétaire furieux les mettait dehors.

Le soleil, déjà, ruisselait dans la rue. Aux **pignons** des maisons pendaient des glaçons **effilés**, brillants comme du cristal. Quelques-uns se détachaient avec un bruit sec et s'effritaient aux pieds de Rose-Anna en petits morceaux de verre broyé. Elle avançait très lentement, en cherchant un appui de la main et toujours avec la crainte de tomber. Puis ses **semelles** retrouvaient la neige **molle** où elle enfonçait avec une grande fatigue, mais où elle ne sentait plus l'inquiétude de glisser.

Le printemps, elle l'avait aimé autrefois!

(Gabrielle Roy, *Bonheur d'occasion* [Montréal: Éditions du Boréal, 1993], 96-97. © Fonds Gabrielle Roy)

Vocabulaire	Synonyme/Définition en français	Équivalent en anglais
enceinte	avoir un bébé dans le ventre	*pregnant*
une masure	une maison de gens pauvres	*a shack*
entassé/e	ici: serré	*here: stuck together*
le gré	la volonté	*the free will*
les démarches (f.)	des pas	*steps*
un abri	un lieu où on peut se mettre à couvert du mauvais temps, du danger, des bombardements, etc.	*a shelter*
étroit/e	pas large ici: serré	*narrow* *here: confining, cramped*
un menuisier	un artisan du bois	*a carpenter*
un secours	une aide	*an assistance*
une allocation	une aide financière de l'État	*a government subsidy*
un loyer	ici, la somme d'argent qu'on paie pour louer un appartement	*a rent*
une piasse (québécisme)	un dollar (expression québécoise)	*a buck*
boucher des trous	ici, au sens figuratif, payer d'autres factures	*to fill the holes* *here, to pay other bills*
un pignon	le sommet du toit d'un bâtiment	*a gable*

LE FILM *Bonheur d'occasion*

Voulez-vous savoir lequel des deux hommes Florentine choisit et qu'est-ce qui arrive à sa famille? Lisez le roman et/ou visionnez le film *Bonheur d'occasion* de Claude Fournier qui est sorti en 1983.

Nostalgie

Vocabulaire	Synonyme/Définition en français	Équivalent en anglais
effilé/e	mince et long	*slender*
une semelle	dessous d'une chaussure	*sole of a shoe*
mou/molle	pas dur/e	*soft*

QUESTIONS SUR *BONHEUR D'OCCASION*

1. Quels sont les deux événements que Rose-Anna associe avec le printemps? Comparez-les avec vos idées sur le printemps.
2. Pourquoi la famille Lacasse déménageait-elle chaque année?
3. Quel type de logement voulaient-ils? Quel type de logement ont-ils loué?
4. Qu'est-ce qui est arrivé quand le père de famille, Azarius, a perdu son travail de menuisier? Pourquoi?
5. Comment sont les rues de Montréal au printemps?
6. Décrivez l'état d'esprit de Rose-Anna : est-elle fâchée, triste, résignée, optimiste? Expliquez votre réponse.
7. On répète souvent le mot « autrefois ». De quel « autrefois » s'agit-il? Imaginez comment étaient ces « autrefois » pour Rose-Anna.
8. Dans cet extrait, vous n'avez pas rencontré Florentine, mais son histoire est centrale au roman. Elle a vécu, dans son enfance, tous les déménagements et toutes les difficultés financières de la famille. Maintenant, elle a le choix de poursuivre sa passion pour Jean ou de se contenter d'une vie stable avec Emmanuel. Qu'est-ce que vous lui conseilleriez?

ADRIEN HÉBERT, PEINTRE URBAIN

ACTIVITÉ 13

Adrien Hébert (1890–1967) est un peintre québécois connu pour ses tableaux du Montréal de la première moitié du 20ième siècle. Recherchez sur internet quelques-uns de ses tableaux, surtout les scènes de la rue Sainte-Catherine, de la rue Saint-Denis et du Port de Montréal. Répondez ensuite aux questions suivantes.

QUESTIONS SUR ADRIEN HÉBERT, PEINTRE URBAIN

1. Quel est le style des tableaux d'Hébert? Vous rappellent-ils d'autres peintres connus?
2. Quels sont les sujets préférés d'Hébert? Décrivez les scènes, les thèmes et le ton des tableaux que vous avez vus.
3. À votre avis, Hébert aimait-il la ville de Montréal et la vie urbaine moderne? Expliquez votre réponse.
4. Comparez les tableaux des scènes urbaines d'Hébert aux paysages de Clarence Gagnon ou d'Edmond-Joseph Massicotte (voir activité 9). Quelles en sont les similarités et les différences?
5. Que pensez-vous des tableaux d'Hébert?

L'ARCHITECTURE : LA MAISON MONTRÉALAISE

L'architecture des maisons dans la ville de Montréal se caractérise par des escaliers extérieurs. Les maisons en rangée, construites généralement entre 1890 et 1930 (une période d'urbanisation rapide), sont des maisons en brique ou en pierre à trois étages avec trois appartements séparés. Chaque appartement a sa propre porte d'entrée qui donne sur la rue, et il y a normalement un escalier extérieur pour monter au premier étage où se trouve l'appartement principal. Traditionnellement, ces maisons sont occupées par une famille : les parents au premier étage et les grands-parents et les enfants (adultes ou mariés) à l'étage, au-dessus ou au-dessous. Mais pourquoi mettre l'escalier à l'extérieur avec des hivers si neigeux? D'une part, l'escalier extérieur est pratique car il élargit l'espace à l'intérieur de la maison, espace dont les familles nombreuses avaient besoin! L'escalier extérieur permet aussi de faire des économies sur le chauffage, car il y a moins d'espace commun à l'intérieur à chauffer. D'autre part, on dit qu'il était préférable, aux familles venues de maisons individuelles à la campagne, d'avoir chacune sa propre porte d'entrée qui donne sur la rue. Elles pouvaient ainsi garder, d'une certaine manière, leur indépendance.

ACTIVITÉ 14

La famille Plouffe est une famille fictive inventée par Roger Lemelin. Son roman, *Les Plouffe*, publié en 1948, raconte la vie de cette famille typique québécoise qui habite la ville de Québec pendant les années 1930–1940. Le roman de Lemelin a été adapté à la radio en 1952 puis à la télévision comme téléroman hebdomadaire de 1953 à 1959. La série télévisée *La Famille Plouffe* a connu un succès fou dans les années 1950; c'est le premier téléroman francophone diffusé au Québec. On a finalement adapté le roman au cinéma en 1981. Recherchez *La Famille Plouffe* sur internet et lisez le synopsis du roman ou de la série. Puis, regardez, si possible, un clip de la série télévisée ou du film. Répondez ensuite aux questions suivantes.

QUESTIONS SUR *LA FAMILLE PLOUFFE*

1. Comment s'appellent les personnages principaux? Que pensez-vous de ces prénoms traditionnels?
2. Combien de personnes habitent la maison des Plouffe? Quel âge ont-ils? Habitent-ils à la campagne ou dans un milieu urbain? Que pensez-vous de cette situation?
3. Quelle est la situation économique de la famille Plouffe? Sont-ils riches, aisés, de la classe moyenne ou plutôt pauvres? Comment le savez-vous?
4. Quels problèmes affrontent les personnages? Expliquez les liens entre ces problèmes et ce qui se passait au Québec pendant les années 1930 et 40.
5. Racontez l'histoire du clip que vous avez visionné. Que pensez-vous de ce clip?
6. Qu'est-ce qui se passait au Québec entre 1953 et 1959? Pourquoi la série télévisée des Plouffe était-elle si captivante pour les gens à cette époque?

« MÉMÈRE » DE LUCIE THERRIEN

ACTIVITÉ 15

Lucie Therrien est une chanteuse et musicienne franco-américaine de la Nouvelle-Angleterre. Elle écrit des chansons qui racontent l'histoire de l'immigration des Québécois vers la Nouvelle-Angleterre et parlent de la culture franco-américaine. Dans la chanson « Mémère », Therrien imagine une conversation entre une petite-fille et sa grand-mère. Lisez les paroles de la chanson et recherchez, si vous le désirez, la vidéo sur internet. Répondez ensuite aux questions.

> **Mémère**, please tell me your story again,
> The one where you worked as a child at the mill.
>
> Mon enfant, she would say, viens t'asseoir près de moi
> Laisse-moi te **bercer** dans mes bras
> Et ne pleure surtout pas, quand je parle de la fois
> Où j'étais un[e] enfant, employée d'la factrie.
> J'étais une **fileuse** au moulin de coton
> Je travaillais toute la journée, au métier à **tisser**
> Pendant de longues heures, partie de la **main-d'œuvre,**
> Avec un foreman, qui **guettait** c'que je faisais.

LA BOLDUC ET L'EXODE

Une Gaspésienne du nom de Mary Travers, dite La Bolduc d'après le nom de son mari, est une personne exceptionnelle dans l'histoire de la chanson et de l'industrie de la musique. Elle a été à la fois une compositrice-parolière-interprète et la première femme d'affaires au Québec. Elle est l'extraordinaire porte-parole musical de son temps et de ses contemporains. Elle a sûrement mérité le titre de « Reine des chanteurs folkloriques canadiens ». Dans sa chanson « Ça va v'nir découragez-vous pas », elle essaie de retenir ses contemporains de partir à la recherche de travail aux États-Unis. Lisez d'abord les paroles de la chanson qui se trouvent sur internet, car vous pouvez trouver la prononciation populaire de La Bolduc et la qualité du son un peu difficiles à comprendre. Vous serez alors prêt/e à mieux comprendre son interprétation musicale qui se trouve également sur internet.

Nostalgie

Mémère, tell how you moved to New England,
The farm that you left in Québec

Écoute, ma jolie, nous étions tous petits
Ébahis par la grande industrie
Bâtie dans les grandes villes, des États-Unis
Exilés de la mère patrie
Le bruit des machines, nous rendait **sourds**
Nos **poumons**, engorgés de **poussière** de laine
Mais on pouvait s'acheter, à la fin de la semaine
Du **tissu** fabriqué par les mains de nos ouvriers

Mémère, tell me again, how you met pépère
How you wed at only fifteen

Ah, she would say, je l'ai rencontré
A la danse, vers la fin d'la veillée
On nous a présentés à la communauté
De la ville située autour d'la factrie.
Il était le meilleur des **gigueux** de la place
Il dansait librement, au son du violon
Après un bon set, il est venu me raconter
Sa vie à l'**atelier**, d'la factrie, comme **lainier**.

Mémère, please explain why I talk in English
And you always answer in French.

Tu vois, she explained, pour parler au patron
Au voisin, au **commis voyageur**
Il fallut, nous les étrangers, apprendre à communiquer
S'ajuster, être acceptés, dans la société.
Engagés pour notre labeur, on **s'assimilaient** de peur,
De ressortir, par malheur, au milieu de la foule
Mais le soir, à la maison, on sortait le gros **chaudron**
Pour **mijoter** les bons **mets** de nos traditions.

Mémère, please explain, mémère. Tell me that story again, mémère…

(« Mémère » : Lucie Therrien © 1992,
Website : www.LucieT.com)

Vocabulaire	Synonyme/Définition en français	Équivalent en anglais
une mémère	une grand-mère	a granny
bercer	calmer par un mouvement doux	to cradle/rock a baby

Vocabulaire	Synonyme/Définition en français	Équivalent en anglais
une fileuse	une femme qui travaille un métier à filer	*a spinner*
tisser	fabriquer un tissu	*to weave*
une main-d'œuvre	un ouvrier	*a laborer*
guetter	surveiller	*to watch over*
ébahi/e	étonné	*dumbfounded*
sourd/e	quand on ne peut pas entendre	*deaf*
un poumon	un organe pour respirer	*a lung*
une poussière	une particule très fine	*a dust*
un tissu	un matériau pour les vêtements, etc.	*a cloth*
gigueux /une gigueuse	une personne qui danse la gigue	*a gig-danser*
un atelier	un lieu de travail	*a workshop*
un lainier/une lainière	celui qui fabrique de la laine	*a wool-maker*
un commis voyageur	un vendeur qui prend la route pour vendre sa marchandise d'un endroit à un autre	*a traveling salesman*
s'assimiler	devenir comme les gens de la majorité	*to assimilate*
un chaudron	une grande marmite	*a cooking pot*
mijoter	faire cuire doucement	*to simmer*
un mets	un plat	*a dish (of prepared food)*

QUESTIONS SUR « MÉMÈRE » DE LUCIE THERRIEN

1. Qu'est-ce que la grand-mère faisait comme travail? Comment était ce travail?
2. Pour quelles raisons est-ce que la grand-mère et sa famille ont quitté le Québec? Est-ce que la vie aux États-Unis était meilleure que celle au Québec?
3. Où est-ce que les grands-parents ont fait connaissance? Quelles activités sociales étaient populaires parmi les immigrants?
4. Quand est-ce que la grand-mère parlait anglais et quand est-ce qu'elle parlait français? Quelles activités sont associées à l'usage du français?
5. Cette chanson est bilingue. Quel est l'effet que produit la combinaison du français et de l'anglais?

Nostalgie

ACTIVITÉ 16 : ALLONS AU CINÉMA!

Mon oncle Antoine a remporté sept prix Génie (l'Oscar canadien). Des jurys composés de membres de l'industrie canadienne du film en 1984, 1994 et 2004 ont acclamé ce film comme le meilleur film canadien de tous les temps.

A. Questions préliminaires à réflexion

    1. Le film est-il un bon ou un mauvais médium pour faire passer un message? Pourquoi le croyez-vous?

    2. D'après vous, quels sont les éléments cinématographiques qui sont uniques à ce médium?

B. Préparation au visionnement du film

Mon oncle Antoine est un film sombre à l'image de la vie telle qu'elle était dans un petit village de la région de Black Lake au Québec, dans les années 1940. L'histoire se déroule tôt le matin du 24 décembre jusqu'à tard dans la nuit du 25 décembre. Benoît, le personnage principal, est un orphelin de 14 ans qui est en train de passer de l'enfance à l'adolescence. Pendant ces quelque 24 heures, il découvre la différence entre l'amitié et l'attraction sexuelle, la perfection du corps féminin, l'adultère de sa tante, l'alcoolisme de son oncle, la mort et le deuil (*sorrow, grief*) qui s'ensuit, les artifices dont on se sert quand quelqu'un meurt, l'indifférence paternelle et plus encore. Cependant, le côté joyeux du peuple n'est pas tout à fait négligé : la veillée au magasin général, l'annonce de fiançailles, la gigue (danse d'origine irlandaise et écossaise : *the jig*), l'alcool, les blagues, la chanson à laquelle on répond en chœur. Ce film du cinéaste-acteur Claude Jutra a été tourné en 1971, à l'apogée du mouvement séparatiste au Québec. Le film *Mon oncle Antoine*, dans la version originale de l'Office National du Film, est disponible sur internet. Visionnez le film, puis répondez aux questions qui s'y rapportent.

C. Questions sur *Mon oncle Antoine*

    1. Dans les toutes premières scènes, on voit un échange verbal entre un employé (Joe Paulin) et son contremaître. Quelle est l'attitude du contremaître anglophone et celle de l'employé francophone au cours de cet échange? Quel est le ton du contremaître? De quels mots et de quelles expressions se sert Joe Paulin pour s'exprimer?

    2. Black Lake est une région de mines d'amiante (*asbestos*), dont la dernière a été fermée en 2011. D'après les visages des villageois et les maisons du village, comment voyez-vous la vie des gens de cette région? Est-ce qu'il a une scène qui vous a particulièrement frappé/e, touché/e, ému/e, amusé/e?

    3. Quel est le moment le plus important, pour les villageois, en cette saison hivernale? Qu'est-ce qui le rend plus important, plus dramatique et plus amusant cette année?

    4. Le patron de la mine d'amiante distribue des cadeaux à ses employés la veille de Noël. Comment fait-il sa distribution? Montre-t-il qu'il s'intéresse à ses employés? À votre avis, est-il généreux ou chiche? Quelle est la réaction des villageois en recevant leur cadeau? Que fait Benoît? Approuve-t-on ou désapprouve-t-on son geste? Qui, en particulier, semble apprécier ce qu'il a fait? Et lui, Benoît, comment voit-on qu'il est fier de ce qu'il a fait?

    5. De retour au village après avoir récupéré le corps du jeune garçon à la campagne, l'oncle Antoine dans son ivresse raconte sa vie à Benoît. Que pense-t-il de sa vie?

6. En quoi est-ce que *Mon oncle Antoine* a contribué, selon vous, à la conscience séparatiste chez les Canadiens français de l'époque?

7. Quelle était la hiérarchie sociale dans cette région? Si vous étiez né/e dans cette société, qui auriez-vous voulu être dans cette hiérarchie et pourquoi?

IV. Le français au Québec : Les « sacres »

ACTIVITÉ 17

Les « sacres » sont des gros mots ou des jurons qui sont uniques au français québécois. Lisez le texte suivant qui explique ce phénomène, puis répondez aux questions qui s'y rapportent.

LES « SACRES » AU QUÉBEC

« Le sacre » constitue un élément tout à fait unique et distinctif du parler québécois. Le sacre est l'expression d'une émotion : colère, joie, frustration, étonnement, etc. Il est parfois simplement un renforcement de l'idée exprimée. Ce que le sacre a de distinctif est qu'il relève du vocabulaire du sacré, ce qui n'est le cas ni en français hexagonal ni en anglo-saxon. Le plus souvent le mot religieux est déformé, mais non moins reconnaissable. Il est important d'ajouter que le même sacre peut servir à exprimer un éventail d'émotions selon le contexte et l'intonation. Enfin, le sacre québécois est un élément linguistique important : on en a recensé plus de 2 000.

Le sacre apparaît au Québec vers le milieu du 19ième siècle, quand le clergé s'est imposé davantage dans la population et les institutions locales se sont affaiblies par la Conquête. Jusqu'aux années 1970, ce sont les hommes du peuple qui sacrent; les hommes des classes supérieures (médecins, avocats, juges, professeurs) et, bien sûr, les prêtres et les membres des communautés religieuses ne sacrent jamais. Les femmes non plus ne sacrent pas; elles se servent d'expressions considérées comme des imprécations (des prières), telles que « Doux Jésus » et « Seigneur ».

Un t-shirt avec message osé en vente au Québec.

Voici quelques sacres québécois avec leur dérivé religieux, leur équivalent en français de France ou bien avec un exemple tiré de la langue courante.

Dérivés religieux	Sacres québécois	Équivalents français
un calice (câlisse) (le vase utilisé par le prêtre à la messe catholique pour changer le vin en sang du Christ)	Je me câlice (câlisse) de.../ Je m'en câlice (câlisse)	Je me fiche (fous) de.../ Je m'en fiche (fous)
	câlisser	foutre/donner un coup/ enculer
	Câline!	Tiens!/Pas possible!/ Incroyable!
un tabernacle (lieu sacré fermé à clef, sur ou derrière l'autel; il met à l'abri les hosties qui dans la pensée catholique contiennent le corps du Christ)	tabarnac, tabarnak, taba-rouette, tabarnouche	Merde! Putain!
Christ (le fils de Dieu)	un crisse	un con
	crisser	foutre/ficher/donner
une hostie (le petit morceau de pain qui contient le corps de Christ qu'on prend à la communion pendant la messe)	hostie, hosti, ostie (de + adjectif)	Mon Dieu!/vraiment/ espèce (de + adjectif)

On peut même entendre toute une suite de sacres, par exemple dans cette expression d'extrême colère ou de frustration contre quelqu'un ou contre quelque chose : « Hostie de crisse de tabarnak de saint-ciboire de (+ adjectif) » – ce qui serait probablement traduit en français de France par l'expression « Merde, merde, et merde! ».

Depuis la Révolution tranquille des années 1960, suite à l'affaiblissement du pouvoir de l'église catholique et la diminution du nombre de catholiques pratiquants au Québec, le sacre se généralise dans la population québécoise. Aujourd'hui, on entend des sacres à la télévision, dans les films et dans les conversations de tous les jours. Pour les Français, les sacres québécois n'ont pas le même sens et certains trouvent ces expressions amusantes, mais au Québec ce sont de vrais jurons qu'on ne prononce pas dans les situations sociales polies ou formelles. Le sacre reste néanmoins, encore aujourd'hui, une ressource privilégiée des Québécois pour l'expression des émotions entre amis ou en famille.

QUESTIONS SUR « LES SACRES »

1. Pouvez-vous essayer de traduire les phrases suivantes en français de France (et/ou en anglais)?
   a. « Je m'en câlisse de ton nouveau char! »
   b. « Tabarnak! Crisse-moi la paix! »
   c. « T'es un p'tit crisse, hostie! »
   d. « Câline! C'est un hostie de gâteau! »

2. Les sacres québécois dérivent du lexique religieux. De quel domaine linguistique dérivent les gros mots en français et en anglo-saxon?

3. Comment expliquez-vous le rapport entre les sacres et la religion au Québec?

4. Selon vous, en quoi est-ce que les sacres contribuent à l'identité québécoise?

V. Voyage virtuel : La ville de Montréal

ACTIVITÉ 18

Explorons la ville de Montréal! Quand on parle de la vie urbaine au Québec, on pense surtout à Montréal, sa plus grande ville. Faites les activités suivantes afin de mieux connaître cette métropole.

A. Que savez-vous de Montréal?

Indiquez si les phrases suivantes sont vraies ou fausses. Vous trouverez les réponses à la fin du manuel (appendice A).

1. Montréal est la capitale de la province du Québec.
2. Plus de 50 % de la population québécoise habite la région de Montréal.
3. Le nom amérindien du village où se trouve Montréal aujourd'hui était Stadaconné.
4. Montréal tire son nom de « Mont-Royal », une grande colline au centre de la ville qui est aujourd'hui un parc naturel.
5. Au 19ième siècle, Montréal était plutôt un petit village pittoresque.
6. Montréal se trouve sur une île.

B. Montréal : Ville bilingue!

Lisez l'extrait suivant qui traite des divisions linguistiques et culturelles de la ville de Montréal en 1929. Faites ensuite des recherches sur internet afin de savoir si ces divisions existent toujours.

> « La population de la ville se partage ethniquement son territoire; les descendants de la race française, qui comptent pour les deux tiers, se trouvent en plus

Vue panoramique de la ville de Montréal depuis le sommet du Mont-Royal.

grand nombre dans la partie est et au nord du Mont-Royal, tandis que ceux de langue anglaise en occupent la partie ouest, et que le commerce et l'industrie se groupent principalement dans le sud; les races cosmopolites, au nombre d'une centaine de mille, forment une sorte de zône [sic] neutre entre l'est et l'ouest. »

(Victor Morin, *Croquis montréalais* [Montréal : Pacifique Canadien, 1929], 17)

C. Faisons du tourisme!

Recherchez « Montréal tourisme » sur internet afin de pouvoir répondre aux questions suivantes.

1. Comment voyagez-vous de chez vous à Montréal? Combien de temps durera votre voyage?

2. À Montréal, le quartier le plus ancien s'appelle le Vieux-Montréal ou le Vieux-Port. Qu'est-ce qui se trouve dans ce quartier aujourd'hui?

3. À Montréal, il y a plein de sites historiques à visiter. Choisissez trois sites historiques à visiter et décrivez-les. Pourquoi ces trois sites vous intéressent-ils?

4. Il y a aussi beaucoup de musées. Recherchez ces musées et dites pourquoi vous aimeriez y aller ou pas:

a. le Musée d'art contemporain

b. le Musée des beaux-arts

c. le Musée McCord

d. le Centre d'histoire de Montréal

5. À Montréal, il y a toutes sortes de fêtes et de festivals. Nommez un festival auquel vous aimeriez assister, dites quand il a lieu et expliquez pourquoi il vous intéresse.

6. Montréal est une ville gastronomique. Trouvez un restaurant qui vous intéresse et dites ce que vous y mangeriez.

7. Aujourd'hui, Montréal est une ville multiculturelle. Trouvez des quartiers ou des festivals internationaux à Montréal. Quelles cultures y sont représentées?

8. À Montréal, il y a beaucoup d'activités en plein air, comme le Jardin botanique, les pistes cyclables, le parc du Mont-Royal. Choisissez une activité en plein air qui vous intéresse et décrivez cette activité.

9. Aimeriez-vous visiter la ville de Montréal un jour? Pourquoi ou pourquoi pas?

VI. Synthèses

ACTIVITÉ 19 : À VOUS DE JOUER

Réfléchissez à ce que vous avez appris à propos de la vie au Québec après la Confédération (1867). Avec un(e) ou deux camarades de cours, choisissez un des sujets suivants et inventez un dialogue d'après la situation proposée. Utilisez votre imagination! Jouez votre sketch devant la classe.

1. Imaginez la conversation entre plusieurs membres d'une famille qui se demandent s'ils doivent quitter la campagne pour trouver du travail en ville. Une personne veut rester et continuer à mener la vie traditionnelle à la ferme; une autre préfère profiter des occasions économiques et culturelles de la ville.

2. Imaginez la conversation entre un/e Franco-américain/e et ses cousins qui habitent toujours au Québec. L'Étatsunisien/ne décrit la vie aux États-Unis et essaie d'encourager ses cousins à y immigrer.

3. Vous discutez avec Honoré Mercier qui vient de fonder le Parti national et Henri Bourassa qui vient de fonder le journal *Le Devoir*. Vous parlez de la mort de Louis Riel et ils essaient de vous convaincre de l'importance de défendre les droits des francophones. Vous trouvez que les Canadiens anglophones sont justes et que c'est grâce à eux que le Canada s'industrialise et devient prospère.

4. C'est la veille de la Première Guerre mondiale et on parle de la conscription. Il y en a qui ne veulent pas combattre et perdre leur vie pour la couronne britannique, mais d'autres pensent qu'une carrière militaire pourrait être un bon moyen d'échapper au travail d'ouvrier mal payé. Dans un échange d'idées avec un/une camarade de cours (ou même entre plusieurs), présentez l'une ou l'autre de ces positions.

5. Vous êtes fan de Maurice Richard et vous venez de regarder le match de hockey entre les Canadiens et les Bruins de Boston en 1955 quand Maurice Richard a frappé un arbitre (*referee*) de ligne qui le retenait, alors qu'un des joueurs de Boston frappait Maurice Richard au visage. Vous apprenez que le président de la LNH décide de suspendre Richard alors que ni le joueur bostonnais ni l'arbitre qui retenait Maurice Richard ne sont punis. Seul(e) ou en groupe, vous discutez des injustices et des préjugés des Anglophones à l'encontre les joueurs francophones et, ce faisant, vous utilisez probablement quelques sacres.

ACTIVITÉ 20 : À VOUS LA PAROLE

Réfléchissez à ce que vous avez appris à propos de la vie au Québec après la Confédération (1867). Choisissez un des sujets suivants et écrivez une rédaction d'une page minimum.

1. Pourquoi les Québécois sont-ils nostalgiques du bon vieux temps à la campagne et dans les petits villages? Est-ce que le travail manuel, l'isolement culturel et le manque d'éducation postsecondaire étaient vraiment bons pour les Québécois? Expliquez votre point de vue.

2. Vous avez appris, dans ce chapitre, que les traditions comme le Réveillon de Noël, la Saint-Jean-Baptiste et la cabane à sucre font partie de l'identité québécoise. Faites des recherches sur une autre tradition ou fête québécoise (fête traditionnelle ou moderne). Décrivez-la et expliquez comment elle fait partie de l'identité québécoise contemporaine.

3. Quel est le rôle de l'Église catholique pendant cette période (de 1867 à 1960)? Est-ce que l'Église a exercé le même pouvoir politique et social qu'auparavant? Expliquez.

4. Regardez un des films qui mettent en scène la vie de cette époque de l'histoire franco-canadienne : *Maria Chapdelaine* (1983), *Bonheur d'occasion* (1983), *la Famille Plouffe* (1981), *le Survenant* (2005) ou *Maurice Richard* (2005). Écrivez un compte rendu du film (résumé de l'intrigue, thèmes, réalisation et votre appréciation du film).

ÉGALITÉ

Graffiti séparatiste sur un mur à Québec.

Plus de 400 ans depuis l'arrivée de Jacques Cartier, près de 200 ans depuis la bataille des plaines d'Abraham, plus de 100 ans depuis la rébellion des Patriotes, les Francophones du Québec font la révolution! Mais ce n'est pas une révolution militaire, c'est une révolution tranquille (c'est du moins ainsi qu'on la nomme)…

I. Introduction : La liberté et l'égalité pour tous?

ACTIVITÉ 1
En petits groupes, répondez aux questions suivantes et discutez de vos réponses parmi les membres de votre groupe. Ensuite, comparez vos réponses avec celles des autres groupes.

1. En réfléchissant à l'histoire des pays démocratiques (de la France, des États-Unis et d'autres encore), pourquoi est-ce que l'égalité est, avec la liberté, au cœur de la philosophie démocratique? Quelles inégalités voulait-on corriger en changeant de gouvernement?
2. Que savez-vous du féminisme et du mouvement des droits civiques aux États-Unis pendant les années 1960? Ces mouvements ont-ils réussi? Expliquez comment ils ont réussi ou pourquoi ils ont échoué.
3. Est-ce que les arts, la musique et la littérature peuvent changer les opinions et l'esprit des gens? Est-ce que ce sont des agents de révolution sociale ou reflètent-ils simplement ce qui se passe dans la société? Citez des exemples.
4. Y a-t-il un lien (un rapport) entre l'éducation et l'égalité? Et entre l'argent et l'égalité? Expliquez votre pensée à ce sujet.
5. Est-il possible d'avoir une société où tous les gens sont égaux *et* où tous ont la liberté de faire ce qu'ils veulent? Quel est le rôle d'un gouvernement démocratique garantissant la liberté et l'égalité pour tous?

ACTIVITÉ 2 : SURVEILLE TON LANGAGE!
Le langage joue un rôle important dans la politique québécoise, mais est-il de même dans votre société? Faites les activités suivants, répondez aux questions, puis discutez de vos réponses avec vos camarades de classe.

A. Observations
 1. Nommez une personne (en politique, à la télé, etc.) qui parle anglais d'une manière qui lui donne un air de supériorité : _____
 2. Nommez une personne (en politique, à la télé, etc.) qui donne l'impression d'être bête quand elle parle anglais : _____
 3. Écrivez une expression que vous utilisez en conversation avec vos amis, mais que vous éviteriez d'utiliser en conversation avec des personnes d'un autre statut social ou des gens dans une position d'autorité (policiers, patrons, parents, professeurs, prêtres, etc.) : _____
 4. Écrivez un mot d'argot (*slang*) qui s'utilise souvent aujourd'hui et un autre qui était populaire quand vous étiez plus jeune mais qui ne s'utilise plus : _____, _____

B. Questions sur le langage

   1. Analysez vos réponses à la partie A et comparez-les avec les réponses de vos camarades de cours. Quels types de personnes ont un air de supériorité quand ils parlent? Lesquels ont l'air un peu bête? Comment savez-vous quand il faut et quand il ne faut pas employer un mot dans une situation? D'où viennent les mots d'argot? Comment savez-vous qu'il n'est plus acceptable d'employer un mot d'argot?

   2. Quel est le lien entre le langage et le statut social? La langue et l'éducation?

   3. En général, comment évalue-t-on les accents (régionaux ou étrangers)? Quels stéréotypes sont liés aux accents différents?

   4. La langue parlée change continuellement sous l'influence de forces socioculturelles. Quelles sont les influences les plus importantes sur le langage aujourd'hui?

   5. La langue qu'on parle est une expression de notre identité, mais souvent on parle plus d'une langue et/ou on parle de façon différente selon la situation dans laquelle on se trouve. À votre avis, quel est la relation entre l'identité et la langue qu'on parle?

II. Contextes : La Révolution tranquille et le Québec de 1960 à 1996

LES ANNÉES 1960

ACTIVITÉ 3

Dans les années 1960, il y a eu des changements radicaux dans plusieurs pays du monde. Combien des événements décrits ci-dessous connaissez-vous? Pour chaque numéro, choisissez dans la banque d'options (à la fin des numéros) la lettre de la réponse qui convient et écrivez-la dans les blancs. Vous trouverez les réponses à la fin de ce chapitre (appendice A).

ÉVÉNEMENTS DES ANNÉES 1960

   1. En 1963, _____C_____ prononce son célèbre discours «I have a dream» devant le Lincoln Memorial à Washington D. C., aux États-Unis.

   2. En 1962, en Afrique du Nord, les révolutionnaires gagnent leur guerre d'indépendance contre la France et _____F_____ devient un pays républicain indépendant.

   3. En 1960, la *Food and Drug Administration* autorise aux États-Unis la mise sur le marché de _____B_____. C'est une révolution pour les femmes qui, de plus en plus, travaillent hors de la maison.

   4. En 1969, l'astronaute _____G_____ fait le premier pas sur la lune. L'exploration de l'espace transforme la mentalité de beaucoup de gens.

   5. En 1968, au mois de _____D_____ en France, les étudiants et les ouvriers manifestent contre l'autorité universitaire, politique, économique et sociale. On s'attaque aux institutions et aux valeurs traditionnelles pour précipiter des changements sociopolitiques.

   6. En _____H_____, plusieurs pays africains deviennent indépendants, dont le Sénégal, la Côte d'Ivoire, le Bénin, le Mali, le Cameroun. C'est le début de la décolonisation de l'Afrique, les peuples africains rejettent finalement les colonisateurs européens et reprennent le pouvoir politique dans leur pays.

   7. En 1966, _____A_____ mène la Révolution culturelle en Chine en mobilisant les jeunes pour qu'ils remettent en cause toute hiérarchie établie.

8. En 1967, _____ *E* est exécuté en Bolivie. Il avait combattu l'inégalité socio-économique en Amérique latine et avait dénoncé l'exploitation de l'Amérique latine par les pouvoirs étatsuniens et soviétiques. Il devient une icône pour les révolutionnaires du «tiers-monde».

BANQUE D'OPTIONS

A. Mao Zedong
B. la pilule contraceptive
C. Martin Luther King Jr.
D. mai
E. Che Guevara
F. l'Algérie
G. Neil Armstrong
H. 1960

REPÈRES HISTORIQUES DE 1960 À 1996 : LA RÉVOLUTION TRANQUILLE

En 1960	Élection de Jean Lesage, un réformateur libéral qui a pour slogan «C'est le temps que ça change»; le système de santé devient accessible à tous; et les études scolaires deviennent gratuites et obligatoires jusqu'à l'âge de 16 ans.
En 1961	Création de l'Office de la langue française qui a pour but de promouvoir la langue française et la culture québécoise.
En 1963	À partir de 1963, le Front de libération du Québec (FLQ), un groupe extrémiste, fait sauter (exploser) des bombes à Montréal; à peu près 200 actes de violence sont commis par ce groupe en vue de promouvoir un Québec indépendant et socialiste.
En 1964	Création du Ministère de l'Education pour assurer l'éducation postsecondaire et universitaire aux Francophones.
En 1967	Montréal accueille l'Exposition universelle; visite de Charles de Gaulle qui irrite le gouvernement canadien en proclamant devant le peuple québécois «Vive le Québec...libre!» *→ Separate from Canada*
En 1968	René Lévesque fonde le Parti Québécois (PQ) qui aura pour but la souveraineté du Québec.
En 1970	La crise d'Octobre, période d'agitation quand le Front de Libération du Québec (FLQ) prend et otages l'attaché commercial de la Grande-Bretagne James Cross et le ministre de l'Immigration et du Travail du Québec Pierre Laporte; James Cross sera libéré tandis que Pierre Laporte sera assassiné.
En 1974	Le Parti libéral déclare le français la langue officielle du Québec.
En 1976	Première élection du Parti québécois; René Lévesque devient premier ministre; la ville de Montréal accueille des sportifs de 92 pays pour les Jeux Olympiques d'été.
En 1977	Adoption de la Charte de la langue française; le Parti québécois déclare le 24 juin jour de la «fête nationale du Québec».
En 1978	Le gouvernement provincial ouvre des bureaux dans douze pays pour promouvoir les relations internationales entre le Québec et d'autres pays; ces délégations du Québec existent toujours aujourd'hui et fonctionnent comme un consulat ou une ambassade.

[handwritten note near En 1963: style takes over education (#férd church)]

CHARLES DE GAULLE À MONTRÉAL

Recherchez sur internet la vidéo du discours de Charles de Gaulle à Montréal en 1967. Qu'est-ce que le général de Gaulle veut rappeler aux Québécois? Quel est, selon vous, l'objectif principal de son discours? Comment réagit la foule quand il proclame à la fin de son discours: «Vive le Québec...libre! »? Le général de Gaulle a avoué par la suite qu'il n'avait pas préparé cette dernière phrase, mais qu'elle lui a été inspirée sur place. Qu'est-ce qui l'aurait inspiré à faire une telle déclaration «séparatiste»? Et toujours d'après vous, comment a dû réagir le gouvernement fédéral à cette intrusion spectaculaire du général de Gaulle dans la politique interne d'un pays souverain?

LE QUÉBEC S'OUVRE AU MONDE

Pendant les années 1960 et 1970, le Québec commence à s'ouvrir au monde. L'Expo 67, la visite de Charles de Gaulle, la création du Ministère des Affaires intergouvernementales en 1967, l'ouverture de délégations internationales du Québec en 1978 et les Jeux Olympiques de 76 ne sont que quelques exemples de la volonté de la société québécoise de se faire connaître et de créer des échanges (culturels et économiques) avec d'autres pays.

En 1980	Premier référendum sur la souveraineté : le gouvernement provincial sollicite le mandat de négocier la souveraineté; 40% de la population au Québec vote «oui» à la souveraineté, 60% vote «non».
En 1985	Élection du Parti libéral.
En 1991	Le Bloc québécois , parti souverainiste au niveau fédéral, se voue à renforcer le pouvoir de la province du Québec au Canada.
En 1994	Élection du Parti québécois; l'ALÉNA (l'Accord de libre-échange nord-américain) entre en vigueur, permettant le développement des secteurs technologique, aérospatiale, pharmaceutique et agroalimentaire au Québec.
En 1995	Deuxième référendum : 49,4% de la population au Québec vote «oui», 50,58% vote «non».

HISTOIRE DU QUÉBEC MODERNE

ACTIVITÉ 4 :

Lisez l'histoire du Québec de 1960 à 1995 qui suit, puis répondez aux questions qui s'y rapportent.

LES ANNÉES 1960 ET LE MOUVEMENT SOUVERAINISTE

Pendant la deuxième moitié du 20ième siècle, les francophones du Québec ont progressivement gagné du terrain en politique provinciale et canadienne. C'est pendant les années 1960 que les francophones commencent pour de bon à prendre du pouvoir. L'élection du premier ministre libéral, Jean Lesage, en 1960 marque le début d'une période de changements politiques, économiques, sociaux et culturels qu'on appelle la Révolution tranquille. Lesage souhaite changer profondément la politique au Québec, afin d'améliorer la vie des Québécois et de protéger leurs droits. Sous Lesage, on forme l'Office de la langue française pour promouvoir la langue et protéger les droits des francophones en ce qui concerne leur langue, on reprend le débat sur la nationalisation de l'électricité et d'autres ressources naturelles au Québec, et on réforme le système de santé et le système d'éducation. René Lévesque est choisi par Jean Lesage comme ministre des Richesses naturelles et devient champion de la nationalisation des compagnies d'électricité. Cependant, en 1967, il démissionne du Parti libéral et forme, en 1968, le Parti québécois (PQ). Alors que le Parti libéral cherche à protéger les droits des Québécois au niveau fédéral et à lutter pour des changements dans la province, le PQ cherche à libérer les Québécois du gouvernement fédéral. C'est le premier parti proprement souverainiste.

La Révolution tranquille est aussi une révolution sociale. Au cours des années 1960, dans les domaines de la littérature, des arts et de la musique, on discute de la discrimination et de l'égalité, des droits des femmes et de la sexualité, de la langue française comme symbole national, des abus du pouvoir de l'Église, des droits des travailleurs et des inconvénients du système capitaliste. On s'attaque à l'élite, aux autorités, aux Canadiens anglophones, ainsi qu'aux institutions et aux coutumes traditionnelles. On s'allie aux autres groupes qui revendiquent leurs droits : les Noirs aux États-Unis et les résistants en Algérie. On chante les valeurs de la langue française, de la culture franco-canadienne et on imagine un nouvel avenir pour le Québec. Ces manifestations culturelles renforcent et soutiennent le mouvement souverainiste et témoignent de la transformation dans la mentalité des Québécois pendant cette période.

LE PARTI QUÉBÉCOIS

Créé en 1968 par René Lévesque, le Parti québécois existe toujours aujourd'hui. Son slogan «La souveraineté pour tous!» montre que son but reste le même qu'en 1968. Accédez au site internet du Parti québécois afin de lire les nouvelles du parti, ses démarches souverainistes et ses projets pour l'avenir.

Égalité

Statue de René Lévesque dans le jardin de l'hôtel du Parlement à Québec.

LE SYSTÈME ÉDUCATIF

Le système d'éducation au Québec comprend l'école maternelle, six ans d'école primaire, cinq ans d'école secondaire, deux ou trois ans de cégep (collège d'éducation générale et professionnelle) qui peuvent mener aux trois cycles (au baccalauréat, à la maîtrise et au doctorat) universitaires. C'est un système unique au monde. Comparez-le au système dont vous avez vous-même fait l'expérience.

L'une des initiatives majeures qui transformera de fond en comble, et à tout jamais (complètement et pour toujours), la société québécoise, a eu lieu sous le gouvernement du premier ministre Jean Lesage. Ce fut la réforme du système d'éducation au Québec. Sous l'impulsion des étudiants eux-mêmes, le gouvernement du premier ministre Jean Lesage prend en charge le système éducatif du Québec. L'Église perd son emprise sur l'éducation publique. Les Québécois recevront dorénavant (à partir de ce moment) une formation appropriée à toutes les carrières, à tous les métiers, en somme à tous les besoins de la société de consommation provinciale, fédérale et internationale. Ils ne seront plus simplement la main-d'œuvre (*workforce, laborers*), les subalternes, les employés au service des maîtres anglophones; ils seront désormais eux-mêmes maîtres de leur propre destin dans tous les domaines. Or, la question de la gratuité de la scolarité à tous les niveaux de l'éducation reste, jusqu'à aujourd'hui, pertinente et controversée au Québec.

Les universités constituent un aspect essentiel de cette réforme. L'Université Laval et l'Université de Montréal maintiennent leur statut d'universités indépendantes. En outre, la première université publique d'État du Québec est créée en 1968 : L'Université du Québec. C'est le plus vaste réseau (*network*) universitaire au Canada et l'une des grandes institutions nées de la Révolution tranquille.

Un des moments-clés de la Révolution tranquille est la Nuit de la poésie qui a eu lieu le 27 mars 1970. Des milliers de Québécois se rassemblent au Théâtre du Gesù à Montréal pour entendre vingt-deux poètes réciter leurs poèmes. Parmi eux, il y a Michèle Lalonde qui récite son poème « Speak White » basé sur l'injure que les Anglophones adressent sans cesse aux Francophones. Il y a aussi Gaston Miron, Gérald Godin, Pauline Julien qui seront mis en prison, ainsi que tant d'autres, en octobre 1970 quand le

Plaque qui rappelle la vision de René Lévesque.

« Il est un temps
où le courage et l'audace tranquilles
deviennent pour un peuple,
aux moments clés de son existence,
la seule forme de prudence convenable.
S'il n'accepte pas alors
le risque calculé des grandes étapes,
il peut manquer sa carrière à tout jamais,
exactement comme l'homme
qui a peur de la vie. »

gouvernement fédéral invoque la *Loi sur les mesures de guerre* dans la province de Québec et y envoie des forces armées pour subjuguer l'insurrection des Québécois. Sont aussi présents la nuit du 27 mars Nicole Brossard la féministe la plus connue au Québec et Denis Vanier le poète de révolte connu comme le « terroriste du verbe ». Cette Nuit de la poésie galvanise le mouvement souverainiste parmi les étudiants et les intellectuels.

C'est en 1975 que le chanteur-conteur-compositeur et souverainiste engagé, Gilles Vigneault, compose « Gens du pays » qui devient l'hymne national du Québec ainsi qu'une substitution, chez les Québécois, à la chanson « Joyeux Anniversaire » calquée sur le « Happy Birthday » étatsunien que chantent les Français de France à l'occasion d'un anniversaire. Vigneault laisse entendre, dans cette chanson, que 15 ans se sont écoulés depuis la Révolution tranquille et que c'est le moment de mettre fin à l'animosité contre les Anglais et d'apprendre à s'aimer, à être heureux et à vivre dans le présent.

LE FLQ ET LA CRISE D'OCTOBRE

Pour la plupart, les souverainistes cherchent à séparer le Québec du Canada par des moyens politiques pacifiques. Cependant un petit nombre de souverainistes se radicalise au cours de la décennie. Un groupe d'extrémistes souverainistes, nommément le Front de libération du Québec (FLQ), considère que les changements s'effectuent trop lentement et que le système politique canadien est corrompu. Les membres du FLQ décident donc d'intensifier et d'accélérer la marche vers l'indépendance du Québec. Ils emploient des tactiques terroristes, surtout dans les quartiers anglophones de Montréal contre les bâtiments fédéraux, les établissements militaires et les banques. En mars 1963, le FLQ renverse et détruit une statue érigée à la mémoire du général Wolfe sur les plaines d'Abraham à Québec. Bientôt, le groupe commence à faire sauter des bombes à Montréal et commet de plus de 200 actes de violence. Les événements les plus graves ont lieu en octobre 1970. C'est ce qu'on appelle la « crise d'Octobre ».

Quand le PQ ne réussit pas à remporter beaucoup de sièges parlementaires à l'élection de 1970, le FLQ enrage. Une cellule du FLQ enlève (kidnappe) l'attaché commercial de la Grande-Bretagne James Richard Cross le soir du 5 octobre. Ayant Cross en main, cette cellule force Radio-Canada de faire lire à la télé leur Manifeste. Le Manifeste constitue une critique à la fois du gouvernement, de l'église catholique et de l'élite de la société. Il exige la libération de 23 prisonniers politiques, un avion pour se rendre

Égalité

à Cuba ou en Algérie et une somme d'argent. Le 10 octobre une autre cellule felquiste (du FLQ) enlève Pierre Laporte, le ministre de l'Immigration et du Travail sous le premier ministre Henri Bourassa. Les felquistes surnomment Pierre Laporte le ministre « du Chômage et de l'Assimilation ». Le gouvernement Bourassa refuse de négocier avec les ravisseurs (ceux qui ont enlevé messieurs Cross et Laporte). Le gouvernement fédéral invoque la *Loi les mesures de guerre* au Québec : l'armée fédérale occupe le Québec, toute assemblée est interdite, la police militaire est autorisée d'arrêter toute personne soupçonnée de collaboration avec le FLQ (sans *habeas corpus*, c'est-à-dire sans preuve aucune). Le corps de Pierre Laporte est trouvé, sept jours après son enlèvement, dans le coffre d'une voiture abandonnée dans un champ. Les ravisseurs de Cross le libèrent en décembre en échange d'un moyen de transport à Cuba. Les ravisseurs de Laporte sont arrêtés en décembre et sont condamnés à dix ans, ou moins, de prison. Voilà comment se terminent la crise d'Octobre et le mouvement des felquistes.

LE PQ, LA LANGUE FRANÇAISE ET LES RÉFÉRENDUMS

Le mouvement souverainiste continue à s'épanouir au cours des années 1970 et 1980 malgré la crise provoquée par le FLQ. En 1976 le Parti québécois gagne aux élections et René Lévesque est élu premier ministre, le premier souverainiste à occuper ce poste. En 1977, la province adopte la Charte de la langue française (appelée la *Loi 101*). Le français était déjà reconnu comme la langue officielle du Québec depuis 1974, mais la *Loi 101* élabore cette idée en affirmant qu'au Québec les individus ont le droit d'être informés et servis en français dans tous les établissements publics, le droit de parler en français en matières judiciaires, le droit d'apprendre en français à l'école publique et le droit de parler français au travail. La Charte n'interdit pas l'usage de l'anglais ou des langues autochtones (amérindiennes) mais précise que les Francophones ont le droit de vivre en français dans la province.

En 1980, René Lévesque tient sa promesse. Le PQ pose la question suivante au peuple québécois lors d'un référendum (vote populaire sur une proposition au gouvernement) :

> Le Gouvernement du Québec a fait connaître sa proposition d'en arriver, avec le reste du Canada, à une nouvelle entente fondée sur le principe de l'égalité des peuples ; cette entente permettrait au Québec d'acquérir le pouvoir exclusif de faire ses lois, de percevoir ses impôts et d'établir ses relations extérieures, ce qui est la souveraineté, et, en même temps, de maintenir avec le Canada une association économique comportant l'utilisation de la même monnaie ; aucun changement de statut politique résultant de ces négociations ne sera réalisé sans l'accord de la population lors d'un autre référendum ; en conséquence, accordez-vous au Gouvernement du Québec le mandat de négocier l'entente proposée entre le Québec et le Canada ?

Alors que la majorité des Québécois sont à l'époque nationalistes et qu'on parle souvent de la souveraineté, 60 % de la population vote « non » et le projet de souveraineté n'avance donc pas au niveau fédéral. Aux élections suivantes le Parti libéral reprend le pouvoir ; néanmoins le Bloc québécois (BQ) est créé au niveau fédéral en 1991. Alors que le PQ vise à faire élire ses membres au niveau provincial, le BQ réussit à faire élire quelques-uns de ses membres souverainistes aux 75 sièges fédéraux réservés au Québec, au Sénat et à la Chambre des communes canadiens. Le BQ a toujours gagné la majorité de ces 75 sièges entre 1993 et 2011, assurant ainsi une voix aux Québécois au niveau fédéral.

En 1994 le PQ reprend le pouvoir provincial et en 1995 le PQ propose un deuxième référendum. Cette fois les résultats sont plus serrés. Les «non» gagnent, mais avec seulement 50,58 % du vote. Avec près de cinq millions d'électeurs, la différence entre les «oui» et les «non» était 54 288 votes.

QUESTIONS SUR L'HISTOIRE DU QUÉBEC MODERNE

1. Pourquoi est-ce que René Lévesque a fondé le Parti québécois?
2. Qu'est-ce qui a contribué au succès du Parti québécois et du mouvement souverainiste au Québec?
3. Quels sont les aspects politiques et artistiques de la Révolution tranquille. Pensez-vous que l'un dépend de l'autre?
4. Que pensez-vous des actions du FLQ et de la crise d'Octobre?
5. Pourquoi est-ce que l'éducation se trouve au cœur de la Révolution tranquille et du mouvement souverainiste?
6. Pourquoi est-ce que la langue française se trouve au cœur de la Révolution tranquille et du mouvement souverainiste?
7. Que pensez-vous des deux référendums? À votre avis, faut-il tenter une troisième fois? D'après vous, pourquoi les Québécois devraient-ils le faire ou pourquoi ne le devraient-ils pas?

ACTIVITÉ 5 : LE MANIFESTE DU FLQ

En 1970, pendant la crise d'Octobre, les membres du FLQ exigent que les présentateurs des actualités télévisées à Radio-Canada lisent leur manifeste. Ils ont pris en otages l'attaché commercial de la Grande-Bretagne James Richard Cross et le ministre de l'Immigration et du Travail Pierre Laporte. Croyant que les changements sociaux s'effectuent trop lentement et que le système politique ne fonctionne pas en sa faveur, le FLQ essaie d'intensifier le débat sur la souveraineté en composant un manifeste qui sera lu à la télévision de Radio-Canada. Lisez l'extrait du Manifeste suivant. Ensuite, répondez aux questions qui s'y rapportent et discutez de vos réponses avec vos camarades de cours.

Il nous faut **lutter**, non plus un à un, mais en s'unissant, jusqu'à la victoire, avec tous les moyens que l'on possède comme l'ont fait les Patriotes de 1837–1838 (ceux que Notre sainte mère l'Eglise s'est empressée d'excommunier pour mieux se vendre aux intérêts britanniques).

Qu'aux quatre coins du Québec, ceux qu'on a osé traiter avec dédain de lousy French et d'alcooliques entreprennent vigoureusement le combat contre les **matraqueurs** de la liberté et de la justice et mettent hors d'état de **nuire** tous ces professionnels du hold-up et de l'**escroquerie** : banquiers, businessmen, juges et politicailleurs vendus.

Nous sommes des travailleurs québécois et nous irons jusqu'au bout. Nous voulons remplacer avec toute la population cette société d'esclaves par une société libre, fonctionnant d'elle-même et pour elle-même, une société ouverte sur le monde.

Notre lutte ne peut être que victorieuse. On ne tient pas longtemps dans la misère et le mépris un peuple en réveil.

Vive le Québec libre!

Vive les camarades prisonniers politiques!

Vive la révolution québécoise!

Vive le Front de libération du Québec!

(Front de libération du Québec, *Manifeste du Front de libération du Québec*, 1970)

Vocabulaire	Synonyme/Définition en français	*Équivalent en anglais*
lutter	combattre	*to fight*
un matraqueur	une personne qui frappe avec un bâton policier/ militaire	*a person who strikes with police/army billy club or bludgeon*
nuire	causer du mal à quelqu'un	*to harm*
une escroquerie (f.)	une tromperie	*a swindle or cheat*

QUESTIONS SUR LE MANIFESTE DU FLQ

1. Quelles sont les critiques les plus graves énoncées dans cet extrait? Remplissez la grille suivante avec des notes tirées du texte.

critiques du capitalisme	
critiques de l'église catholique	
critiques du système judiciaire et politique	

2. D'après le texte, comment caractérise-t-on les Francophones québécois dans la société?
3. Quels sont, selon le texte, les bons traits caractéristiques des Québécois?
4. Quel est le but du FLQ? Qu'est-ce qu'ils veulent? Comment veulent-ils atteindre cet objectif?
5. Que pensez-vous de ce manifeste?

ACTIVITÉ 6 : UNE SOCIÉTÉ CATHOLIQUE MOINS PRATIQUANTE

La société québécoise est, depuis ses origines en Nouvelle-France, une société majoritairement catholique. L'Église joue un rôle important dans la vie quotidienne. Elle influence la démographie, l'éducation, les services sociaux, les traditions, les fêtes célébrées au Québec, et même la langue (vous rappelez-vous l'activité sur les sacres au chapitre précédent?). Mais à partir des années 1960 l'Église perd son pouvoir dans la société, notamment son contrôle sur les hôpitaux et sur l'éducation. Lisez les statistiques suivantes, puis répondez aux questions qui s'y rapportent.

D'après le « Portrait religieux du Québec en quelques tableaux », publié par la Commission des droits de la personne et des droits de la jeunesse en 2000 :

• entre 1957 et 2000, le taux de fidèles allant à la messe le dimanche est tombé de 88 % à 20 %
• en 2000, 83,4 % des Québécois s'identifient comme catholiques, mais ce sont pour la plupart des catholiques « culturels » non-pratiquants
• chez les moins de 34 ans, seul 5 % vont à la messe le dimanche
• 72 % des Québécois qui s'identifient comme catholiques vont à la messe une fois par an ou bien n'y vont pas

LA CRISE D'OCTOBRE EN CHANSONS

Pauline Julien, surnommée « la passionaria du Québec », est peut-être la chanteuse québécoise qui s'est le plus engagée dans la Révolution tranquille en chansons. Dans « Bozo les culottes » (1967), Pauline Julien donne voix à une chanson qu'avait composée le chansonnier nationaliste Raymond Lévesque. La chanson décrit un « monsieur n'importe qui » qui s'est laissé influencer par des ouï-dire (ce qu'il a entendu dire) au sujet de l'oppression des Québécois par les Anglais, qui a commis un acte de violence contre un monument britannique, qu'on a emprisonné pour cet acte criminel et que tout le monde a par la suite oublié, comme on oublie trop souvent nombre de révolutionnaires sans nom. Félix Leclerc, « le père de la chanson québécoise », avait toujours essayé de se maintenir au-dessus de la mêlée (de ne pas s'impliquer dans les questions politiques, sociales, religieuses), or quand il voit à la télé les soldats envahir Montréal, massacrer ses compatriotes et emprisonner des Montréalais dont certains étaient tout à fait innocents, il a protesté ces mesures de guerre fédérales en composant et en chantant « L'alouette en colère » (1972). Lisez les paroles et écoutez les interprètes de ces chansons qui sont accessibles sur internet.

Des touristes en visite à la basilique-cathédrale Notre-Dame de Québec.

Parallèlement, le Québec a vu, depuis les années 1960, des changements démographiques. Selon les tableaux de démographie de l'Institut de la statistique du Québec (mis à jour en 2013) :

- il y a moins de mariages : le taux de nuptialité est de 7,0 (pour 1.000) en 1960 et de 3,0 en 2001
- il y a plus de divorces : le nombre de divorces est de 8,0 (pour 100 mariages) en 1969 et de 52,4 en 2001
- il y a moins d'enfants : le taux de natalité est de 39,5 (pour 1.000) en 1900, de 27,5 en 1960 et de 9,8 en 2000

QUESTIONS SUR UNE SOCIÉTÉ CATHOLIQUE MOINS PRATIQUANTE
1. D'après vous, quel est le rapport entre les changements dans les pratiques religieuses et les changements démographiques?
2. Pouvez-vous imaginer d'autres facteurs sociaux qui ont pu influencer les statistiques démographiques depuis les années 1960?
3. À votre avis, pourquoi plus de 80 % des Québécois s'identifient-ils comme « catholiques » si très peu pratiquent régulièrement leur religion?
4. Le taux de natalité baisse et la population québécoise vieillit. Pourquoi est-ce un problème pour l'Église? et pour le gouvernement du Québec?

III. Textes

NÈGRES BLANCS D'AMÉRIQUE DE PIERRE VALLIÈRES

ACTIVITÉ 7

Pierre Vallières était un journaliste et écrivain souverainiste faisant partie du FLQ. Arrêté en 1966 pour ses activités felquistes, il été libéré de prison en 1970. Il a écrit *Nègres blancs d'Amérique : Autobiographie précoce d'un « terroriste » québécois* en prison, en 1968. En plus d'être une autobiographie, Pierre Vallières y fait une analyse marxiste de l'histoire du Québec et un programme d'avenir. Lisez l'extrait suivant. Ensuite répondez aux questions qui s'y rapportent.

> Au Québec, les Canadiens français ne connaissent pas ce racisme irrationnel qui a causé tant de tort aux travailleurs blancs et aux travailleurs noirs des États-Unis. Ils n'ont aucun mérite à cela, puisqu'il n'y a pas, au Québec, de « problème noir ». La lutte de libération entreprise par les Noirs américains n'en suscite pas moins un intérêt croissant parmi la population canadienne-française, car les travailleurs du Québec ont conscience de leur condition de nègres, d'exploités, de citoyens de seconde classe. Ne sont-ils pas, depuis l'établissement de la Nouvelle-France, au XVIIe siècle, les valets des impérialistes, les « nègres blancs d'Amérique »? Ce qui les différencie : uniquement la couleur de la peau et le continent d'origine. Après trois siècles, leur condition est demeurée la même. Ils constituent toujours un réservoir de **main-d'œuvre** à **bon marché** que les détenteurs de capitaux ont toute liberté de faire travailler ou de réduire au chômage, au gré de leurs intérêts financiers, qu'ils ont toute liberté de mal payer, de maltraiter et de **fouler aux pieds**, qu'ils ont toute liberté, selon la loi, de faire **matraquer** par la police et emprisonner par les juges « dans l'intérêt public », quand leurs profits semblent en danger.
>
> (*Nègres blancs d'Amérique* : Vallières, Pierre. Nègres blancs d'Amérique. Montréal : TYPO, 1994. p. 61-62.)

Vocabulaire	Définition en français	*Équivalent en anglais*
une main-d'œuvre	l'ensemble des travailleurs, des ouvriers	*workforce, laborers*
bon marché	prix bas	*cheap*
fouler aux pieds	marcher sur	*to trample on*
matraquer	action d'assommer ou de frapper avec un bâton policier/militaire	*to club or to bludgeon*

QUESTIONS SUR *NÈGRES BLANCS D'AMÉRIQUE*
1. Quelles sont les similarités entre la situation des Noirs américains dans les années 1960 et celle des Canadiens français?
2. D'après Vallières, comment les travailleurs canadiens français sont-ils exploités par les « détenteurs de capitaux »? Qui sont les « détenteurs de capitaux »?

3. Pourquoi Vallières dit-il que les Canadiens français sont les « valets des impérialistes » depuis les origines de la Nouvelle-France ? Qui étaient les « impérialistes » avant les Anglais ? À quoi s'attaque-t-il vraiment ?

4. Êtes-vous d'accord quand Vallières dit que la couleur de la peau et le continent d'origine est la seule chose qui différencie les Canadiens français des Noirs américains ? Expliquez.

« SPEAK WHITE » DE MICHÈLE LALONDE

ACTIVITÉ 8

Le poème « Speak White » a été composé par Michèle Lalonde en 1968 pour montrer sa compassion pour Pierre Vallières alors en prison ainsi que son accord avec les idées de Vallières. Lalonde a récité ce poème lors de la Nuit de la poésie en 1970. L'ordre « Speak white! » était communément donné par les Anglophones pour insulter et faire taire les Francophones dans des situations publiques. Dans ce poème Lalonde utilise cette expression pour critiquer les inégalités dans la société à l'époque. Recherchez « Speak White de Michèle Lalonde » sur internet en utilisant un moteur de recherche québécois. Vous pourrez y trouver aussi bien le texte du poème que des vidéos d'une jeune Lalonde passionnée qui lit son œuvre en public. Lisez le poème, puis regardez la vidéo du poème tel que lu par Lalonde lors de la Nuit de la poésie en 1970. Enfin, répondez aux questions qui se rapportent à ce poème.

Vocabulaire	Synonyme/Définition en français	Équivalent en anglais
inculte	sans éducation	uneducated or ignorant
bègue	qui ne prononce pas bien ses mots	who stutters or stammers
sourd/e	qui n'entend pas	deaf
rauque	rude, comme enroué/e	rough, hoarse
Nelligan	un poète célèbre du Québec	a famous Québécois poet
la Tamise	le fleuve qui passe par Londres	the Thames river in London
un contremaître	un chef d'équipe au travail	a foreman or supervisor
embaucher	recruter pour un travail	to hire
ravigoter	remonter	to perk up
un juron	expression grossière	curse or swear word
le cambouis	la graisse pour machines	grease
rancunier/rancunière	vindicatif/vindicative	spiteful
lacrymogène	qui cause des larmes	tear (as in tear gas)
une matraque	un bâton policier/militaire	a billy, club, bludgeon

LES IDÉAUX DE LA RÉVOLUTION TRANQUILLE EN CHANSONS

La chanson a l'avantage de passer et de résumer un message de façon concise, claire, attirante et populaire. En 1989, Michel Rivard chante avec tendresse « Le cœur de ma vie »; le cœur de sa vie, c'est le français tel qu'on le parle au Québec. En 1970, Jacques Michel annonce qu' «Un nouveau jour va se lever » et Renée Claude chante « Le début d'un temps nouveau ». Lisez les paroles et écoutez les interprètes de ces chansons qui sont accessibles sur internet, puis discutez de vos impressions sur les chansons avec vos camarades de classes.

QUESTIONS SUR « SPEAK WHITE »

1. Quelle est l'idée essentielle du poème? Identifiez les mots-clés du poème : mots-clés en anglais et mots-clés en français.
2. Quels adjectifs décrivent les Francophones (tels que perçus par les Anglophones)?
3. De quoi parlent les Anglophones quand ils parlent anglais? Quelles injustices ou hypocrisies sont associées aux Anglophones?
4. Est-ce que Lalonde critique seulement les Anglophones canadiens? Quels autres groupes sont visés?
5. Quel est le lien entre les Canadiens français et les manifestants à Little Rock et à Alger dans les années 1960?
6. Analysez le ton du poème. Est-ce que le ton change entre le début et la fin? Comment change-t-il?
7. Le poème mélange l'anglais et le français. Quel en est l'effet?
8. Que pensez-vous de ce poème?

LES BELLES-SŒURS DE MICHEL TREMBLAY

ACTIVITÉ 9

Les Belles-Sœurs est , au dire de certains critiques, la pièce qui a transformé le théâtre québécois. Pour la première fois dans l'histoire du théâtre québécois, ce n'est pas le français de France qui résonne en scène mais la langue « nationale » du Québec, ce parler unique au monde, le joual. La pièce a été adaptée en comédie musicale en 2010. Celle-ci a été un grand succès, autant en France qu'au Québec. Aujourd'hui, *Les Belles-Soeurs* continue à être jouée à travers le Canada et au-delà. Vous pouvez visionner quelques scènes de cette adaptation sur internet. Lisez le résumé de l'intrigue et puis recherchez sur internet une vidéo de la pièce et regardez la première scène. Finalement, répondez aux questions qui se rapportent à la pièce.

RÉSUMÉ DE L'INTRIGUE

Une **ménagère** du Plateau Mont-Royal (un quartier ouvrier à Montréal) gagne un million de timbres-primes. Ce sont des timbres qu'on obtenait autrefois quand on faisait un achat et qu'il fallait coller dans un livret avant de les soumettre pour en obtenir des prix (primes). Comme la ménagère reconnaît qu'elle n'arrivera jamais à bout de coller tous ces timbres elle-même, elle organise un party. Elle invite ses sœurs et ses voisines à une veillée de collage . . . Il y a en tout 15 femmes. Dans une situation pareille, on peut s'attendre à tout : des jalousies, des malentendus, des révélations personnelles, des histoires à rire ou à pleurer, des **commérages**, des **chicanes**, et plus encore.

Cinq Québécoises ouvrent le premier acte des *Belles-Sœurs* en décrivant à l'unisson leur vie le lundi, puis l'une d'elles entonne une demi-phrase qui enchaîne avec la description de leur vie du mardi jusqu'au dimanche soir:

Le lundi, c'est le jour du lavage. On **frotte**, on **tord**, on refrotte et on rince. On **sacre**. C'est **mortel**! Puis on prépare quelque chose à manger. Tout le monde revient à la maison et on **chicane**.

Le mardi, on prépare le **déjeuner** (des toasts, des oeufs, du bacon), puis c'est le jour du **repassage** . . . **maudite** affaire! Puis, on prépare le **dîner** pour les enfants (des sandwichs au baloné), on travaille encore et puis on prépare le **souper** et on chicane.

Une inscription sur un monument à Québec qui rappelle l'importance de la terre et de la langue dans l'identité traditionnelle québécoise.

Le mercredi, c'est le jour du **mégasinage**. On marche toute la journée en portant de gros paquets. On revient à la maison **crevée**. Puis, il faut préparer quelque chose à manger pour la famille.

Le jeudi et le vendredi, c'est la même chose. Les repas, les enfants, le ménage.

Le samedi, il faut **endurer** les enfants qui sont à la maison, mais le soir on regarde la télévision.

Le dimanche, on sort en famille pour manger chez des parents, souvent chez sa belle-mère. Puis, on regarde la télévision. Puis, ça recommence!

Vocabulaire	Synonyme/Définition en français	Équivalent en anglais
une ménagère	femme qui s'occupe des tâches domestiques; une femme à la maison	*a housewife*
un commérage (familier)	un bavardage indiscret	*gossip*
une chicane	complication, petite dispute	*complication, quibble*
frotter	appuyer à plusieurs reprises un objet contre un autre ici : elles frottent le linge pour le nettoyer	*to scrub*
tordre	tourner en sens contraire un objet flexible par ses deux extrémités ici : tordre le linge qu'elles ont lavé	*to wring*
sacrer	jurer	*to swear, curse*
mortel/le	pénible	*awful*

Égalité

Vocabulaire	Synonyme/Définition en français	Équivalent en anglais
au Québec: le déjeuner le dîner le souper	en France: le petit déjeuner le déjeuner le dîner	*breakfast* *lunch* *dinner*
chicaner	se disputer	*to quibble, bicker*
le repassage	l'action de passer et de repasser un vêtement au fer chaud	*the ironing*
maudit/e	voué à la damnation	*damn, damned*
le mégasinage (deformation de : magasinage)	l'acte de faire les achats, le shopping	*shopping*
crevé/e	très fatigue/e, épuisé/e	*exhausted*
endurer	supporter ce qui est dur, pénible	*to endure, to bear (some harm, some hurt)*

QUESTIONS SUR *LES BELLES-SŒURS*

1. D'après le résumé du texte et la scène que vous avez visionnée, quelle est votre impression de la vie des femmes à cette époque?

2. Le dramaturge ne révèle pas l'époque précise où se situe l'action de sa pièce. D'après vos connaissances de l'histoire du Québec, quelle serait l'époque qu'il décrit? Pourquoi le croyez-vous? Pourquoi ne serait-ce pas une autre époque?

3. Il y a du joual dans la première scène, mais pas trop. Faites correspondre le joual qui s'y trouve et son équivalent en français standard.(Vous trouverez les réponses à la fin du manuel dans l'appendice A.) Ensuite, identifiez quelques caractéristiques du joual.

joual		français standard	
1.	pis	**A.**	je leur fais des sandwichs
2.	je sacre	**B.**	il est fatigué
3.	ça mange	**C.**	je dis des gros mots
4.	y'ont l'air	**D.**	une vie ennuyeuse
5.	j'réveille le monde	**E.**	je réveille tout le monde
6.	j'leu fais des sandwichs	**F.**	puis
7.	y'est tanné	**G.**	ils mangent
8.	une vie plate	**H.**	ils ont l'air

4. Dans ce passage des *Belles-Sœurs*, il y a aussi des sacres (gros mots) et des mots empruntés de l'anglais. En relisant le résumé ou en regardant encore la vidéo de

cette scène, essayez d'identifier quelques sacres et quelques mots anglais qu'on utilise en joual.

5. Quel est l'effet de l'usage du joual dans cette pièce? Pourquoi l'auteur a-t-il choisi le
joual?

6. Que pensez-vous de cette pièce? Voudriez-vous lire le texte intégral ou regarder la
vidéo en entier? Pourquoi ou pourquoi pas?

« JE ME SOUVIENS » DE FÉLIX LECLERC

ACTIVITÉ 10
Dans l'essai « Je me souviens », Félix Leclerc ironise sur la devise du Québec, puis renverse les rôles Québécois/Anglais. C'est l'un des essais politiques que le célèbre père de
la chanson québécoise compose suite à la Crise d'octobre. Lisez l'essai, puis répondez aux
questions qui s'y rapportent.

Je me souviens
(devise de la moitié des Québécois)
Je me souviens que je n'ai pas de mémoire
(devise de l'autre moitié)

Un Félix Leclerc chantant
représenté sur la Fresque des
Québécois à Québec.

Égalité

Les Anglais minoritaires ici se sentent abandonnés des francophones.

Rarement **salués**, jamais attendus, invités nulle part, ils se disent frustrés, **délaissés**, comme s'ils n'existaient plus.

Ce n'est pas de la vengeance que leur font **subir** les francophones, ni représailles, ni méchancetés, ni foi secrète de leur faire goûter la **pilule** empoisonnée qu'ils **ont avalée** deux cents ans de temps. C'est rien que normal. Ils nous disent humblement qu'ils peuvent apporter quelque chose au Québec, de valeureux, de large, d'ouvert au point de vue connaissance.

Ils nous rappellent qu'ils sont chez eux ici depuis deux cents ans de père en fils et qu'on les a oubliés depuis quelques années. **On croirait se relire...** On croirait relire les pauvres papiers de notre triste histoire. C'est presque le mot à mot des pauvres lettres françaises, de suppliques, d'appels au secours, de timides appels de détresse que nos pères leur ont adressés pendant deux siècles sans réponses, sans réponse de France non plus.

Je les aime bien mes compatriotes anglais, je les comprends exactement comme je comprenais leur père de nous **ignorer**. Hélas, contrairement à quelques futuristes trop jeunes pour **avoir des marques**, je suis incapable d'inviter chez moi les dominateurs de ma jeunesse. Je n'ai pas l'âme charismatique.

Une question, une seule : combien de temps prendraient-ils, eux, pour nous re-humilier de nouveau, s'ils avaient le pouvoir tout d'un coup chez nous, s'ils avaient la majorité et l'autorité légale pour le faire? Un mois? Deux mois? Dès demain matin, on **y goûterait**!

Je ne suis pas plus méchant qu'eux. Mais le **baume** qu'ils **réclament** à grandes cuillerées, je le garde pour les miens qui n'en ont jamais eu! Je savoure un **mets** que je n'avais jamais goûté auparavant, vraiment royal : la victoire sans vengeance ni châtiment, simplement la victoire que mon père n'a jamais connue!

(Félix Leclerc, « Je me souviens », *Rêves à vendre ou Troisième calepin du même flâneur* [Montréal : Nouvelles éditions de l'Arc, 1984], 250. © Gaëtane Leclerc)

Vocabulaire	Synonyme/Définition en français	*Équivalent en anglais*
saluer	dire bonjour, bonsoir etc.	*to greet, to say good-bye, etc.*
délaissé/e	abandonné/e	*abandoned*
subir	souffrir	*suffer*
goûter la pilule (québécisme inspiré de l'anglais)	rendre le traitement identique à celui qu'on a reçu	*to have a taste of their own medicine (literally: taste the pill)*
avaler	faire descendre dans la gorge (au figuré : subir)	*to swallow (figuratively)*
on croirait se relire	on croirait lire le même texte qu'on a lu autrefois à son sujet	*you might think we're reading about ourselves again*

« 160 »

Chapitre 5

Vocabulaire	Synonyme/Définition en français	Équivalent en anglais
ignorer (anglicisme)	ici : ne pas faire attention	*to ignore*
avoir des marques	avoir des bleus ici : avoir de mauvais souvenirs	*to have black and blue marks here: to have bad memories*
y goûter ici : savoir	prendre une petite bouchée pour voir si c'est bon, mauvais, salé, sucré, etc. ici : le savoir	*to know*
un baume	un adoucissant, un calmant	*a balm, a soothing potion*
réclamer	demander	*to ask for*
un mets	un plat	*dish of food (here, metaphorical)*

QUESTIONS SUR « JE ME SOUVIENS »

1. Les Québécois aiment bien jongler avec la langue et les idées. Comment la devise du Québec, d'après Félix Leclerc, divise-t-elle les Québécois ? Dans quel camp croyez-vous qu'il se range ?

2. Quels sont les passages ironiques à votre avis ? En quoi sont-ils ironiques ?

3. Félix Leclerc dit que les Francophones d'aujourd'hui ne cherchent pas à se venger contre les Anglophones qui les ont conquis, dominés, subjugués. Pourquoi le croyez-vous ou pourquoi ne le croyez-vous pas ?

4. Quel autre pays est-ce que Félix Leclerc met dans la même catégorie que l'Angleterre ? Que pensez-vous de ce rapprochement ?

5. Si vous aviez à choisir le passage qui est le plus fort, le plus violent, le plus agressif, lequel serait-il ? Pourquoi l'avez-vous choisi ?

5. Comment Félix Leclerc décrit-il la victoire des Québécois contre les Anglais depuis la Révolution tranquille ?

6. Quelle est votre réaction personnelle à cet essai de Félix Leclerc ?

L'EUGUÉLIONNE DE LOUKY BERSIANIK

ACTIVITÉ 11

Louky Bersianik, née Lucile Durand, est une écrivaine féministe. En 1976, elle écrit son roman *l'Euguélionne,* un pastiche de textes sacrés qui explore la condition féminine et qui propose des changements radicaux à l'endroit des femmes. Lisez le texte, puis répondez aux questions.

902. Vous croyez, Hommes de la Terre, que la femme est encore à vendre et qu'il existe une monnaie pour vous l'approprier.

Vous croyez que le corps de la femme ne lui appartient pas en propre et que vous pouvez faire des lois pour l'empêcher d'en prendre une possession concrète.

Vous croyez que vous pouvez faire des lois qui vont jusqu'à légaliser le viol du moment que vous le commettez sur la personne de vos femmes légitimes. À femme légale, viol légal, telle est votre équation juridique.

Vous croyez que vous pouvez faire des lois interdisant le viol et qu'ensuite vous pouvez tranquillement ne pas les appliquer.

Vous croyez qu'il suffit de condamner deux pour cent de ces viols pour vous sentir quittes des quatre-vingt-dix-huit autres pour cent.

903. Femmes de la Terre, pourquoi vous soumettre à des lois qui ne vous concernent pas?

904. Vous n'appartenez à personne. Vous vous appartenez.

Votre corps est ultime. Il est initial et ultime. Vous n'en aurez jamais d'autre.

Il est ultime et unique. Vous n'en avez jamais eu d'autre, quelles que soient les formes qu'il ait prises avant aujourd'hui.

C'est votre nu original.

(Louky Bersianik, *L'Euguélionne* [Montréal : Stanké, 1985], 289–290. © Nicolas Letarte)

QUESTIONS SUR *L'EUGUÉLIONNE*

1. Quelles sont les accusations contre les hommes dans ce texte?
2. Qu'est-ce que l'auteure conseille aux femmes?
3. Que pensez-vous du style de ce texte qui ressemble à un texte sacré, comme la Bible par exemple? Pourquoi ce choix?
4. Quelle est votre réaction personnelle à ce texte?

CHANSONS D'OPPRESSION ET D'OPPOSITION : GAUTHIER, SÉGUIN ET LÉVESQUE

ACTIVITÉ 12

L'exploitation des Canadiens français (Québécois) par des entreprises canadiennes anglophones, avant et même quelque temps après la Révolution tranquille, est bien connue et documentée. C'est un thème qu'on retrouve dans plusieurs chansons québécoises et nous l'étudierons sous deux formes : celle de la chanson qui décrit l'oppression et celle de la chanson qui propose l'affranchissement. Faites les activités suivantes afin de connaître les chansons. Ensuite, répondez aux questions sur ces chansons.

A. « Le grand six pieds » de Claude Gauthier

Dans la chanson bien appréciée des Québécois, « Le grand six pieds » (1960) de Claude Gauthier, le personnage principal est un bûcheron qui travaille dans un chantier aux alentours du lac Saguay en hiver. Le propriétaire (le patron) du chantier est, bien sûr, un Anglais. Les Francophones, eux, abattent les arbres et les coupent en bûches de huit pieds (des billots); puis, au printemps, les draveurs guident les bûches sur des rivières et des cours d'eau vers leur destination. Le grand six pieds n'est pas unique dans l'histoire de la Nouvelle-France. Le colon est décrit, dans les annales et les rapports de l'époque, comme grand, costaud, fort, robuste et fait pour vivre dans la nature. Dans sa chanson, Claude Gauthier décrit le grand six pieds et son histoire. Trouvez les paroles de cette chanson sur internet et écoutez-la. Vous comprendrez pourquoi les Québécois se divertissent en écoutant cette chanson.

B. « La raffinerie » de Richard Séguin

Dans « La raffinerie » (1985), Richard Séguin décrit le jour où son père a perdu son travail à la raffinerie. Dans la banlieue de Montréal, il y a la raffinerie Suncor, une filiale de la compagnie étatsunienne Sunoco, où on exploitait, à l'époque de la chanson de Richard Séguin, la main-d'œuvre francophone. Trouvez les paroles de cette chanson sur internet et écoutez-la. Vous y verrez la différence entre le père exploité et le fils qui refuse l'exploitation qu'a vécue son père.

C. « La grenouille » de Raymond Lévesque

Le poète Raymond Lévesque et l'interprète Pauline Julien s'adressent à leurs compatriotes dans la chanson « La grenouille » (1967) en les exhortant à la révolte. Que les Canadiens anglophones veuillent insulter les Québécois en les traitant de grenouilles, cela n'a aucune importance. Ce qui importe, d'après le chansonnier nationaliste, c'est de ne « pas craindre de s'affirmer » en tout et partout. Trouvez cette chanson sur internet et écoutez-la. Voici les paroles de « La grenouille » :

> Faut pas **craindre** de s'affirmer
> De **soulever** vent et tempête
> Ce monde est dur et sans pitié
> Même qu'il y a des violettes
> Quand nos ancêtres sont Normands
> Ils ne viennent pas de Buckingham
> S'il y en a qui sont pas contents
> Laissez-les faire leur petit drame
> Car tout ce qui **brouille**
> Grenouille, **scribouille**
> Cela n'a aucune importance (bis)
>
> Quand on veut être trop gentils
> Quand on veut être trop polis
> Pleins de **courbettes** et de mercis
> On risque sa place et sa vie
> Il faut savoir dire merde
> En faire un adjectif, un verbe
> Cela **jette toujours un froid**
> Et causera tout un **émoi**
> Car tout ce qui **grouille**
> **Rembrouille**, **pétrouille**
> Cela n'a aucune importance (bis)
>
> La révolte, tout l'monde est contre
> Mais elle a fait le tour des mondes
> Plus souvent que la douce **colombe**
> Qui se cherche un **nid** en ce monde
> En attendant les jours meilleurs
> Quand viendra le règne des cœurs
> D'la politesse et des bons mots.
> Levons le **poing** quand il le faut!
> Car tout ce qui **souille**
> **Verrouille**, **bafouille**

RAPPEL : LES PRONOMS D'OBJET

Révisez l'emploi des pronoms d'objet (pronoms directs, indirects, y et en). Ensuite, identifiez des pronoms d'objet dans le poème « La grenouille » de Raymond Lévesque (« S'il y en a », « Laissez-les », etc.) et expliquez à quoi ou à qui se réfère chaque pronom.

Cela n'a aucune importance
Cela n'a aucune importance

Lorsque demain dans notre langue
Poliment ils nous parleront
Qu'ils respecteront la **vendange**
De notre passé, d'nos traditions
Alors, nous nous apaiserons
Pour retrouver notre sourire
En attendant, **pas de façons** :
C'est une bataille à finir!
Car tout ce qui **bouille**
Chatouille, gazouille
Cela n'a aucune importance (bis)

Hommes, Jeannots, braves ancêtres
Marâtres, **bûcherons** et **laboureurs**
Tous ceux qui, après la Conquête
Ont **tenu tête** au vainqueur
Nous sommes de **souche** française
Tels sont notre âme et notre quête
Ils resteront ne vous en déplaise.
Suivons l'avenir meilleur.

Car tout ce qui brouille
Grenouille, scribouille
Cela n'a aucune importance (bis)

(« La grenouille » : Courtesy of Les Editions
Gamma, a division of Unidisc Music Inc.)

Vocabulaire	Synonyme/Définition en français	Équivalent en anglais
craindre	avoir peur	*to fear*
soulever	(ici) causer, provoquer	*(here) to cause, to provoke*
brouiller	mettre en désordre, bouleverser	*to mix up, to jumble, to scramble*
scribouiller	(familier et péjoratif) écrire des choses sans importance	*to scribble*
une courbette	geste solennel qui marque la déférence (envers un roi ou une reine, par exemple)	*a curtsy*
jeter un froid	créer un malaise	*to put (people) ill at ease*
un émoi (mot poétique)	une émotion	*an emotion*
grouiller	bouger	*to move*

Vocabulaire	Synonyme/Définition en français	Équivalent en anglais
rembrouiller	mettre en désordre encore une fois	*to mix up, to jumble, to scamble again*
pétrouille	caler	*to stall (automotive)*
une colombe	un pigeon blanc, symbole de la paix	*a dove*
un nid	la maison d'un oiseau dans un arbre	*a nest*
un poing	une main fermée	*a fist*
souiller	salir; couvrir de boue, d'ordures etc.	*to soil*
verrouiller	fermer au verrou	*to bolt shut*
bafouiller (familier)	parler d'une manière inintelligible, embarrassée	*to talk nonsense, to talk gibberish*
une vendange (ici : une métaphore)	une récolte agricole à la fin de la saison	*(a metaphor) a harvest*
pas de façons	pas de belles façons, pas de belles manières	*(colloquial) no playing "nice"*
bouillir (« il bouille » est le présent du subjonctif mais qui est usité comme le présent de l'indicatif au Québec)	faire chauffer un liquide jusqu'à ce qu'il fasse des bulles (*bubbles*)	*to boil*
chatouiller	exciter par un toucher léger et répété qui provoque le rire ou l'agacement (*annoyance*)	*to tickle*
gazouiller	faire entendre un chant doux, faible et confus (comme celui d'un oiseau)	*to twitter, to warble*
une marâtre	une conjointe du père , par rapport à une première union	*a stepmother*
un bûcheron/une bûcheronne	une personne qui abat les arbres	*a lumberjack*
un laboureur/une laboureuse	une personne qui travaille la terre	*a farmer, especially a person who works with a plow*
tenir tête	tenir bon, tenir ferme, résister	*to resist*
une souche	une origine généalogique	*a (genealogical) stock*

Égalité

QUESTIONS SUR LES CHANSONS D'OPPRESSION ET D'OPPOSITION

1. Qu'a fait le grand six pieds?
2. Comment le grand bûcheron a-t-il pris sa revanche sur son patron anglophone?
3. Pourquoi, à votre avis, tant de Québécois sourient-ils en écoutant cette chanson?
3. Dans «La raffinerie», qu'est-ce qui est arrivé au père? Qui en est la cause?
4. Quel portrait le fils fait-il de son père qui revient du travail? Expliquez en quoi ce père est unique ou typique à votre avis.
5. Comment le fils diffère-t-il du père? Que fera le fils?
6. Comparez «Le grand six pieds» et «La raffinerie». Laquelle est plus dramatique? plus amusante? plus réaliste? Illustrez votre choix par des exemples.
7. Par quel procédé Raymond Lévesque rend-il absolument inoffensive l'insulte «grenouille» que les Canadiens anglophones utilisaient contre les Canadiens francophones?
8. D'après Raymond Lévesque, les Québécois doivent substituer à leurs sacres des mots scatologiques pour exprimer publiquement leur indignation et leur frustration. Quel mot propose-t-il? Quels adjectifs et quels verbes, basés sur ce mot, peuvent-ils créer? Dans le contexte d'un pays soumis à la couronne d'Angleterre, pourquoi Raymond Lévesque propose-t-il ce nouveau vocabulaire d'opposition?
9. Il y a quand même certaines images dans la chanson qui suggèrent la paix et la beauté dans ce «monde dur et sans pitié». Relevez ces images. À quoi se réfèrent-elles? Sont-elles l'effet d'agents humains?
10. Selon Raymond Lévesque, que doivent faire les Québécois et leurs adversaires («ils») pour se réconcilier? Qui sont ces adversaires?
11. Quelles expressions de fierté (*pride*) québécoise trouvez-vous dans la chanson de Raymond Lévesque?
12. Quel tableau Raymond Lévesque peint-il du monde idéal?

JEAN-PAUL LEMIEUX

ACTIVITÉ 13
Jean-Paul Lemieux (1904–1990) était un peintre québécois connu pour ses tableaux datant de la seconde moitié du 20ième siècle. Recherchez sur internet des tableaux de Jean-Paul Lemieux, surtout ses paysages et ses portraits. Ensuite, répondez aux questions.

QUESTIONS SUR JEAN-PAUL LEMIEUX

1. Quels sont les sujets préférés de Lemieux? Décrivez les scènes, les thèmes et le ton des tableaux que vous avez vus.
2. Des gens figurent souvent dans les paysages de Lemieux. Quel est le rapport entre les gens et la terre dans les tableaux que vous avez vus?
3. Analysez les portraits de Lemieux. Comment sont les gens? Quels adjectifs peut-on utiliser pour décrire les portraits de Lemieux?
4. Comparez ces tableaux aux paysages de Clarence Gagnon ou d'Édmond-Joseph Massicotte, ou aux scènes urbaines d'Adrien Hébert (voir chapitre 4). Quelles en sont les similarités et les différences?
5. Que pensez-vous des tableaux de Lemieux?

Statue qui commémore l'œuvre artistique de Jean-Paul Lemieux.

OCTOBRE

ACTIVITÉ 14 : ALLONS AU CINÉMA!

Le même Pierre Falardeau qui tournera *15 février 1839* en 2001, sur les patriotes en prison la veille de leur exécution, a tourné le film *Octobre* (1994) sur la cellule des felquistes qui a enlevé le ministre de l'Immigration et du Travail Pierre Laporte. *Octobre* ne sortira que dix ans plus tard à cause de négociations sans fin pour des subventions. Dans ce film, Pierre Falardeau refuse la reconstitution historique de la crise et opte pour une présentation personnelle des ravisseurs et de leur otage. Néanmoins le film comprend des clips télévisés, quelques-uns plutôt violents, de ce qui s'est passé à l'époque. Recherchez des scènes du film *Octobre* sur internet ou trouvez le film et regardez-le en entier. Ensuite, répondez à ces quelques questions.

QUESTIONS SUR *OCTOBRE*

1. Quelle est la scène la plus intéressante que vous ayez visionnée? Selon vous, quel message le cinéaste veut-il transmettre?
2. Quel est le parti politique probable de Pierre Falardeau? Expliquez comment vous êtes arrivé/e à cette conclusion.
3. Pourquoi Pierre Falardeau mélange-t-il des reportages télévisés de l'époque avec des scènes fictives?

IV. Le français au Québec : La féminisation des professions

ACTIVITÉ 15

En 1979, suite à une recommandation de l'Office québécois de la langue française, le Québec a commencé à employer les formes féminines de noms qui n'existent en français de France qu'au masculin – comme écrivain, ingénieur, médecin, professeur, magistrat et chef. La pratique d'utiliser le masculin pour identifier un homme ou une femme (« un professeur » pouvait être un homme ou une femme qui travaille comme professeur) effaçait tout à fait le rôle des femmes dans la vie publique selon les féministes. Leur critique du langage a mené à la recommandation de l'OQLF en 1979. Depuis lors au Québec on dit une écrivaine, une ingénieure, une médecin, une professeure, une magistrate et une chef. Les Français ont résisté dans un premier temps à ce changement linguistique, mais ils commencent maintenant à intégrer les nouvelles formes du féminin. Réfléchissez à cette innovation linguistique, puis discutez de vos réponses aux questions suivantes avec vos camarades de cours.

QUESTIONS SUR LA FÉMINISATION DES PROFESSIONS

1. Quel a été l'effet de ce changement dans la vie quotidienne des gens, surtout des femmes, qui travaillent au Québec?
2. Que pensez-vous de l'idée de féminiser l'appellation des professions? Quels sont les arguments pour et contre ce changement?
3. Ce changement a été sans doute provoqué par le mouvement féministe au Québec. Quels autres mouvements ont influencé la langue française parlée au Québec?

V. Voyage virtuel : Saguenay-Lac-Saint-Jean

ACTIVITÉ 16

Faisons du tourisme! La région de Saguenay-Lac-Saint-Jean est connue comme le cœur du mouvement souverainiste depuis les années 1970. Lors du référendum de 1995, 73,1 % des électeurs de cette région ont voté « oui », tandis que 26,9 % ont voté « non » (CBC News). Le Parti québécois y est toujours populaire. Même aux dernières élections provinciales en 2014, quand le PQ a été battu par les libéraux, la région de Saguenay-Lac-Saint-Jean a soutenu le candidat péquiste. Recherchez « tourisme Saguenay Lac Saint Jean » sur internet afin de répondre aux questions suivantes.

1. Où est la région Saguenay-Lac-Saint-Jean? Comment voyageriez-vous de chez vous à Saguenay? Votre voyage durerait combien de temps?
2. Saguenay-Lac-Saint-Jean sont deux étendues d'eau. Qu'est-ce qui les différencie? Quelles activités nautiques peut-on y faire? Ces activités vous intéressent-elles?
3. Identifiez les villes les plus importantes de la région et les petites villes les plus connues. Comment sont-elles?
4. Choisissez trois destinations touristiques (musées, sites historiques, parcs, etc.) de cette région qui vous intéressent et décrivez-les. Pourquoi ces trois sites vous intéressent-ils?

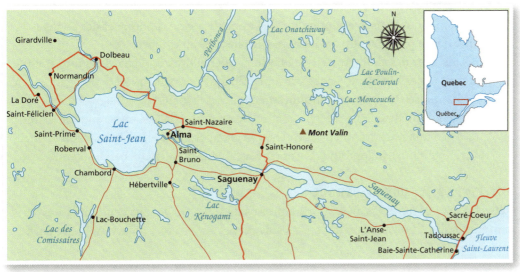

Carte de Saguenay-Lac-Saint-Jean

5. On peut aussi faire beaucoup d'activités (sports, festivals, spectacles) dans cette région. Choisissez trois activités qui vous intéressent et expliquez pourquoi elles vous intéressent.

6. Il y a de nombreux bons restaurants dans cette région. Trouvez un restaurant qui vous intéresse et dites ce que vous y mangeriez.

7. A votre avis, pourquoi cette région est-elle connue comme une région souverainiste?

8. Aimeriez-vous visiter la région Saguenay-Lac-Saint-Jean un jour? Expliquez pourquoi ou pourquoi pas.

VI. Synthèses

ACTIVITÉ 17 : À VOUS DE JOUER

Réfléchissez à ce que vous avez appris à propos de la vie au Québec pendant la Révolution tranquille. Avec un(e) camarade ou deux camarades de cours, choisissez un des sujets suivants et inventez un dialogue pour la situation. Utilisez votre imagination! Jouez votre scène devant la classe.

1. Vous êtes un des felquistes qui a enlevé le ministre Pierre Laporte. Vous discutez de la Crise d'octobre avec votre avocat qui vous pose des tas de questions en vue de préparer votre défense en cour de justice. Les questions porteront, entre autres, sur la raison de l'enlèvement, sur la décision de tuer le ministre et sur les conditions que vous avez exigées du gouvernement.

2. René Lévesque décide de quitter le Parti libéral pour créer un parti souverainiste, le Parti québécois. Il vous parle de cette décision et essaie de vous persuader de devenir membre du PQ. Vous êtes plus conservateur/conservatrice et vous pensez que le gouvernement Lesage est en train de faire beaucoup de progrès au Québec.

Égalité

UNE NUIT DE POÉSIE?

Aimez-vous la poésie? Organisez une soirée de poésie avec vos camarades de classe. Lisez des poèmes québécois que vous trouvez sur internet ou à la bibliothèque, ou bien composez vos propres poèmes sur l'histoire du Québec ou sur les Québécois célèbres et lisez-les à haute voix!

3. Vous assistez à la Nuit de la poésie à Montréal en 1970. Vous discutez avec des amis des poèmes que vous avez entendus, de l'importance de la poésie et des changements qui se produisent dans le milieu intellectuel au Québec.

4. Vous discutez des chanteurs – Félix Leclerc, Michel Rivard, Richard Séguin, Pauline Julien et Gilles Vigneault – avec vos amis. Chaque personne préfère un chanteur ou une chanteuse et explique pourquoi son choix est le meilleur.

5. C'est la nuit du deuxième référendum et vous regardez la télé en attendant les résultats. Vous imaginez comment le Québec va changer, pour le meilleur et/ou le pire, si le référendum est approuvé. Qu'entrevoyez-vous pour le Québec à l'avenir?

ACTIVITÉ 18 : À VOUS LA PAROLE

Réfléchissez à ce que vous avez appris à propos de la vie au Québec pendant la Révolution tranquille. Choisissez un des sujets suivants et écrivez une rédaction d'une page minimum.

1. C'est à cette époque que l'Église a perdu le contrôle du peuple Canadien français. Qu'est-ce que les missionnaires et les religieuses du 17ième siècle auraient pensé des événements et des changements dans la société québécoise du 20ième siècle?

2. La langue française est au cœur de tous les débats sur la souveraineté. À votre avis, est-ce que la langue est une expression d'identité culturelle? Expliquez en comparant vos expériences en langues à celles des Québécois francophones.

3. La poésie et la chanson peuvent-elles changer la société ou reflètent-elles simplement les changements qui se font dans la société? Expliquez en citant des exemples, des poèmes et des chansons que vous avez étudiés dans ce chapitre.

4. La grande question : si vous pouviez voter « oui » ou « non » au sujet de la souveraineté du Québec aujourd'hui, comment voteriez-vous? Comment expliquez-vous votre vote?

PLURALITÉ

Une peinture d'un inukshuk multiculturel dans un tunnel souterrain à l'Université Laval. Combien de cultures pouvez-vous identifier?

Plus de 400 ans se sont écoulés depuis la fondation de la première habitation française à Québec par Samuel de Champlain. Les colons français se sont transformés, au cours des générations, en Canadiens, puis en Canadiens français et finalement en Québécois. Mais qu'est-ce qui leur est arrivé depuis le dernier référendum? Que sont-ils devenus? Et comment évolue la société francophone au Québec aujourd'hui?

I. Introduction : Comment vivre dans une société plurielle?

ACTIVITÉ 1

En petits groupes, répondez aux questions suivantes et discutez de vos réponses parmi les membres de votre groupe. Ensuite, comparez vos réponses avec celles des autres groupes.

1. Quels sont les avantages du bilinguisme ou du multilinguisme? Y a-t-il des inconvénients?
2. Quel rôle a joué l'immigration dans l'histoire de l'Amérique du Nord?
3. Pour quelles raisons les immigrants choisissent-ils de quitter leur pays natal et vivre ailleurs? Pensez à vos ancêtres et/ou aux autres groupes d'immigrants qui habitent votre région.
4. Quels sont les avantages et les inconvénients pour une société qui accueille beaucoup d'immigrants?
5. Les immigrants devraient-ils abandonner ou bien garder leurs traditions quand ils s'installent dans un pays qui leur est étranger? Expliquez votre point de vue.
6. On a beaucoup de termes pour parler d'une société composée de plusieurs groupes culturels et ethniques (la diversité, le multiculturalisme, l'interculturalisme), mais au Québec on parle souvent de la pluralité ou d'une société plurielle. Que pensez-vous de ces expressions?

II. Contextes : Le Québec contemporain de 1996 à aujourd'hui

L'IMMIGRATION

ACTIVITÉ 2 : QUI SONT LES QUÉBÉCOIS DU 21ᴵᴱᴹᴱ SIÈCLE?

Analysez les deux textes suivants publiés par le gouvernement du Québec : des statistiques sur l'immigration au Québec et une description de la population québécoise. Ensuite, répondez aux questions qui se rapportent à ces deux textes.

A. L'immigration : Les chiffres

Immigration	2006	2011	2012
Immigrants admis	**44 681**	**51 738**	**55 036**
Afrique	**13 325**	**17 097**	**18 564**
Algérie	4 597	4 067	3 572
Amérique	**9 022**	**12 122**	**12 464**
Haïti	1 400	5 091	4 742
Asie	**13 194**	**14 540**	**13 739**
Chine	2 423	4 915	5 539
Europe	**9 074**	**7 915**	**10 198**
France	3 236	3 235	5 143
Océanie et autres pays	66	64	71

Source: Gouvernement du Québec, *Québec chiffres en main*, édition 2013, www.stat.gouv.qc.ca/publications/referenc /pdf2013/qcm2013_fr.pdf).

B. Les Québécois du 21ième siècle

La population [de la Province du Québec] se concentre principalement dans la partie sud du territoire, en bordure du fleuve Saint-Laurent. Le Québec compte 91 % des francophones du Canada. C'est une société plurielle qui accueille en moyenne chaque année près de 44 500 immigrants en provenance d'une centaine de pays. Les communautés culturelles contribuent à la fois à son dynamisme et au rayonnement sur le plan international. Le Québec compte près de 120 communautés de langues, de cultures et de religions diverses. L'apport de chacune est fortement encouragé, dans le respect des valeurs démocratiques du Québec.

(Gouvernement du Québec, Ministère des Relations internationales et de la Francophonie, www.mrifce.gouv.qc.ca)

QUESTIONS SUR LES QUÉBÉCOIS DU 21IÈME SIÈCLE

1. Les chiffres sur l'immigration au Québec montrent-ils que le nombre d'immigrants augmente ou baisse d'année en année? De quel continent vient le plus grand nombre d'immigrants? Parmi les pays mentionnés, combien sont des pays francophones?
2. D'après la description de la population québécoise, quels sont les apports les plus importants des communautés immigrantes à la culture québécoise?
3. À votre avis, pourquoi est-ce que le gouvernement du Québec encourage l'immigration?
4. Pour quelles raisons le gouvernement du Québec encourage-t-il l'admission d'immigrants d'autres pays francophones?
5. Comment cette pluralité culturelle changera-t-elle la culture francophone au Québec? Faites-en des hypothèses.

ACTIVITÉ 3 : LA FRESQUE DES QUÉBÉCOIS

Regardez l'image de la Fresque des Québécois. Cette fresque se trouve aujourd'hui dans le quartier Petit-Champlain, près de la Place Royale (site de l'Habitation de Champlain) à Québec. La fresque a été réalisée en 1998 et présente 400 ans d'histoire et de culture québécoises. Recherchez «la Fresque des Québécois» sur internet si vous voulez une meilleure résolution que celle qui est reproduite ici. Ensuite, répondez aux questions sur la fresque.

1. Quelles saisons voit-on dans la fresque? Que signifient-elles?
2. Quelles activités quotidiennes y sont présentées? À votre avis, est-ce que ce sont des activités importantes?
3. Il y a beaucoup de portraits de personnalités historiques dans la fresque, telles que Jacques Cartier, Samuel de Champlain, Marie de l'Incarnation, le Comte de Frontenac et d'autres encore. Quel effet produit la juxtaposition de toutes ces personnes d'époques différentes présentées simultanément?
4. Il y a beaucoup d'autres personnalités historiques qui représentent les 19ième et 20ième siècles dans la fresque. Devinez ce qu'ils ont fait dans l'histoire du Québec (vous les reverrez plus tard dans l'histoire du Québec!).
5. D'après vos connaissances des débuts de la culture québécoise, qu'est-ce qui manque dans cette fresque? Quels symboles du Québec manquent?
6. D'après l'interprétation des artistes de cette fresque, quelles seraient les valeurs québécoises les plus importantes?

clockwise from left
La fresque des Québécois célèbre la vie québécoise et les personnes qui ont contribué à son histoire.

Une jeune fille s'amuse à côté des personnages historiques.

Des garçons, portant les chandails d'équipes québécoises, jouent au hockey.

En 2008, la ville de Québec a fêté ses 400 ans.

REPÈRES HISTORIQUES DEPUIS 1996

En 1996   Le gouvernement adopte une nouvelle politique linguistique au Québec.

En 2000   40 % des Québécois de 25 à 65 ans font des études secondaires; 50 % de la population du Québec habite la région de Montréal; le Québec accueille plus de 30 000 immigrants chaque année.

En 2003   Jean Charest du Parti libéral du Québec (PLQ) est élu premier ministre du Québec. Il est réélu à ce poste en 2007 et en 2008. Charest était vice-président du comité du « non » lors du référendum de 1995.

En 2006   Le Parlement canadien confère au Québec le titre de « nation au sein d'un Canada uni ».

En 2008   La ville de Québec fête ses 400 ans!

En 2012   Le « Printemps érable », une série de manifestations d'étudiants; Pauline Marois (PQ) est la première femme à être élue première ministre du Québec; les Autochtones du Canada se joignent au groupe international « Idle No More ».

En 2013   Le gouvernement Marois dépose à l'Assemblée nationale du Québec le projet de loi 60, dite la Charte des valeurs québécoises.

En 2014   Philippe Couillard du Parti Libéral du Québec (PLQ) est élu premier ministre.

LE QUÉBEC CONTEMPORAIN

ACTIVITÉ 4

Lisez l'histoire suivante du Québec depuis le dernier référendum en 1995, puis répondez aux questions qui s'y rapportent.

Depuis la Révolution tranquille, les Canadiens français s'identifient plutôt comme Québécois afin de souligner leur identité unique au sein du Canada. Les Francophones composent la majorité de la population québécoise (à peu près 80 %) et tirent profit de ce statut majoritaire en politique, en économie et dans la société. Le mouvement souverainiste ne disparaît pas suite aux défaites des référendums, et on continue à parler de la possibilité de faire du Québec un pays indépendant. Ce mouvement est cependant devenu laïque (sans affiliation religieuse) et se regroupe plutôt autour de la langue

POUR EN SAVOIR PLUS : *Bon Cop, Bad Cop* (FILM)

Pour en savoir plus sur les stéréotypes francophones/anglophones et sur la culture québécoise au Québec aujourd'hui, visionnez le film *Bon Cop, Bad Cop* (2006) de Patrick Huard. Dans ce film, un détective de police québécois doit travailler avec un détective de police anglophone de l'Ontario afin d'arrêter un tueur qui a abandonné une victime à la frontière entre le Québec et l'Ontario. C'est un film policier plein d'action et de scènes comiques!

Pluralité

La fierté québécoise se voit même dans les magasins de souvenirs.

française et du développement de l'économie. Quoique laïque, le gouvernement reconnaît la pluralité culturelle et religieuse qui enrichit le Québec d'aujourd'hui.

LA POLITIQUE LINGUISTIQUE

En 1996, l'importance de la langue française est réitérée quand le gouvernement adopte une nouvelle politique linguistique québécoise favorisant l'utilisation exclusive du français dans l'administration de la province et la promotion de l'usage du français dans la vie publique des Québécois. Cet Énoncé de politique linguistique va au-delà de la Charte de la langue française (Loi 101 de 1977). Les changements proposés concernent l'usage de la langue française dans tous les contextes de la vie des Québécois.

Tout en respectant l'usage de l'anglais, des langues autochtones et des langues allophones (des immigrants), cette politique linguistique assure que la langue française continue à jouer un rôle central dans la vie des Québécois et qu'ils peuvent tout à fait vivre en français « chez eux ». Les Québécois avaient déjà le droit à l'éducation et aux services sociaux en français, désormais (à partir de ce moment) la nouvelle politique linguistique encourage l'usage du français au travail et en affaires, exige que tout affichage public soit en français (et une autre langue, pourvu que le français ait un impact visuel plus important que l'autre langue), établit le français comme langue d'intégration sociale pour les immigrants (en leur offrant des cours de français et en exigeant que les

Le panneau « arrêt » est issu de la politique linguistique de la province qui interdit l'usage de l'anglais sur les enseignes publiques.

enfants des immigrants fréquentent les écoles francophones) et favorise l'usage du français dans les médias et dans la technologie. C'est grâce à cette politique que le panneau routier avec le mot anglais *stop*, qui s'utilise en France, est *arrêt* au Québec.

LA NATION QUÉBÉCOISE

En 2006, suite à une pression du Bloc québécois, le premier ministre Stephen Harper propose une motion au niveau fédéral qui reconnaît le Québec comme « une nation au sein d'un Canada uni » de par leur identité, leur langue, leur culture et leur histoire qui les distinguent du reste des Canadiens. Cette motion est approuvée au Parlement au niveau fédéral, mais certains disent que ce n'est qu'un geste symbolique sans objectifs concrets et réalisables. Le Québec est une nation comme les nations autochtones sont des nations, différent culturellement du Canada anglophone mais constituant néanmoins une partie du Canada dans son intégrité. D'autres, par contre, prétendent (*claim*) que le statut de nation change le jeu pour les Québécois qui peuvent maintenant assumer un rôle plus actif au niveau international et ainsi promouvoir leurs propres intérêts économiques et politiques. Le rôle actif des Délégations du Québec – bureaux de relations internationales qui existent en Amérique du Nord, en Amérique du Sud, en Asie et en Europe comme ambassades pour la province – témoigne de cette volonté du gouvernement de s'engager directement avec des pays étrangers en tant que nation.

L'IMMIGRATION

Depuis le début du 21ième siècle le Québec se transforme avec l'arrivée d'immigrants des quatre coins du monde, immigrants dont le nombre augmente d'année en année. La ville de Montréal en accueille la plupart, car 50 % de la population québécoise y habite: les opportunités économiques qu'elle offre, aussi bien que la présence de communautés immigrantes établies, attirent les nouveaux arrivants. L'afflux d'immigrants résout beaucoup de problèmes au Québec, mais ce phénomène crée aussi de nouveaux problèmes identitaires.

Un problème qui se résout est le vieillissement de la population. Les Québécois francophones, suite à la Révolution tranquille, se marient moins souvent et ont moins d'enfants; du coup l'âge moyen des Québécois s'élève au détriment de l'avenir de la nation. Cependant, les nouveaux immigrants rajeunissent la population qui, selon les projections du gouvernement provincial, commence à rebondir. Autre bonne nouvelle, ces allophones (immigrants qui parlent une langue autre que l'anglais, le français ou une langue autochtone) doivent, selon la loi provinciale, envoyer leurs enfants dans des écoles francophones. Ainsi de nouvelles générations de francophones québécois naissent. Le gouvernement du Québec encourage l'immigration et vante cette pluralité culturelle. À cause de l'oppression que les Québécois francophones ont eux-mêmes subie, il est très sensible à l'idée d'accepter les différences culturelles comme un atout et non pas comme une menace à la culture québécoise.

Le problème qui ne se résout pas, et même se complique, est celui de l'identité. Si les Québécois sont une nation de par une identité unique qui repose sur l'héritage des colons français, leur langue, leurs traditions et leur solidarité ethnique, est-ce que les immigrants et les allophones font vraiment partie de cette nation? C'est la question que se posent les auteurs, les artistes, les musiciens et les intellectuels d'origine étrangère au Québec aujourd'hui. Certains questionnent le rapport entre le Québec traditionnel et le Québec moderne, mais beaucoup trouvent au Québec un pays accueillant où ils peuvent se construire une nouvelle vie, tout comme l'ont fait les pionniers Français il y a 400 ans. Chez les jeunes qui n'ont connu ni la violence de la Conquête, ni la discrimination par les Anglophones, ni le bon vieux temps de la vie au village, le mouvement souverainiste peut sembler le vestige d'un temps révolu. Ils s'intéressent plutôt à une éducation abordable, des opportunités économiques et l'égalité sociale.

MOUVEMENTS SOCIAUX ET POLITIQUES

En 2012 les étudiants au Québec manifestent dans la rue, au son des battements de casseroles, contre l'augmentation des frais d'inscription scolaire proposée par le gouvernement provincial. C'est ce qu'on appellera le Printemps d'érable en référence aux bouleversements du Printemps arabe. Le premier ministre, Jean Charest (PLQ), refuse de négocier avec les étudiants (cégépiens et universitaires). La police métropolitaine, en tenue de bataille, forme une ceinture autour du quartier latin où se déroulent les manifestations journalières à Montréal et les hélicoptères survolent bruyamment les manifestants. Pauline Marois, chef du Parti québécois (PQ), se joint aux étudiants. En septembre de la même année Marois est la première femme élue première ministre du Québec. Elle poursuit le programme hérité du fondateur du Parti québécois, René Lévesque: l'affirmation du Québec au niveau national, la définition de l'identité québécoise, la protection de la langue, l'amélioration de la condition sociale et économique des Québécois.

Également en 2012 les Autochtones du Canada se joignent au groupe international « Idle No More » (plus jamais le silence, plus jamais l'inaction). Le mouvement au Canada et au Québec est provoqué par une loi (Bill C-45) qui, au dire des Autochtones, viole l'accord de 1876 (*the Indian Act*) entre le gouvernement fédéral et les Autochtones. L'année suivante, le premier ministre Stephen Harper, du Parti conservateur du Canada

(PCC), refuse de recevoir Theresa Spence, la chef autochtone d'Attawapiskat, tandis que l'Organisation des Nations Unies (ONU) soutient le mouvement « Idle no more » canadien. Spence commence une grève de la faim : elle se met à un régime liquide (bouillon de poisson et infusion médicinale). Finalement en 2014, Harper accepte de recevoir les chefs des Premières Nations. Certains chefs se rendent à la réunion, d'autres refusent de s'y rendre. Spence continue son régime liquide.

En 2013, le gouvernement Marois essaie de réagir à la controverse québécoise en matière d'accommodements raisonnables en écrivant une nouvelle Charte des valeurs pour le Québec. Selon la Charte des droits et libertés de la personne de 1976, les gens handicapés ou minoritaires ont le droit de demander un accommodement raisonnable pour faciliter leur intégration dans la société, mais depuis le début des années 2000 plusieurs scandales ont remis en question l'interprétation de ce droit. Par exemple, en 2005, deux ambulanciers ont été expulsés de la cafétéria d'un hôpital municipal juif parce qu'ils mangeaient de la nourriture préparée chez eux qui n'était pas casher (*kosher*). L'hôpital, financé par l'état et non-confessionnel (pas officiellement religieux), appliquait des règles juives qui défavorisaient les employés non-juifs. Marois dépose le 7 novembre 2013 à l'Assemblée nationale du Québec le projet de loi 60. Cette loi ou Charte affirme les valeurs de la laïcité et de la neutralité religieuse de l'État ainsi que de l'égalité entre les femmes et les hommes. La Charte propose que le personnel d'état se comporte de façon neutre et elle défend le port de signes religieux ostentatoires par le personnel d'un établissement public. La Charte suscite de nombreuses réactions, positives et négatives (surtout de la part de certains immigrants qui y voient une sorte de xénophobie). Le chef du Parti libéral du Québec Philippe Couillard s'y oppose, accusant le PQ de se servir de la Charte pour relancer le débat sur la souveraineté. En 2014 Marois et le PQ perdent aux élections provinciales et Couillard devient le nouveau premier ministre du Québec. La Charte des valeurs est restée lettre morte (*dead issue*), ainsi que le débat sur la souveraineté... enfin, pour le moment!

LA CULTURE QUÉBÉCOISE SE FÊTE

En attendant ce qui adviendra au Québec, le peuple et le gouvernement québécois s'engagent à y améliorer les conditions de vie. Le Québec aujourd'hui est connu pour ses fêtes et ses manifestations culturelles : le Cirque du Soleil, le Carnaval de Québec, le Festival international de jazz de Montréal, le Festival d'été de Québec, le Festival Juste pour rire et tant d'autres. Il est réputé pour sa gastronomie, ses chefs, ses restaurants exceptionnels, son agrotourisme et ses entreprises qui vendent des produits alimentaires du terroir. La Belle Province est célèbre pour ses beautés naturelles, le sport et les activités en plein air. Bref, aujourd'hui le Québec est une terre où il fait très froid en hiver (« Mon pays ce n'est pas un pays, a chanté Gilles Vigneault, c'est l'hiver »), mais où l'on peut quand même jouir de la vie tout au long de l'année.

QUESTIONS SUR LE QUÉBEC CONTEMPORAIN

1. Comment la population du Québec a-t-elle changé depuis les années 1990?
2. Par quels moyens le gouvernement du Québec soutient-il la promotion de la langue française au Québec?
3. Quelles sont les influences de l'immigration sur la société québécoise?
4. Quels mouvements sociaux ont marqué le début du 21ième siècle au Québec?
5. À votre avis, relancera-t-on le débat sur la souveraineté à l'avenir? Pourquoi ou pourquoi pas?
6. Pourquoi y a-t-il autant de fêtes et de festivals au Québec? Quelle est la fonction de la fête publique dans une société?

Le festival international de jazz de Montréal et de nombreux autres festivals et fêtes attirent les gens de tous les coins au Québec.

ACTIVITÉ 5 : FÊTONS NOS JOIES!

Recherchez sur internet une des activités suivantes afin de mieux connaître la culture québécoise contemporaine. Décrivez l'activité (quand, où et pourquoi a-t-elle lieu?). Dites si vous aimeriez participer à cette activité. Partagez vos recherches avec vos camarades de cours.

assister au Carnaval de Québec	assister au 24h de ski de Tremblant à Mont-Tremblant	faire du kayak avec les baleines à Saguenay
assister au Festival de jazz de Montréal	assister à un spectacle du Cirque du Soleil	assister au Festival d'été à Québec
visiter des fromageries sur la Route des Fromages	visiter des vignobles sur la Route des Vins	assister au Festival Juste pour rire à Montréal
assister à une compétition de chiens de traîneaux	passer une nuit dans l'Hôtel de Glace	assister aux Fêtes de la Nouvelle-France à Québec

III. Textes

« VOILÀ C'QUE NOUS VOULONS » DE PAUL PICHÉ

ACTIVITÉ 6

Parfois la voix de tout un peuple se fait entendre dans un poème ou une chanson. C'était le cas le jour de la Saint-Jean-Baptiste en 1975 quand Gilles Vigneault a chanté « Gens du pays » pour la première fois. C'est une fois encore le cas en 1993, à l'époque du deuxième référendum sur la souveraineté, quand Paul Piché chante « Voilà c'que nous voulons ». Dans le « nous » inclusif de cette chanson, il donne voix aux sentiments, aux aspirations et aux frustrations de la quasi-totalité des Québécois à l'aube du 21ième siècle. Paul Piché est né dans le quartier Hochelaga-Maisonneuve (un quartier d'ouvriers, d'étudiants et de nouveaux arrivants) de Montréal en 1953. Il est un des chanteurs les plus liés au débat de la souveraineté nationale du Québec.

Les paroles et l'interprétation de « Voilà c'que nous voulons » se trouvent sur internet. Lisez-les à l'aide du vocabulaire suivant. Puis écoutez la chanson sur internet. Enfin, répondez aux questions qui se rapportent à la chanson.

Vocabulaire	Synonyme/Définition en français	Équivalent en anglais
gêner	intimider, embarrasser	*to intimidate, to embarras*
s'afficher	s'affirmer, s'exhiber	*to display oneself*
semer	ici : créer afin de devenir une réalité (comme on met une graine en terre pour qu'elle devienne une plante)	*to sow*
être à l'heure	ici : être prêt	*to be ready*
une cloison	ici : un rempart, une fortification	*a rampart*
soumis/e à (participe passé du verbe « soumettre à »)	rangé/e sous la puissance, l'autorité de	*subordinated to*
une voile	un tissu qui peut soutenir le vent et qui sert à la propulsion d'un navire	*a sail*
exiger	demander comme une chose due ; ordonner	*to demand*
une œillère	partie de la bride qui protège l'œil du cheval et l'empêche de voir de côté	*a blinker (on a horse's harness)*
l'bout de nos peines	la fin de nos problèmes, de nos difficultés, de nos souffrances	*the end of our troubles*
déployer	étendre largement	*to unfurl*

Vocabulaire	Synonyme/Définition en français	*Équivalent en anglais*
un étendard	d'habitude le drapeau des troupes militaires	*a banner*
une haine (verbe : haïr)	une hostilité extrême	*hatred*
piétiner	marcher dessus	*to trample on*
cesser	arrêter	*to stop, to desist, to cease*

QUESTIONS SUR « VOILÀ C'QUE NOUS VOULONS » DE PAUL PICHÉ

1. Les aspirations des Québécois souverainistes sont dispersées dans le poème chanté. On pourrait les grouper en trois énoncés. Pouvez-vous exprimer à votre façon ce que serait la société dont ils rêvent? Remplissez la grille.

Le rêve tel qu'il est exprimé dans le poème chanté	Explication en termes plus simples
a. ce qu'ils veulent n'a pas d'odeur de sang, de race ou de religion; ils ne veulent plus déployer l'étendard de la haine	
b. ce qu'ils veulent, c'est une cité libre de cloison; ils ne veulent plus de ces frontières	
c. ce qu'ils veulent, c'est de ne pas s'isoler, mais de faire partie d'une société soumise à la seule race humaine	

2. Le poète-chanteur répète que lui et ses compatriotes veulent «une voile pour la mer». Ces mots semblent symboliques. Que représentent «la voile» et «la mer» pour une société comme le Québec?

3. Tout est en place pour la nouvelle société. D'après vous, qu'est-ce qui ou qui est-ce qui l'empêche de se faire (lever le rideau)?

4. D'après le poème chanté, où en sont les Québécois? au début de leur rêve? en route vers leur rêve? au bout de leur rêve?

5. Quels tons avez-vous sentis en lisant et en écoutant les paroles de ce poème chanté? de fierté? d'affirmation? de plainte? d'espoir? de frustration? d'optimisme? de pessimisme? de réalisme?

6. Quelle est l'expression dont se sert le poète pour résumer le rêve des Québécois à la fin du poème chanté? À votre avis, est-ce un rêve unique aux Québécois? Selon vos connaissances, dans quelle(s) autre(s) société(s) est-ce que le peuple partage ces mêmes aspirations?

Le plateau Mont-Royal à Montréal est un quartier multiculturel; ici, on peut voir un restaurant et un dépanneur (*convenience store*) italiens ainsi qu'un restaurant japonais.

« SPEAK WHAT » DE MARCO MICONE

ACTIVITÉ 7

Marco Micone est né en Italie en 1945. À l'âge de 13 ans il arrive à Montréal avec sa mère et son frère pour rejoindre son père qui y travaillait depuis sept ans. À l'école il découvre la littérature québécoise et développe une passion pour son pays d'adoption. Il se joint au Parti québécois dans les années 1960 et commence à écrire de la poésie, du théâtre, des essais qui examinent la condition immigrante au Québec. Son poème « Speak What » (1989) est une réponse au poème célèbre « Speak White » (1968) de Michèle Lalonde. Le poème de Lalonde critique la discrimination contre les Francophones dans le milieu anglophone de l'époque. La réponse de Micone, publié 20 ans plus tard, après la Révolution tranquille, reprend le thème de la discrimination ethnique et linguistique, mais elle parle de la situation des immigrants dans une société majoritairement francophone. Lisez le texte de « Speak What », puis répondez aux questions qui s'y rapportent.

> speak what
> comment parlez-vous dans vos salons **huppés**
> vous souvenez-vous du **vacarme** des usines
> and of the voice des contremaîtres
> you sound like them more and more
>
> speak what now
> que personne ne vous comprend
> ni à Saint-Henri ni à Montréal-Nord
> nous y parlons la langue du silence
> et de l'impuissance
>
> speak what
> « productions, profits, et pourcentages »
> parlez-nous d'autres choses

des enfants que nous aurons ensemble
du jardin que nous leur ferons
délestez-vous des traîtres et du **cilice**
imposez-nous votre langue
nous vous raconterons la guerre, la torture et la misère
nous dirons notre **trépas** avec vos mots
pour que vous ne mourriez pas
et vous parlerons
avec notre verbe **bâtard**
et nos accents **fêlés**
du Cambodge et du Salvador
du Chili et de la Roumanie
de la Molise et du Péloponnèse
jusqu'à notre dernier regard

speak what
nous sommes cent peuples venus de loin
pour vous dire que vous n'êtes pas seuls.

(Micone, Marco. Speak what: Suivi d'une analyse
de Lise Gauvin. Montréal : vlb éditeur, 2001.)

Vocabulaire	Synonyme /Définition en français	Équivalent en anglais
huppé/e	luxueux/luxueuse	*posh*
le vacarme	des bruits forts	*din*
se délester de	se débarrasser de	*relieve yourself of, give up on*
un cilice	un vêtement religieux porté sur la peau par pénitence; ici, par souffrance	*hair cloth garment worn for penance of sins; here, suffering*
un trépas	un décès	*a demise, a death*
bâtard/e	illégitime	*bastard*
fêlé/e	irrégulier, fou	*cracked, crazy*

QUESTIONS SUR « SPEAK WHAT »

1. Quelles sont les critiques contre les Francophones lancées par Micone?
2. Comment Micone caractérise-t-il la situation linguistique des immigrants au Québec?
3. D'après le poème, est-ce que les immigrants sympathisent avec le passé des Franco-phones ou sont-ils hostiles envers la communauté francophone? Qu'y a-t-il dans le poème qui vous amène à votre interprétation?
4. Le poème adopte le langage et la structure du poème «Speak White» de Michèle Lalonde (voir chapitre 5). Quel effet ces emprunts produisent-ils?
5. À votre avis, ce poème est-il optimiste ou pessimiste en ce qui concerne la situation des immigrants au Québec aujourd'hui?

ACTIVITÉ 8

Dany Laferrière est né à Port-au-Prince en Haïti en 1953. Il a quitté son pays natal pour fuir le régime dictatorial de François « Papa Doc » Duvalier pendant les années 1960. Il a choisi d'immigrer au Québec où il a commencé sa carrière littéraire. L'extrait qui suit est tiré du roman *L'Énigme du retour* publié en 2009. Ce roman poétique raconte l'histoire d'un immigrant haïtien vivant à Montréal. Un jour il apprend la mort de son père. Pendant son voyage en Haïti pour assister aux funérailles de son père, ainsi que pendant son voyage de retour à Montréal, il s'interroge sur son passé et sur son identité. Dans l'extrait suivant, ce même immigrant haïtien exprime ses impressions, ses réflexions et ses sentiments momentanés en roulant sur l'autoroute au Québec en hiver. Lisez l'extrait de *L'Énigme du retour*, puis répondez aux questions qui s'y rapportent.

> Cette lumière bleutée
> rasant le fleuve
> m'**aspire** d'un seul souffle.
> La voiture fait une **embardée**.
> Je reprends le contrôle juste à temps.
> Mourir dans la beauté des choses
> n'est pas donné au petit-bourgeois
> que je suis.
>
> Je suis conscient d'être dans un monde
> à l'opposé du mien.
> Le feu du Sud croisant
> la glace du Nord
> fait une mer tempérée de **larmes**.
>
> Quand la route est droite comme ça
> la glace des deux côtés
> et aucun nuage qui permette
> de se repérer dans ce ciel de midi
> d'un bleu si uni
> je touche à l'infini.

> (*L'Énigme du retour* : Laferrière, Dany. L'Énigme du retour. Montréal : Boréal, 2009. p. 17 © Montréal : Boréal, 2009 (for Canada) and © Editions Grasset et Fasquelle, 2009 (all countries except Canada).

Vocabulaire	Synonyme/Définition en français	*Équivalent en anglais*
aspirer	respirer, inspirer (ici, sens poétique)	*to inhale, to suck in (here, poetic)*
une embardée	un écart brusque	*a swerve*
une larme	un liquide qui sort des yeux quand on pleure	*a tear*

1. Comment le narrateur décrit-il le paysage? Quelle couleur mentionne-t-il? Qu'est-ce qu'on associe généralement à cette couleur?

2. Comment le narrateur se décrit-il?

3. Qu'est-ce qu'on peut déduire de l'expérience de l'immigration du narrateur en lisant la deuxième strophe? A-t-elle été une expérience facile ou difficile pour lui? Expliquez comment vous êtes arrivé/e à cette interprétation.

4. À votre avis, le narrateur est-il en conflit ou en harmonie avec son environnement? Expliquez.

5. Comment le climat influence-t-il notre vie? Pensez au climat de chez vous et à votre vie. Pourriez-vous vivre dans un endroit où il y a un climat opposé au vôtre? Expliquez pourquoi vous pourriez y vivre ou non.

RU DE KIM THÚY

ACTIVITÉ 9

Kim Thúy est née à Saïgon au Vietnam en 1968, pendant l'offensive du Têt. Elle émigre au Québec avec ses parents à l'âge de 10 ans. C'est à Montréal qu'elle grandit et fait ses études. Elle travaille ensuite tour à tour comme couturière, interprète, avocate, restauratrice et chroniqueuse culinaire. Depuis 2009, à la parution de son premier roman *Ru*, elle gagne sa vie comme écrivaine. *Ru*, qui veut dire « ruisseau » en français et « berceur » en vietnamien, raconte l'histoire d'une réfugiée vietnamienne au Québec tout en explorant plus généralement l'expérience immigrante des « boat people » vietnamiens de son époque. Lisez l'extrait de *Ru*, puis répondez aux questions qui s'y rapportent.

Beaucoup d'immigrants ont réalisé le rêve américain. Il y a trente ans, peu importait la ville, que ce fût Washington DC, Québec, Boston, Rimouski ou Toronto, nous traversions des quartiers entiers parsemés de jardins de roses, de grands arbres centenaires, de maisons en pierre, mais l'adresse que nous cherchions ne figurait jamais sur l'une de ces portes. Aujourd'hui ma tante Six et son mari (bel-oncle Six) habitent dans une de ces maisons. Ils voyagent en première classe et doivent coller un papier sur le dossier de leur siège pour que les hôtesses **cessent** de leur offrir des chocolats et du champagne. Il y a trente ans, dans notre camp de réfugiés en Malaisie, ce même bel-oncle Six **rampait** moins vite que sa fille de huit mois parce qu'il souffrait de **carences** alimentaires. Cette même tante Six devait **coudre** avec une seule **aiguille** des habits pour acheter du lait à sa fille. Il y a trente ans, nous vivions avec eux dans la noirceur, sans électricité, sans eau courante, sans intimité. Aujourd'hui, nous nous plaignons que leur maison est trop grande, et notre famille étendue, trop petite pour retrouver l'intensité qui habitait nos fêtes – jusqu'au **petit matin** – quand nous nous réunissions chez mes parents durant nos premières années en Amérique du Nord.

Nous étions vingt-cinq, parfois trente personnes, arrivant à Montréal de Fanwood, de Montpelier, de Springfield, de Guelph, réunies dans un petit appartement de trois chambres pendant tout le **congé** de Noël. Si quelqu'un voulait dormir seul, il fallait qu'il s'installe dans la baignoire. Autrement, nous étions tous les uns à côté des autres. Inévitablement, les discussions, les rires, et les querelles duraient toute la nuit. Chaque cadeau que nous nous offrions était réellement un cadeau car il n'était jamais futile. En fait, chaque cadeau était réellement un cadeau puisqu'il provenait d'abord et avant tout d'un sacrifice et était la réponse à un besoin, à un désir ou à un rêve. Nous connaissions bien les rêves de nos proches : nous étions serrés les uns contre les autres pendant des nuits entières. En ces temps-là, nous avions tous les mêmes rêves. Pendant longtemps, nous avons été obligés d'avoir les mêmes rêves, ceux du rêve américain.

(Thúy, Kim. *Ru*. Montréal : Libre Expression,
2009. pp. 83-84. © Groupe Librex)

Vocabulaire	Synonyme/Définition en français	*Équivalent en anglais*
cesser	arrêter	*to stop*
ramper	avancer sur les genoux et les mains	*to crawl*
une carence	un manque	*a deficiency*
coudre	assembler avec du fil	*to sew*
une aiguille	outil pour coudre	*a needle*
le petit matin	très tard dans la nuit ou très tôt le matin	*the wee hours of the morning*
un congé	une période de temps (un jour, une semaine, etc.) où l'on ne va pas au travail ou l'ou on ne va pas à l'école	*a holiday, a vacation*

QUESTIONS SUR *RU*

1. La narratrice décrit trois périodes dans sa vie : (a) il y a trente ans, (b) les premières années en Amérique du Nord et (c) aujourd'hui. Comment était sa vie à chaque période?
2. Quelle période de sa vie a été la meilleure? Pourquoi?
3. Quelles traditions nord-américaines la famille a-t-elle adoptées?
4. D'après votre lecture du texte, quelles sont les valeurs les plus importantes pour la narratrice?
5. Que pensez-vous de l'expérience immigrante de la narratrice? Pourquoi est-elle typique ou unique?

LES LIBANO-CANADIENS

ACTIVITÉ 10

Parmi les Canadiens arabes, ceux d'origine libanaise forment la plus grande majorité. Des Libanais s'installent au Canada – la majorité au Québec parce qu'il sont francophones – depuis les années 1880. Recherchez une des personnes suivantes afin de mieux connaître la population libano-canadienne. Ensuite, présentez-la à vos camarades.

1. Wajdi Mouawad, dramaturge
2. K-Maro, rappeur

3. René Angélil, gérant de musiciens
4. Pierre de Bané, homme politique
5. Maria Mourani, sociologue et femme politique

« TOUT VA BIEN » DE CORNEILLE

ACTIVITÉ 11

Corneille Nyungura est né le 24 mars 1977 en Allemagne. À l'âge de 6 ans il est retourné au Rwanda, le pays natal de ses parents. En 1994 un groupe armé est entré dans la maison de sa famille et tous les membres de la famille ont été massacrés. Corneille a échappé à cette violence en se cachant. Après le massacre il a marché plusieurs jours avant d'arriver au Zaïre (aujourd'hui la République démocratique du Congo). Il est ensuite allé chez des amis de ses parents en Europe et de là est parti pour aller vivre au Québec. Il a fait des études de communication à Montréal, mais il s'est finalement décidé à faire carrière dans la musique. En 2002, il a lancé son premier album *Parce qu'on vient de loin*. La chanson « Tout va bien » raconte l'histoire des massacres qu'il a vécus au Rwanda. Aujourd'hui le chanteur habite à Montréal et voyage souvent en France. Trouvez la vidéo et les paroles de la chanson « Tout va bien » sur l'internet. Répondez ensuite aux questions qui s'y rapportent.

VOCABULAIRE UTILE POUR COMPRENDRE « TOUT VA BIEN » DE CORNEILLE

Vocabulaire	Synonyme/Définition en français	*Équivalent en anglais*
fuir	échapper	*to flee*
enceinte	personne qui porte un bébé dans son ventre	*pregnant*
un corps meurtri	une personne morte qui montre des blessures	*a bruised dead body*
une âme	l'esprit d'une personne	*a soul*
violer	avoir des relations sexuelles par la violence	*to rape*
la peau	organe qui couvre le corps	*skin*
sali (du verbe salir)	qui est sale, pas propre	*dirty*
les leurs	les membres de leurs familles	*their own, their families*
témoigner	voir et raconter ce qu'on a vu	*to witness*
les miens	les membres de ma famille	*my family*
la haine (verbe : haïr)	l'opposé de l'amour	*hate*

Vocabulaire	Synonyme/Définition en français	Équivalent en anglais
survécu (du verbe survivre)	qui a vécu suite à une situation mortelle	*survived*
perdu	qui ne peut pas re/trouver ou qui ne peut pas être re/trouvé	*lost*
faire saisir	persuader	*to make one understand*

QUESTIONS SUR LA CHANSON DE CORNEILLE

1. Corneille est témoin du génocide au Rwanda. Quelles horreurs a-t-il vues, d'après les paroles de la chanson?
2. Pourquoi Corneille raconte-t-il les horreurs du génocide dans cette chanson?
3. Est-ce une chanson pessimiste ou optimiste? Comment vous êtes arrivé/e à cette conclusion?
4. Que pensez-vous de cette chanson? Voudriez-vous écouter d'autres chansons de Corneille?

MIYUKI TANOBE

ACTIVITÉ 12

Miyuki Tanobe est née au Japon en 1937 où elle a étudié la peinture et est devenue professeure d'art. En 1971 elle arrive à Montréal et s'installe dans un quartier ouvrier, le Plateau du Mont-Royal. Elle y trouve l'inspiration de peindre des scènes de la vie quotidienne, combinant sujets québécois et représentation à la japonaise. Recherchez sur internet des tableaux de Miyuki Tanobe. Ensuite, faites les activités suivantes en écrivant vos réponses ou en présentant vos idées à vos camarades de cours.

ACTIVITÉS SUR MIYUKI TANOBE

1. Décrivez en général les tableaux de Tanobe : les sujets, les thèmes, le style, les couleurs.
2. Choisissez un tableau qui vous intéresse et décrivez-le. Imaginez que votre interlocuteur est aveugle et qu'il faut tout décrire. Dites surtout pourquoi ce tableau vous intéresse.
3. À votre avis, Tanobe présente-t-elle des tableaux de la vraie vie ou imagine-t-elle une vie traditionnelle qui n'existe plus? Que pensez-vous de ses tableaux?

« SPIT WHITE » DE JENNY SALGADO

ACTIVITÉ 13

Muzion est un groupe de jeunes rappeurs haïtiano-québécois qui sont nés de parents immigrants, qui ont grandi à Montréal et qui vivent toujours dans le quartier populaire Villeray–Saint-Michel–Parc-Extension. Ils ont été éduqués dans des écoles francophones montréalaises. Ils parlent joual couramment. L'un des membres du groupe, Jenny Salgado, est l'auteure-compositrice-interprète de la chanson « Spit White » dont vous lirez les paroles.

Cette chanson s'insère pleinement dans une lignée artistique interculturelle québécoise. Elle fait écho au poème « Speak White » de Michèle Lalonde et au poème « Speak What » de Marco Micone. Le ton de la chanson peut leur ressembler, mais le message en est unique car elle présente la perspective de la génération des Haïtiano-québécois nés au Québec, ne connaissant pas le pays d'origine de leurs parents et se considérant à cent pourcent Québécois. Les premiers vers de la chanson rappellent ceux de « Dégénérations » du groupe québécois Mes aïeux (« Ton arrière-arrière-grand-père, il a défriché la terre/Ton arrière-grand-père, il a labouré la terre/Et pis ton grand-père a rentabilisé la terre/Pis ton père, il l'a vendue pour devenir fonctionnaire »). Et un des vers très connu et souvent cité de Gilles Vigneault (« Mon pays ce n'est pas un pays, c'est l'hiver ») est également inséré dans le texte de « Spit White ».

Lisez d'abord les paroles de la chanson « Spit White », puis regardez la vidéo sur internet. Dans cette chanson l'auteure-compositrice-interprète Jenny Salgado relate son expérience personnelle. Le chœur exprime son assentiment en répétant en écho « Spit White ».

Mes arrière-arrière-grands parents à moi ont **vu le jour** sur les **galères**
Et mes grands-parents ont donné leur vie pour re-posséder leur terre
Et ma maman, pour me donner la vie, choisit de traverser la mer
Elle m'a dit : « Chérie, l'Amour sera ton pays! »

J'entends crier les chants de la Liberté
Et je sais que la Liberté
Se trouve dans les liaisons
Je veux chanter, dans la langue de la Liberté,
En créole, en français,
Que c'est ici mon pays!

Y'en a qui chantent en anglais
Pour parler aux Anglais
Y'en a qui chantent en anglais
Pour parler aux Américains
Y'en a qui chantent dans toutes les langues
Pour parler au monde entier...
Moé, c'te toune-là,
J'men vas t'la chanter en joual!

Hey, **où c'est** tu veux [que] j'm'en aille?
C'est ici que j'suis née
C't'**icitte** que j'suis née!
Où c'est tu veux [que] j'm'en aille?
Dis-moi où tu veux [que] j'm'en aille?
C'est ici que je suis née
C't'icitte que j'suis née!

Parlez franc! Parlez franc,
Parlez français!

Maudit qu'c'est beau d'vous entendre parler joual
Parce [que] ça sonne vrai! Ouais vrai comme Boulet, comme **Vigneault,**
Comme Charlebois, Diane pis Marjo
Comme Latraverse, Duguay, Godin, Deschamps, Miron...
La Révolution par les paroles!

C'pas des bêlements de **moutons**
Qui veulent gagner l'**moton**
Spit White!
Du maître d'esclaves au maître d'école
Dis-toi que nos champs de cotons
C'est la force des mots qui à la peau nous **colle**!
Criez le joual de l'homme qui **crève**,
D'**Hochelaga** à **Cité-Soleil**,
Qu'avec le soleil, on se lève ensemble!

Pardonnez mon français,
Quand vous me dites à votre tour :
Spit White! retourne dans ton pays!
Et que je vous dis : «Mon pays, c n'est pas un pays, c'est l'Amour!»
Get manman ou!
Où c'est tu veux [que] j'm'en aille!
C'est ici que je suis née
C't'icitte que j'suis née!
Où c'est tu veux [que] j'm'en aille?
Dis-moi où tu veux [que] j'm'en aille?
C'est ici que je suis née
C't'icitte que j'suis née!

J'entends crier les chants de la Liberté
Et je sais que la Liberté
Se trouve dans les liaisons!
Je veux chanter, dans la langue de la Liberté,
En créole, en français,
Que c'est ici mon pays!

Y'en a qui chantent en anglais «Spit White! »
Pour parler aux Anglais «Spit White! »
Y'en a qui chantent en anglais «Spit White! »
Pour parler aux Américains «Spit White! »
Y'en a qui chantent dans toutes les langues «Spit White! »
Pour parler au monde entier... «Spit White! »
Moé, c'te toune-là,
J'men vas t'la chanter en joual!

(Jenny Salgado, «Spit White», 2009.
Permission de Jenny Salgado, © Éditions J Kyll,
Les Éditions de l'Ermite et Les Éditions Tacca 2010)

Vocabulaire	Synonyme/Définition en français	Équivalent en anglais
voir le jour	naître	*to be born*
une galère	un bâtiment naval propulsé par des rameurs (d'habitude, des esclaves et des prisonniers)	*the gallows*
icitte (joual)	ici	*here*
moé, c'te toune-la (influence de l'anglais)	moi, cette musique	*me, this tune*
j'men vas (joual)	je vais, je m'en vais	*I am going to*
où c'est (joual)	où est-ce que	*where*
parler franc	parler franchement, dire la vérité	*speak the truth*
maudit que c'est beau! (sacre québécois)	que c'est beau! c'est tellement beau!	*how (swear/vulgar word) beautiful!*
comme...	ce sont les noms de peintres, de chanteurs, de poètes «classiques» québécois	*for instance such great québécois figures*
un bêlement	le cri du mouton et de la chèvre (béé, béé, béé, etc.)	*a bleating*
un mouton	animal qui produit la fourrure qu'on tisse pour en faire de la laine	*a sheep*
le motton (québécisme)	l'argent	*moola, dough, bucks*
coller la force des mots qui à la peau nous colle	adhérer, fixer avec de la colle inversion : la force des mots qui nous colle à la peau	*to stick it's the power of words that sticks to our skin*
crever	être en train de mourir	*to be dying*
Hochelaga	un quartier de Montréal où vivent les ouvriers, les étudiants et les nouveaux arrivants	*a neighborhood in Montreal where workers, students and newly arrived immigrants live*
Cité-Soleil	une commune à Port-au-Prince en Haïti qui est surpeuplée de gens dans l'extrême misère	*a section of Port-au-Prince in Haiti which is extremely impoverished and densely populated*
Get manman ou! (créole)	exclamation obscène et vulgaire	*motherf****

QUESTIONS SUR « SPIT WHITE »

1. Examinons le poème chanté «Spit White»:
   a. Dans quelles conditions et pourquoi la mère de Jenny Salgado a-t-elle quitté Haïti pour immigrer au Québec?
   b. Quels noms Salgado donne-t-elle au Québec?
   c. Dans ce poème chanté, Jenny Salgado s'exprime en combien de langues? Dans quelles langues Jenny Salgado chante-t-elle de la Liberté et de l'Amour? Pourquoi associe-t-elle ces langues à l'amour et la liberté? Comment est-ce possible que le français et le créole soient toutes deux des «langues de la Liberté»?
   d. Dans quelle langue exprime-t-elle son mépris? Est-ce que le mépris s'exprime uniquement par la mention de la langue dans le poème chanté?
   d. Quelle est la langue qu'elle préfère par-dessus tout? Pourquoi est-ce sa langue préférée?
   e. Que pense-t-elle du joual? Qu'est-ce qui montre dans le texte qu'elle connaît le joual?
   f. «Speak White!» est un affront qui date de la Conquête. Dans «Spit White» l'insulte est poussée plus loin encore : on dit à Salgado de retourner dans son pays. Pourquoi est-ce une insulte idiote qui montre que l'agresseur ne sait rien de la situation de Salgado?
   g. Comment Salgado se voit-elle: haïtienne? haïtiano-québécoise? québécoise? immigrante? (Si vous voulez, vous pouvez estimer des nuances selon une échelle allant de 1 à 10)
   h. Comment interprétez-vous cet énoncé qui est répété : «la Liberté se trouve dans les liaisons»?
   i. Regardez la vidéo de «Spit White» sur l'internet. Quels symboles québécois trouve-t-on dans la vidéo? Quel en est l'effet?

2. Comparons «Speak White» d'une auteur franco-québécoise, «Speak What» d'un auteur italo-québécois et «Spit White» d'une haïtiano-québécoise.
   a. Que notez-vous à propos des titres? Que nous disent ces titres dès le début de chaque poème?
   b. En quelle(s) langues(s) s'expriment Lalonde, Micone et Salgado? Quelles différences voyez-vous en ce qui concerne les soucis des auteurs quant à la langue parlée?
   c. Les paroles de ces trois textes poétiques s'adressent-elles au même public ou à plusieurs publics? Quel est ce public? Quels sont ces publics? Qu'est-ce qui l'identife ou les identifie dans le poème?
   d. Identifiez l'idée principale – le message le plus important – de chaque texte et comparez-les. Y a-t-il des ressemblances?
   e. Micone et Salgado recyclent quelques mots et phrases du poème original «Speak White» de Lalonde. Pourquoi? Quel en est l'effet?

« TSHINANU » DE SAMIAN

ACTIVITÉ 14

Samian, «le rappeur de réserves», est né dans une réserve d'une mère algonquine et d'un père blanc. Le mot *warrior* est tatoué sur son cou. Il se considère comme un guerrier, mais un guerrier pacifique. Le mot «Tshinanu», qui est répété en refrain de fond, veut dire en langue innue «ce que nous sommes tous». Faites les activités suivantes.

Écoutez la chanson «Tshinanu» sur internet avant d'en lire les paroles, puis répondez à ces questions:

LE QUÉBEC ET HAÏTI

Le Québec et Haïti ont tous deux des origines coloniales françaises, avec des histoires difficiles mais différentes. Pourtant, en tant que pays francophone d'Amérique du Nord, le Québec s'intéresse beaucoup au sort des Haïtiens. Depuis les années 1950, le Québec accueille des intellectuels haïtiens chassés de leur pays par des dictateurs. Ils participent pleinement à la vie intellectuelle et culturelle de leur pays d'adoption. De plus, des missionnaires et religieuses du Québec fondent des écoles privées en Haïti depuis la même époque et leur travail humanitaire vise à améliorer la vie des Haïtiens. Aujourd'hui, la majorité des écoles ouvertes en Haïti sont des écoles privées gérées par des communautés religieuses ou des organisations non-gouvernementales. Après le tremblement de terre en Haïti en 2010, le Canada a ouvert ses portes aux immigrés haïtiens et beaucoup sont venus s'établir au Québec. Le Québec a même proposé au gouvernement fédéral d'annexer Haïti au Canada. La proposition a été rejetée. Pouvez-vous imaginer pourquoi?

1. Quelles sont vos premières impressions de la chanson en tant que musique? Comment peut-on caractériser le ton de cette chanson?
2. Avez-vous compris les paroles de cette chanson? Desquelles vous souvenez-vous?
3. À votre avis, quel est le message de cette chanson?

Écoutez et lisez. Écoutez la chanson une deuxième fois tout en suivant le texte des paroles.

REFRAIN

[Il] Faudra dire à nos enfants que le monde leur appartient
Qu'on peut croire en l'impossible et qu'on est pas les plus à **plaindre**
Pourtant, on vient d'ici et on nous traite en étrangers
Par contre, on est la preuve que les choses peuvent changer.

1 Les paroles de cette chanson veulent changer la face du monde
2 Veulent donner de la fierté, veulent nous sortir de l'ombre
3 Je suis peut-être trop optimiste, mais je suis vivant, donc j'y crois
4 La **plume** au bout des doigts, j'écris une page de l'histoire
5 On est forts ensemble, c'est pour ça qu'on se rassemble
6 On est des frères dans l'esprit, c'est ce qui fait qu'on se ressemble
7 C'est ensemble qu'on vaincra, c'est ensemble qu'on leur dira
8 Que sur les terres du Canada, on est encore là

9   On est forts et fiers, on rassemble les Nations

10 C'est la voix du peuple, le chant de la détermination

11 C'est le cri de la victoire, c'est le cri de la liberté

12 C'est le cœur des guerriers, c'est la voix des oubliés!

REFRAIN

13 On n'est pas les victimes mais une autre génération

14 Celle qui a le pouvoir de nous offrir un horizon

15 De rattraper le temps perdu, de rendre hommage aux aînés

16 De les rassurer en leur disant qu'on ne va pas abandonner

17 Ça sera long... et les **épreuves** seront tenaces

18 Faudra du cœur, du courage, de la force et de l'audace

19 En l'honneur de leur mémoire on marchera sur leurs traces

20 La tête haute comme des braves, parce qu'ici, c'est notre place

21 Sans oublier qu'on est l'**espoir** de demain

22 Qu'on a le pouvoir de réparer, de rebâtir le monde de nos mains

23 Et **quoi qu'il advienne**, on reste ensemble, solides

24 Car peu se souviennent qu'on est ce qui reste du génocide[1]!

REFRAIN

Faudra dire à nos enfants que le monde leur appartient

Qu'on peut croire en l'impossible et qu'on n'est pas les plus à plaindre

Pourtant, on vient d'ici et on nous traite en étrangers

Par contre, on est la preuve que le choses peuvent changer

Alors, on chante sur les pas du Makusham[2]

Avec l'odeur de la **sauge** pour purifier nos âmes

Il est temps qu'on se lève, qu'on prenne position

Qu'on nourrisse nos rêves d'espoirs et d'ambitions!

(Samian, *Tshinanu*, Paroles : Samian et Kashtin,
2010. © Disques du 7ième ciel)

Vocabulaire	Synonyme/Définition en français	Équivalent en anglais
les plus à plaindre	les plus grandes victimes	*the greatest victims*
la plume	ce qui recouvre le corps et les ailes d'un oiseau; ici, stylo ancien	*a feather; here, old-fashioned feather pen*
une épreuve	une expérience difficile	*a test or obstacle*
un espoir	le nom qui correspond au verbe espérer	*a hope*
quoi qu'il advienne	quoi qu'il arrive	*come what may; whatever may happen*
la sauge	une herbe utilisée dans le rituel de purification	*sage, herb used in purification rituals*

NOTES

1. Dans une autre chanson intitulée «Mino Picaok», Samian dit «Pour moi, 1604 est la plus grosse perte territoriale/On est la plus grosse extermination de l'histoire/C'est ce qu'on a oublié de te dire dans ton livre d'histoire [ô Canadien!]».

2. Mot inuit qui signifie «une assemblée» quelconque; dans ce contexte, c'est une assemblée où l'on joue de la musique autochtone de toute provenance, où l'on chante, où l'on danse. Ce sont lors de ces assemblées que se maintiennent et se transmettent les images, les histoires, les traditions, l'histoire, l'essence de chaque groupe autochtone.

QUESTIONS SUR « TSHINANU » DE SAMIAN

En petits groupes, répondez aux questions suivantes.

1. Quelles sont la vie et la mentalité des jeunes Autochtones d'aujourd'hui telles qu'elles se dégagent (se révèlent implicitement) de la chanson?

2. Les Autochtones se sentent-ils bien ou mal traités au Canada? Comment Samian décrit-il ce rapport?

3. Il y a deux groupes qui sont représentés par le pronom «on» dans cette chanson : (a) qui sont les deux groupes au troisième vers du refrain («Pourtant, *on* vient d'ici et *on* nous traite en étrangers»)? et (b) auquel de ces deux groupes renvoient les pronoms «on» dans le reste de la chanson?

4. Quel rôle les Autochtones plus âgés (tel que le chanteur-compositeur) doivent-ils jouer auprès des jeunes?

5. Par quels arguments Samian espère-t-il changer l'attitude des jeunes Autochtones d'aujourd'hui?

6. Quelles traditions autochtones Samian mentionne-t-il dans cette chanson?

7. Existe-t-il des traditions semblables dans votre culture ou dans une autre culture que vous connaissez?

MONSIEUR LAZHAR

ACTIVITÉ 15 : ALLONS AU CINÉMA!

Le film *Monsieur Lazhar* de Philippe Falardeau est sorti en 2011. Il raconte l'histoire d'un immigrant algérien qui enseigne dans une école à Montréal. Faites les activités suivantes afin de mieux connaître ce film.

QUESTIONS PRÉLIMINAIRES À RÉFLEXION :

1. Le cinéma se présente sous une multiplicité de formes : drame, tragédie, comédie, comédie musicale, reportage, documentaire et d'autres encore. Quelle(s) sorte(s) de film(s) préférez-vous et pourquoi?

2. Avez-vous jamais vu un film mixte (un film qui vous fait réfléchir, qui vous fait pleurer, qui vous fait rire, qui est réaliste et romantique à la fois)? Si c'est le cas, décrivez le film mixte que vous avez visionné.

3. Avez-vous jamais vu un film où les personnages sont d'ethnies différentes? Racontez l'histoire de ce film.

PRÉPARATION AU VISIONNEMENT DU FILM :

Dans une école primaire à Montréal, une enseignante se donne la mort en se pendant dans sa salle de classe. Bachir Lazhar, un immigrant algérien qui cherche à obtenir le statut de réfugié politique au Québec, se présente à la directrice de l'école pour remplacer l'enseignante. Ce n'est là que le fond de l'histoire. Tout l'intérêt du film est centré sur l'évolution des relations entre Monsieur Lazhar et ses élèves. Ils apprennent à se connaître, à s'apprivoiser et à vivre ensemble. Monsieur Lazhar, Algérien formé à la française à lire et à apprécier les classiques français, enseigne à l'ancienne et amène les jeunes allophones à apprécier la langue française et à bien la manier. En même temps, les élèves amènent Monsieur Lazhar à comprendre et à apprécier leurs différences personnelles et culturelles. Le film est inoubliable en ce qu'il peint – scène après scène, touche par touche, avec une grande simplicité – la subtilité des rapports humains.

Monsieur Lazhar (2011) est un film de Philippe Falardeau (à ne pas confondre avec Pierre Falardeau qui a tourné *Octobre* et *15 février 1839*). En 2012, *Monsieur Lazhar* a remporté sept Jutras, ceux du meilleur film, de la meilleure réalisation, du meilleur scénario, de la meilleure actrice de soutien, du meilleur acteur de soutien, du son et de la musique originale. Toujours en 2012, il a été nommé pour l'Oscar du meilleur film en langue étrangère.

Le film *Monsieur Lazhar* est disponible sur internet ou en DVD. Visionnez-le, puis répondez aux questions suivantes qui s'y rapportent.

QUESTIONS SUR *MONSIEUR LAZHAR*

1. En quoi est-ce que ce film reflète la société plurielle de Montréal? Voit-on des symboles, des objets, des mets propres à diverses cultures dans le film? Y voit-on aussi des éléments typiquement québécois? Y entend-on une variété d'accents ou d'intonations?
2. Pour quelle raison Monsieur Lazhar demande-t-il à être admis au Québec en tant que réfugié politique?
3. Comment est-il reçu par la commission qui doit décider de son sort (destin)? D'après vous, a-t-il été traité en toute justice et en toute compassion? Aurait-il été traité autrement aux États-Unis ou dans votre pays?
4. Quel(s) avantage(s) Monsieur Lazhar possède-t-il sur d'autres demandeurs allophones (n'oubliez pas que Monsieur Lazhar vient d'un pays où les gens parlent arabe) qui cherchent à immigrer au Québec?
5. Pourquoi y a-t-il si peu de québécismes et de joual dans ce film? Quel français y parle-t-on? Est-ce que les élèves tutoient ou vouvoient Monsieur Lazhar?

IV. Le français au Québec: Les néologismes

ACTIVITÉ 16

On a déjà vu plusieurs caractéristiques de la langue française au Québec: l'usage de mots autochtones et d'archaïsmes français, d'anglicismes (traduction littérale de mots anglais), de sacres et de joual, et la féminisation des professions. Une autre caractéristique est la création de nouveaux mots (des néologismes) qui est un résultat de la politique linguistique au Québec. Au Québec, on invente des mots français pour les mots anglais qu'on utilise communément en France et dans d'autres pays francophones. Par exemple, en France on dirait «faire du roller» (*rollerblading*), mais au Québec on dit «faire du patin à roues alignées».

Quels sont les équivalents français des mots suivants en italiques? Vous trouverez les réponses à la fin du manuel (appendice A).

1. envoyer *un courriel* (courrier électronique)
2. *magasiner* ou *faire du magasinage*
3. mettre la voiture au *terrain de stationnement*
4. porter *un chandail* en hiver
5. *clavarder* avec quelqu'un sur internet (taper des messages en temps réel)
6. éviter *le pourriel* (courriel pourri) et *l'espiogiciel* (logiciels espions) sur son ordinateur
7. *gazouiller* un message (de 140 signes maximum)

V. Voyage virtuel : Les Cantons de l'Est

ACTIVITÉ 17

Visitons les Cantons de l'Est! Un des centres de l'agrotourisme et de la conservation écologique, les Cantons de l'Est (aussi appelé l'Estrie) offrent beaucoup d'opportunités pour le tourisme et les activités en plein air. Recherchez « Les Cantons de l'Est tourisme » sur internet en utilisant un moteur de recherche québécois. Ensuite, répondez aux questions suivantes qui se rapportent aux Cantons de l'Est.

1. Où se situent les Cantons de l'Est? Nommez-en quelques villes et villages importants.
2. Regardez les noms des villes et des villages : sont-ils plutôt francophones ou anglophones?
3. Dans les Cantons de l'Est, on peut faire beaucoup d'activités en plein air. Quelles activités peut-on y faire? En quelle saison? Lesquelles vous intéressent?
4. La Route des vins se trouve dans les Cantons de l'Est. Qu'est-ce que c'est? Qu'est-ce qu'on peut y faire?
5. Regardez les photos des Cantons de l'Est et décrivez une photo que vous aimez. Pourquoi l'aimez-vous?

Carte des Cantons de l'Est

Des vignes dans les Cantons de l'Est où on peut visiter des vignobles, des fromageries et autres lieux agrotouristiques.

6. Il y a beaucoup de petits villages, d'auberges et de restaurants dans les Cantons de l'Est. Trouvez un endroit qui vous intéresse et dites ce que vous y feriez.

7. En réfléchissant à l'histoire des Cantons de l'Est, expliquez pourquoi les noms de lieux sont principalement anglophones, alors qu'aujourd'hui la population y est majoritairement francophone.

8. Aimeriez-vous visiter les Cantons de l'Est un jour? Dites pourquoi ou pourquoi pas.

VI. Synthèses

ACTIVITÉ 18 : À VOUS DE JOUER

Réfléchissez à ce que vous avez appris à propos de la vie au Québec d'aujourd'hui. En groupes de deux ou plus s'il le faut, choisissez un des sujets suivants et inventez un dialogue pour la situation. Utilisez votre imagination! Jouez votre scène devant la classe.

1. Imaginez que vous êtes dans un bar au Québec où vous rencontrez des étudiants québécois qui parlent de leurs points de vue politiques. Une personne est sépara- tiste, l'autre est fédéraliste (contre la souveraineté du Québec) et la troisième est neutre.

2. Imaginez que vous venez d'arriver à Montréal comme immigrant/e. Vous discutez avec une personne qui explique la politique linguistique au Québec.

3. Imaginez que vous travaillez pour la ville de Montréal et que vous devez recruter des immigrants francophones d'Afrique et d'Europe. Qu'est-ce que vous leur dites de la société québécoise? Ils vous posent beaucoup de questions sur le climat, l'économie, la vie sociale.

4. Imaginez que vous travaillez pour une université québécoise et que vous recrutez des étudiants étatsuniens pour venir étudier le français au Québec. Que pouvez- vous faire et que pouvez-vous leur dire pour les y attirer?

ACTIVITÉ 19 : À VOUS LA PAROLE

Réfléchissez à ce que vous avez appris à propos de la vie au Québec depuis la Confédération. Choisissez un des sujets suivants. Si vous choisissez un sujet parmi les cinq premiers, écrivez une rédaction d'une page minimum.

1. Écrivez une brochure touristique pour attirer les étudiants étatsunisiens à venir passer leurs vacances de printemps au Québec.

2. Révisez les textes dans ce chapitre et trouvez un thème qui se répète dans plusieurs textes. Écrivez une rédaction qui compare les textes et leur traitement du thème.

3. Faites une recherche sur le Printemps d'érable, sur le sort de Theresa Spence et du mouvement « Idle no more », ou sur la Charte des valeurs québécoises et expliquez ce qui est arrivé et ce qui s'en est suivi (*has happened since*). Donnez votre opinion personnelle sur les développements de ces mouvements sociaux et politiques.

4. Consultez l'internet afin de lire les actualités sur Québec d'aujourd'hui. Trouvez un ou deux articles intéressants. Expliquez le sujet des articles et pourquoi vous les trouvez intéressants.

5. À votre avis, l'arrivée des immigrants au Québec signale-t-elle la fin de l'identité québécoise traditionnelle? Expliquez votre prise de position.

6. Faites un abécédaire illustré de mots et d'expressions typiquement québécois dont vous ferez une exposition commentée en cours. Il faudra illustrer au moins 20 mots ou expressions en ordre alphabétique.

CONCLUSION

La devise nationale « Je me souviens » a plusieurs interprétations. À votre avis, de quoi se souvient-on?

Nous espérons de tout cœur que vous avez aimé votre découverte de la culture québécoise et que vous avez appris bien des choses à propos de La Belle Province qui continue à évoluer en tant que présence importante et imposante dans l'Amérique du Nord et dans le monde francophone.

Qu'avez-vous appris?

Réfléchissez à ce que vous avez appris du Québec francophone et répondez aux questions.

1. Pouvez-vous maintenant mieux expliquer les différences culturelles présentées dans l'activité C du chapitre préliminaire? Vos explications et vos impressions ont-elles changé depuis le début du cours?
2. Comprenez-vous un peu mieux le parler québécois tel qu'il a été expliqué par Lynda Lemay? Revisitez le chapitre préliminaire et écoutez de nouveau cet enregistrement.
3. Et la devise du Québec, « Je me souviens », l'avez-vous saisie en tous ses sens? Pouvez-vous en expliquer l'importance?

Nous espérons bien que oui! Merci d'avoir parcouru avec nous l'histoire du pays de nos ancêtres. Nous vous souhaitons de belles études en français et de beaux voyages dans le monde francophone.

Le Bonhomme de neige, mascotte du Carnaval d'hiver à Québec, porte la tuque et la ceinture fléchée des Patriotes, rappelant l'histoire et la culture unique de la Belle Province. Crédit photo: Carnaval de Québec.

Babaille! À la revoyure!
C'est la fin de ce livre, mais ce n'est qu'un au revoir…

Conclusion

APPENDICE A: RÉPONSES AUX ACTIVITÉS DISCRÈTES

Chapitre préliminaire

Réponses pour l'activité B : Où parle-t-on français en Amérique du Nord?
  1. D
  2. F
  3. B
  4. C
  5. E
  6. A

Chapitre 1

Réponses pour l'activité 2 : La géographie du Québec
  1. (b) Le fleuve Saint Laurent prend sa source dans le lac Ontario et coule en direction nord-est jusqu'à Montréal, puis à Québec pour aller se jeter dans le golfe du Saint-Laurent.
  2. (c) La superficie du Québec est trois fois celle de la France, mais 50 % de la population habite la région de Montréal et 80 % les rives du Saint-Laurent au sud; le Grand Nord est peuplé principalement de petits villages d'Inuits.
  3. (d) La ville de Québec est la capitale du Québec, Ottawa est la capitale du Canada.
  4. (a) La ville de Québec est située au rétrécissement du fleuve Saint Laurent.
  5. (c) Gaspé veut dire « le bout de l'extrémité ».
  6. (a) L'Ontario est à l'ouest et le Nouveau-Brunswick est à l'est du Québec.
  7. (d) Au-dessus du 50ième parallèle, on trouve un climat peu favorable aux moyens de transport terrestres. Notez cependant que presque tous les villages au Grand Nord ont un petit aéroport.

Réponses pour l'activité 3 : Les régions et les Premières Nations
  1. Il y a 11 nations au Québec.
  2. Les Inuits.
  3. Les Cris.
  4. Les Micmacs.
  5. Kawawachikamach.
  6. Les Algonquins.
  7. La Côte-Nord, principalement.

    8. Les Hurons-Wendats.

    9. Les Mohawks.

  10. Réponses variées.

Réponses pour l'activité 7 : Les Voyages de Jacques Cartier

    1. Saint-Malo, en France.

    2. Gaspé.

    3. Domagaya et Taignoagny.

    4. 1535–1536.

    5. Stadaconé (aujourd'hui Québec) et Hochelaga (aujourd'hui Montréal).

    6. Donnacona et 10 Iroquois voyagent en France avec Cartier; Donnacona y est mort, les autres restent en France et ne reviennent pas au Canada.

    7. 1541–1542.

    8. À Cap-Rouge.

    9. Parce que Cartier croyait avoir trouvé des diamants au Canada, mais ce n'en était pas; il n'a pas trouvé des pierres précieuses au Canada.

Réponses pour l'activité 16 : Emprunts aux langues autochtones

    1. kayak.

    2. toboggan.

    3. anorak.

    4. mocassins.

Réponses pour l'activité 17, partie B : Visitons le Grand Nord

    1. a. le paysage (les plaines arctiques)

    2. c. les animaux

    3. d. au nord

    4. c. une machine qui permet de se déplacer sur la neige

    5. b. on s'instruit sur l'environnement en voyageant dans une région [Notez : quand on visite des fermes et des établissements qui vendent des produits régionaux, c'est de l'agrotourisme!]

Chapitre 2

Réponses pour l'activité 3 : Que faisaient les premiers colons?

    1. C

    2. B

    3. D

    4. H

    5. I

    6. G

    7. F

    8. E

    9. A

Réponses pour l'activité 5 : Les croyances au Québec
1. A
2. C
3. C
4. A
5. A
6. C
7. A
8. A
9. C
10. A

Réponses pour l'activité 6 : Et qu'est-ce qui se passait en France?
1. D
2. A
3. B
4. C

Réponses pour l'activité 21 : Les archaïsmes
1. F
2. D
3. B
4. C
5. E
6. A

Chapitre 3

Réponses pour l'activité 13 : L'anglicisme et la traduction littérale
1. D
2. E
3. B
4. G
5. C
6. A
7. F

Chapitre 4

Réponses pour l'activité 18 (A) : La ville de Montréal
1. Faux. La ville de Québec est la capitale provinciale.
2. Vrai. Montréal se trouve parmi les trois plus grandes villes francophones du monde.
3. Faux. L'ancien nom était Hochelaga.

4. Vrai. Jacques Cartier a monté cette colline en 1535 et l'a nommée Mont Royal en honneur du roi de France.
5. Faux. À cause de l'urbanisation au 19ième siècle, la ville est devenue plus grande, plus peuplée et plus industrielle.
6. Vrai. La ville de Montréal se trouve sur l'île de Montréal, au confluent du fleuve Saint-Laurent et de la rivière des Outaouais.

Chapitre 5

Réponses pour l'activité 3 : Les années 1960
1. C
2. F
3. B
4. G
5. D
6. H
7. A
8. E

Réponses pour l'activité 9 (#3) : *Les Belles-Sœurs*
1. F
2. C
3. G
4. H
5. E
6. A
7. B
8. D

Chapitre 6

Réponses pour l'activité 16 : Les néologismes
1. envoyer un courriel = envoyer un email ou un mèl
2. magasiner ou faire du magasinage = faire du shopping
3. mettre la voiture au terrain de stationnement = mettre la voiture au parking
4. porter un chandail en hiver = porter un pull ou pull-over en hiver
5. clavarder avec quelqu'un sur internet = chatter ou faire un chat
6. éviter le pourriel et l'espiogiciel = éviter le spam et le spyware
7. gazouiller = twitter (prononcé à la française), envoyer un tweet

Appendice A

APPENDICE B

Carte moderne du Canada (provinces)

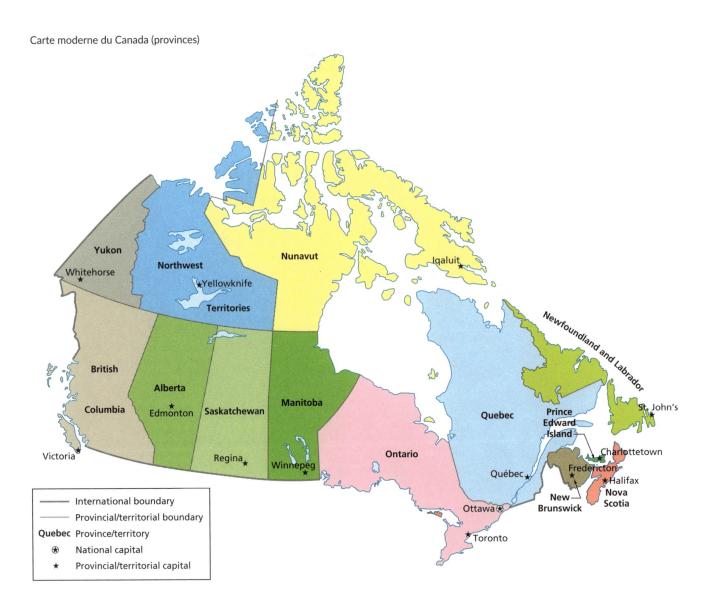

Appendice B

Carte moderne du Québec (régions, villes principales, eaux territoriales)

Les 17 Régions Administratives du Québec

01 Bas-Saint-Laurent
02 Saguenay–Lac-Saint-Jean
03 Capitale-Nationale
04 Mauricie
05 Estrie
06 Montréal
07 Outaouais

08 Abitibi-Témiscamingue
09 Côte-Nord
10 Nord-du-Québec
11 Gaspésie–
   Îles-de-la-Madeleine
12 Chaudière-Appalaches
13 Laval

14 Lanaudière
15 Laurentides
16 Montérégie
17 Centre-du-Québec

Appendice B

Carte des Premières Nations

Les 11 Nations
- Abénaquis
- Algonquins
- Attikameks
- Cris
- Hurons-Wendats
- Innus (Montagnais)
- Malécites
- Micmacs
- Mohawks
- Naskapis
- Inuits

Détroit d'Hudson

Baie d'Ungava

Baie d'Hudson

Golfe du Saint-Laurent

Fleuve Saint-Laurent

Île d'Anticosti

Îles de la Madeleine

Ivujivik
Salluit
Kangiqsujuaq
Akulivik
Quaqtaq
Puvirnituq
Kangirsuk
Aupaluk
Inukjuak
Tasiujaq
Kangiqsualujjuaq
Kuujjuaq
Umiujaq
Kuujjuarapik
Whapmagoostui
Matimekosh
Kawawachikamach
Lac-John
Chisasibi
Radisson
Wemindji
Eastmain
Pakuashipi
Waskaganish
Nemiscau
Mistissini
Maliotenam
Mingan
La Romaine
Oujé-Bougoumou
Chibougamau
Uashat
Sept-Îles
Natashquan
Waswanipi
Havre-Saint-Pierre
Baie-Comeau
Pikogan
Betsiamites
Gespeg
Rouyn-Noranda
Obedjiwan
Forestville
Val d'Or
Lac-Simon
Mashteulatsh
Alma
Saguenay
Essipit
Listuguj
Gesgapegiag
Winneway
Wemotaci
Rimouski
Tadoussac
Kitcisakik
Rivière-du-Loup
Cacouna
Lac-Rapide
Manawan
La Tuque
Whitworth
Hunter's Point
Kebaowek
Wendake
Québec
Kitigan Zibi
Trois-Rivières
Wôlinak
Odanak
Drummondville
Hull
Kanesatake
Montréal
Akwesasne
Kahnawake
Sherbrooke

N

« 210 »

Appendice B

INDEX